Susanne Kretschmer / Markus Heyner

Geldforderungen richtig vollstrecken

Geldforderungen richtig vollstrecken

Formularleitfaden für die kommunale Vollstreckungsbehörde

– Ausgabe Bayern –

Susanne Kretschmer, Kassenverwalterin, Vollstreckungsfachwirtin (BVS),
Landesgeschäftsführerin des Fachverbands
der Kommunalkassenverwalter Landesverband Bayern e.V.

Markus Heyner, Diplom-Rechtspfleger und Bachelor of Laws (LL.B.),
Dozent

13., neu bearbeitete Auflage

RICHARD BOORBERG VERLAG
STUTTGART · MÜNCHEN · HANNOVER · BERLIN · WEIMAR · DRESDEN

Kretschmer / Heyner, Geldforderungen richtig vollstrecken
13. Auflage 2025

Bestell-Nr.: 06.633/013.0

Richard Boorberg Verlag – Formularservice –
Levelingstraße 6a, 81673 München; Telefon (089) 436000-30, Telefax (089) 4361564

Vorwort

Bei der 13. Auflage haben wir eine Anpassung in der Gliederung zur besseren Orientierung durchgeführt.

Während im ersten Teil dieses Formularleitfadens die Vollstreckung öffentlich-rechtlicher Geldforderungen thematisiert wird, wurde der zweite Teil für die Geltendmachung von privatrechtlichen Forderungen umstrukturiert und entsprechend ausgeweitet.

Es ist festzustellen, dass die Kommunen nicht mehr überwiegend öffentlich-rechtliche Forderungen durchsetzen müssen, sondern dass die Mitarbeiter in den kommunalen Vollstreckungsbehörden sich mehr und mehr mit der Durchsetzung privatrechtlicher Forderungen auseinandersetzen müssen.

Umso wichtiger ist es, unseren Lesern und Nutzern der Formular-CDs hiermit ein gutstrukturiertes Nachschlagewerk an die Hand zu geben, um im Bedarfsfall auch alle notwendigen gesetzlichen Grundlagen griffbereit zu haben.

In dieser Ausgabe weisen wir auf die Zwangsvollstreckungsformular-Verordnung (ZVFV) hin, welche für die Beauftragung von Gerichtsvollziehern zur Durchsetzung von öffentlich-rechtlichen Forderungen nach derzeitiger Rechtslage ab dem 1. Mai 2025 verbindlich ist.

Wir möchten Sie davon in Kenntnis setzen, dass vom Bayerischen Landtag das Gesetz zur Änderung des Bayerischen Verwaltungsverfahrensgesetzes und weiterer Rechtsvorschriften verabschiedet wurde (BayGVBl. Nr. 24/2024, S. 599). In dem Gesetz wird unter anderem auf die Landesvorschriften eingegangen, welche von der ab 1.1.2025 geänderten Zustellfiktion aufgrund der Modernisierung des Postrechts (Postrechtsmodernisierungsgesetz – PostModG – vom 15.7.2024, BGBl. Nr. 236) von bisher 3 auf 4 Tage betroffen sind (z.B. BayVwVfG, BayDiG und VwZVG).

Zusätzlich wurde in dem Gesetz die Fassung des Art. 26 Abs. 7 VwZVG geändert, sodass für Vollstreckungsaufträge an den Gerichtsvollzieher die Verwendung der in der Zwangsvollstreckungsformularverordnung eingeführten Formulare **nicht** verbindlich ist.

Außerdem wird in dem Gesetz für Rechtsklarheit im Hinblick auf die Zustellung des vollstreckbaren Ausstandsverzeichnisses gesorgt, in dem der Art. 24 Abs. Nr. 2 VwZVG wie folgt ergänzt wird: „… einer Zustellung dieser Ausfertigung an den Vollstreckungsschuldner bedarf es nicht, wenn es sich bei diesem um den Leistungspflichtigen im Sinn des Art. 23 Abs. 1 handelt.“

Wir hoffen, dass Sie auch mit diesem Werk wieder ein gutes Werkzeug zur Hand haben. Falls Sie feststellen, dass etwas optimiert werden könnte/sollte, lassen Sie es uns bitte wissen.

München / Frensdorf im Dezember 2024

Inhaltsverzeichnis

Abkürzungsverzeichnis

Abs.	Absatz/Absätze
AGVwGO	Gesetz zur Ausführung der Verwaltungsgerichtsordnung
AO	Abgabenordnung
Art.	Artikel
BayDiG	Gesetz über die Digitalisierung im Freistaat Bayern
BayHO	Haushaltsordnung des Freistaates Bayern (Bayerische Haushaltsordnung)
BayVwVfG	Bayerisches Verwaltungsverfahrensgesetz
BGB	Bürgerliches Gesetzbuch
Buchst.	Buchstabe(n)
DA	Dienstanweisung
ff.	fortfolgend
GKG	Gerichtskostengesetz
GO	Gemeindeordnung für den Freistaat Bayern
GZVJu	Gerichtliche Zuständigkeitsverordnung Justiz
i.d.j.g.F.	in der jeweils gültigen Fassung
i.V.m.	in Verbindung mit
KAG	Kommunalabgabengesetz
KommHV-D	Kommunal Haushaltsverordnung – Doppik
KommHV-K	Kommunal Haushaltsverordnung – Kameralistik
OWiG	Gesetz über Ordnungswidrigkeiten
vgl.	vergleiche
VwZVG	Bayerisches Verwaltungszustellungs- und Vollstreckungsgesetz
VwVfG	Verwaltungsverfahrensgesetz
ZPO	Zivilprozessordnung
ZVFG	Verordnung über Formulare für die Zwangsvollstreckung
ZVG	Gesetz über die Zwangsversteigerung und die Zwangsverwaltung

Wichtige Zugänge zur Informationsbeschaffung

1. Bundeszentralamt für Steuern: *www.bzst.de*
   - Zur Kontenabfrage für Realsteuern und sonstige öffentliche Abgaben ist eine Benutzerkennung zu beantragen.
   - Zur Durchsetzung von Forderungen im Ausland oder auch zur Zustellung im Ausland ist ebenfalls eine separate Benutzerkennung beim Bundeszentralamt für Steuern zu beantragen.
2. Amtsgericht Grundbuchamt: *www.justiz.bayern.de*
   - entweder einen eigenen Zugang beantragen oder schriftliche Anfragen übers beBPo einreichen
3. Amtsgericht Nachlassgericht: *www.justiz.bayern.de*
   - schriftliche Anfragen über das beBPo einreichen
4. Verein Deutsches Büro Grüne Karte e.V.: *www.gruene-karte.de*
   - Bei Kfz-Schäden, die durch ausländische Fahrzeuge verursacht wurden: hier kann ggf. direkt abgerechnet werden.
5. Zentrales Vollstreckungsgericht Hof: *www.justiz.bayern.de*
   - Registrierformular für SAFE, um Zugang zur Einsichtnahme in das Schuldnerverzeichnis zu erhalten oder Vermögensauskünfte abzufragen
6. Deutsche Rentenversicherung: *www.deutsche-rentenversicherung.de*
   - Benutzerkonto anlegen, um Auskünfte einholen zu können

Erster Teil: Die Vollstreckung öffentlich-rechtlicher Geldforderungen

I. Allgemeines

1. Rechtsgrundlagen

Für die Vollstreckung öffentlich-rechtlicher Geldforderungen der Kommunen, die durch Verwaltungsakte angefordert werden, ist das Bayerische Verwaltungszustellungs- und Vollstreckungsgesetz (VwZVG) anzuwenden. Diese Rechtsgrundlage gilt auch für die Durchsetzung von Forderungen aus öffentlich-rechtlichen Verträgen, wenn die Voraussetzungen des Art. 61 Bayerisches Verwaltungsverfahrensgesetz (BayVwVfG) vorliegen.

Weitere Rechtsgrundlage ist die Zivilprozessordnung (ZPO), deren Vorschriften über die Zwangsvollstreckung im Achten Buch (§§ 704 bis 945, mit Ausnahme von §§ 883 bis 898 über die Herausgabe von Sachen und Erwirkung von Handlungen oder Unterlassungen) gemäß Art. 26 Abs. 7 VwZVG entsprechend anzuwenden sind.

Bei der Vollstreckung in das unbewegliche Vermögen des Schuldners ist ferner das Gesetz über die Zwangsversteigerung und Zwangsverwaltung (ZVG) heranzuziehen.

Soll das gesamte Vermögen des Schuldners abgewickelt werden, gilt hierfür die Insolvenzordnung (InsO). (Verfahren, die vor dem 1. Januar 1999 eröffnet wurden, werden nach den bisherigen Bestimmungen der Konkursordnung, der Vergleichsordnung und des Anfechtungsgesetzes abgewickelt.)

Von Kommunalbehörden erlassene Bußgeldbescheide werden gemäß § 90 Abs. 1 Ordnungswidrigkeitengesetz (OWiG) ebenfalls nach den Vorschriften des VwZVG vollstreckt. Dabei sind jedoch die besonderen Vorschriften der §§ 89 ff. OWiG zu beachten.

Ferner bilden die Abgabenordnung (AO) und das Kommunalabgabengesetz (KAG), auf dessen Grundlage Behörden Abgaben und Gebühren erheben können, eine wichtige rechtliche Voraussetzung. Durch Art. 10 des KAG wird der Geltungsbereich auf die Anwendung der Vorschriften der Abgabenordnung in Art. 13 KAG eröffnet. Dies bedeutet wiederum, dass vorgenannte Gebührenbescheide mittels Verweisung auf Art. 18 VwZVG durch die öffentliche Hand durchgesetzt werden können.

Es ist demnach unabdingbar, dass man sich mit den örtlichen Satzungen und den Dienstanweisungen im eigenen Aufgabenbereich auseinandersetzt.

2. Beteiligte im Vollstreckungsverfahren

2.1 Vollstreckungsbehörde, Vollstreckungsstelle

Das Bayerische Verwaltungszustellungs- und Vollstreckungsgesetz unterscheidet in Art. 20 zwischen der Anordnungsbehörde und der Vollstreckungsbehörde. Diese Unterscheidung ist insbesondere von Bedeutung bei der Durchsetzung von Leistungsbescheiden im staatlichen Bereich, denn dort sind gemäß Art. 25 VwZVG allein die Finanzämter für die Vollstreckung zuständig.

Im kommunalen Bereich, also bei den Bezirken, Landkreisen, Gemeinden, Verwaltungsgemeinschaften und Zweckverbänden sind Anordnungsbehörde und Vollstreckungsbehörde dagegen identisch, da die jeweilige Behörde die Vollstreckung von öffentlich-rechtlichen Forderungen in der Regel selbst vornimmt. Nur wenn eine andere Kommune im Rahmen der Amtshilfe einen Leistungsbescheid der ersuchenden Behörde vollstreckt, fallen Anordnungsbehörde und Vollstreckungsbehörde wieder auseinander.

Innerhalb der Kommunalbehörde ist organisatorisch meist die Kasse für die Durchführung der Vollstreckung zuständig und verantwortlich (siehe auch Art. 100 Abs.1 GO i. V. m. § 42 Abs. 2 KommHV-Kameralistik bzw. § 38 Abs. 2 KommHV-Doppik), wenn nicht – wie bei größeren Verwaltungen der Fall – eine eigene Vollstreckungsabteilung eingerichtet ist. Gleichwohl ist zu beachten: Vollstreckungsmaßnahmen dürfen nur von derjenigen Stelle ausgeführt werden, der diese Aufgaben auf Grund gesetzlicher Vorschriften oder durch den Organisationsplan der Behörde zugewiesen wurden und die somit hierzu auch ermächtigt ist.

Bei der Vollstreckung von Bußgeldbescheiden ist darauf zu achten, dass die Entscheidungen über Vollstreckungsmaßnahmen beim erlassenden Fachamt (Bußgeldstelle) liegen und der sonst zuständigen Vollstreckungsstelle nur der Vollzug der Entscheidungen (z. B. Durchführung einer Sach- oder Forderungspfändung) obliegt.

2.2 Vollstreckungsschuldner

Vollstreckungsschuldner im formellen Sinne ist diejenige Person, gegen die sich die Vollstreckung richtet. Wird gegen eine Person zu Unrecht eine Vollstreckungsmaßnahme ergriffen, ist die Maßnahme rechtswidrig. Wird zum Beispiel das Fahrzeug des Ehemannes gepfändet, obwohl die Ehefrau Schuldnerin ist, so ist die Vollstreckungsmaßnahme rechtswidrig.

Vollstreckungsschuldner im materiellen Sinne sind der Selbstschuldner sowie der Haftungs- und/oder der Duldungsschuldner, die mit einem Verwaltungsakt in Anspruch genommen wurden.

2.3 Vollstreckungsgläubiger

Vollstreckungsgläubiger ist derjenige, dem der Vollstreckungsschuldner einen Betrag schuldet.

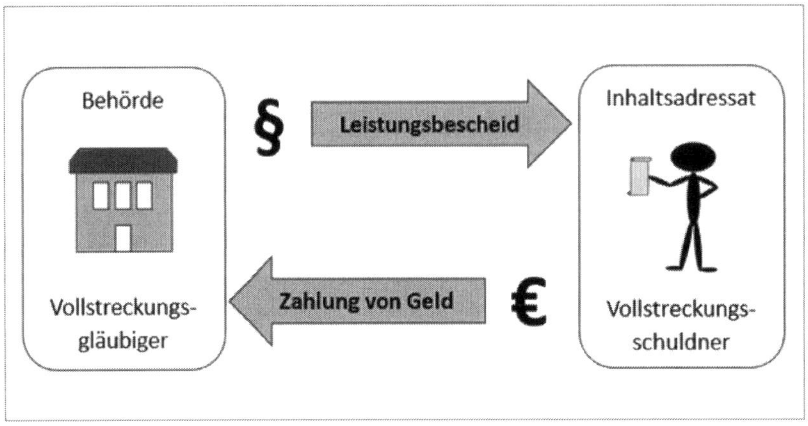

3. Verjährung

Öffentlich-rechtliche Geldforderungen unterliegen, wie jeder andere schuldrechtliche Anspruch, der Verjährung. Verjährung bedeutet bei öffentlich-rechtlichen Ansprüchen das Erlöschen des Anspruchs infolge Fristablaufs – die Forderung darf nicht mehr zwangsweise beigetrieben werden! Im Zivilrecht gilt das Recht der Einrede der Verjährung durch den Zahlungspflichtigen.

Bei der Verjährung ist zu unterscheiden zwischen

der Festsetzungsverjährung (s. 3.1),

der Zahlungsverjährung (s. 3.2) und

der Vollstreckungsverjährung (s. 3.3).

3.1 Festsetzungsverjährung

Die Festsetzungsverjährung nach §§ 169 ff. AO i. V. m. Art. 13 Abs. 1 Nr. 4 Buchst. b KAG beträgt grundsätzlich vier Jahre, daneben gibt es eine 5- und 10-jährige Verjährungsfrist. Die Festsetzungsverjährung hat zur Folge, dass eine Abgabe nach ihrem Eintritt nicht mehr festgesetzt werden kann. Die Festsetzungsfrist beginnt grundsätzlich mit Ablauf des Kalenderjahres, in dem die Steuer entstanden ist.

Die Rechtsfolge spielt insbesondere bei der Festsetzung von Nebenforderungen und ggf. bei Haftungs-/Duldungsansprüchen in der Kasse eine Rolle. Auf die §§ 191 ff. AO wird verwiesen.

3.2 Zahlungsverjährung

Der Zahlungsverjährung kommt in der Kasse bzw. der Vollstreckungsbehörde jedoch größere Bedeutung zu. Die Zahlungsverjährung beträgt für Realsteuern und Forderungen, die nach dem KAG erhoben werden, nach Art. 13 Abs. 1 Nr. 5 Buchst. a KAG i. V. m. §§ 228 ff. AO fünf Jahre.

Die Verjährung beginnt mit Ablauf des Kalenderjahres, in dem der Anspruch erstmals fällig geworden ist. Sie beginnt jedoch nicht vor Ablauf des Kalenderjahres, in dem die Festsetzung oder die Aufhebung bzw. Änderung der Festsetzung eines Anspruchs auf dem Steuerschuldverhältnis wirksam geworden ist, aus der sich der Anspruch ergibt. Eine Steueranmeldung steht dabei einer Steuerfestsetzung gleich.

Wie oben erwähnt, bewirkt der Eintritt der Zahlungsverjährung den Untergang der Forderung, soweit es sich um eine Forderung i. S. des KAG i. V. m. mit der AO handelt. Mit Untergang der Forderung ist es nicht mehr möglich, wegen des „Anspruches" noch Vollstreckungsmaßnahmen oder Aufrechnungen durchzuführen. Gehen noch Zahlungen nach Eintritt der Verjährung ein, so ist der Betrag zurückzuzahlen.

Zu beachten ist, dass die erstmalige Fälligkeit ausschlaggebend ist. Die Verjährung beginnt jedoch nicht mit dem Fälligkeitstag, sondern erst mit Ablauf des Kalenderjahres, in dem die Fälligkeit eingetreten ist.

Die Fälligkeit kann sich aus dem Bescheid oder aus dem entsprechenden Gesetz ergeben.

Bei anderen öffentlich-rechtlichen Geldforderungen, die nicht unter das KAG bzw. die AO fallen, richtet sich die Verjährung nach Art. 71 des Ausführungsgesetzes zum Bürgerlichen Gesetzbuch (AGBGB), sofern keine besonderen Vorschriften bestehen. Die Frist beträgt grundsätzlich drei Jahre. Auch hier darf nach Eintritt der Verjährung nicht mehr vollstreckt werden.

Zahlt der Pflichtige den Betrag dennoch, hat er keinen Anspruch auf Erstattung (§ 214 BGB). Eine Aufrechnung ist noch möglich, wenn die Aufrechnungslage vor Eintritt der Verjährung vorgelegen hat. Verwandt mit dieser Rechtslage ist nachfolgende Regelung.

3.3 Vollstreckungsverjährung

Für Geldbußen gilt § 34 Abs. 2 OWiG. Danach beträgt die Vollstreckungsverjährung bei einer Geldbuße

- bis 1000 Euro drei Jahre
- von mehr als 1000 Euro fünf Jahre.

Die Vollstreckungsverjährungsfrist beginnt mit der Rechtskraft der Entscheidung.

3.4 Unterbrechung, Hemmung der Zahlungsverjährung und Ruhen der Vollstreckungsverjährung

- Unterbrechung der Zahlungsverjährung nach Abgabenordnung i. V. m. Kommunalabgabengesetz

Bei der Unterbrechung der Verjährung wird durch ein Ereignis der Fristablauf unterbrochen. Nach Beendigung der Unterbrechung beginnt eine neue Frist (über weitere 5 Jahre) zu laufen und zwar mit Ablauf des Jahres, in dem die Unterbrechung geendet hat, § 232 AO.

> *Beispiel:*
> *Die Steuer war zum 23.5.2019 fällig. Die 5-jährige Verjährungsfrist nach § 229 AO beginnt am 1.1.2020. Der Unterbrechungstatbestand (z.B.Adressermittlung, schriftliche Geltendmachung der Forderung) dauerte vom 04.04.2022 bis 23.06.2022. Die neue Verjährungsfrist beginnt am 1.1.2023.*

Die Unterbrechungstatbestände sind abschließend in § 231 AO aufgezählt.

- Hemmung nach der Abgabenordnung i. V. m. mit dem Kommunalabgabengesetz

Unter Hemmung versteht man das Ruhen der Verjährungsfrist. Voraussetzung für die Hemmung ist, dass der Anspruch aufgrund höherer Gewalt nicht verfolgt werden kann. Die Hemmung dauert maximal sechs Monate.

Die Hemmungsdauer wird der regelmäßigen Verjährungsfrist „angehängt".

> *Beispiel:*
> *Die Verjährung würde am 31.12.2021 eintreten. Im Jahr 2021 lag ein Hemmungstatbestand über 4 Monate vor. Aufgrund dessen tritt die Verjährung erst am 30.04.2022 ein.*

Verwandt mit der Hemmung ist die Regelung in § 34 OWiG.

- Ruhen der Vollstreckungsverjährung

In der Praxis kommen insbesondere die Fälle nach § 34 Abs. 4 Nr. 1 und Nr. 3 OWiG vor. Befindet sich ein Schuldner in Insolvenz, dürfen auch Bußgelder als nachrangige Insolvenzforderungen nicht vollstreckt werden. Befindet sich der Schuldner im Ausland, und besteht mit diesem Land kein entsprechendes Abkommen, ist eine Vollstreckung des Bußgeldes nicht möglich.

Wurde dem Schuldner Zahlungserleichterung nach § 93 OWiG gewährt, so ruht die Vollstreckungsverjährung über diesen Zeitraum; es ist jedoch darauf zu achten, wie die Verfügung über die Zahlungserleichterung formuliert wurde.

4. Rechtsbehelfe gegen Vollstreckungsmaßnahmen

Gegen Vollstreckungsmaßnahmen, die die kommunale Behörde selbst vornimmt, ist der Verwaltungsrechtsweg gegeben. Hier ist zu berücksichtigen, dass das einzulegende Rechtsmittel immer **abhängig vom Grundverwaltungsakt** ist – man spricht hier von der **Akzessorietät zum Grundverwaltungsakt**. Wenn z. B. eine Gemeinde eine Pfändungs- und Überweisungsverfügung erlässt, können hiergegen dieselben Rechtsmittel eingelegt werden wie gegen dem der Verfügung zu Grunde liegenden Verwaltungsakt. Dies gilt auch, wenn der kommunale Vollstreckungsbedienstete eine bewegliche Sache beim Schuldner pfändet. Grundsätzlich haben Widerspruch und Klage eine aufschiebende Wirkung – nicht jedoch im Rahmen der **Vollstreckung** (gemäß Art. 21a VwZVG in Verbindung mit § 80 VwGO). Die aufschiebende Wirkung kommt hier nicht zum Tragen. Demnach sind die Geldforderungen auch bei Widerspruch oder Klage zu entrichten.

Mit Gesetz zur Änderung des Gesetzes zur Ausführung der Verwaltungsgerichtsordnung (AGVwGOÄndG) vom 22. Juni 2007 (GVBl. S. 90) wurde in Art. 15 u.a. im Bereich des Kommunalabgabenrechts das fakultative Rechtsbehelfsverfahren eingeführt. Die letzte Aktualisierung durch das Bayerische Staatsministerium des Innern, für Sport und Integration vom 19. August 2021 (Az. A3-1042-1-7) wurde am 8. September 2021 veröffentlicht (BayMBl. 2021 Nr. 627). Das bedeutet, dass ein Betroffener gegen einen Verwaltungsakt, mit dem eine **Geldforderung** im Bereich des **Kommunalabgabenrechts** oder eine **Realsteuer** eingezogen werden soll, als Rechtsmittel den **Widerspruch oder** die **Klage** beim zuständigen Verwaltungsgericht wählen kann.

Der Widerspruch ist schriftlich, zur Niederschrift oder in einer elektronischen Form im Sinne von § 3a Abs. 2 BayVwVfG bei der Behörde, die den Verwaltungsakt erlassen hat, innerhalb eines Monats seit Bekanntgabe des Verwaltungsakts einzulegen. Der Widerspruch kann nicht mittels einfacher E-Mail an die bescheiderlassende Behörde übermittelt werden – diese Form entfaltet keine Rechtswirkung.

Die Übermittlung eines elektronischen Dokuments ist nur zulässig, soweit die empfangende/bescheiderlassende Behörde einen Zugang hierfür eröffnet hat (Art. 3a Abs. 1 BayVwVfG). Es ist daher ratsam, innerhalb der eigenen Behörde abzuklären, welche elektronischen Formen für die Widerspruchseinlegung eröffnet wurden.

Gemäß Art. 3 Abs. 1 Satz 1 und 4, Abs. 2 BayEGovG (vgl. Art. 1 Abs. 3 BayEGovG beim Vollzug von Bundesrecht im Auftrag des Bundes nach § 2 Abs. 1 und 2 EGovG) sind bayerische Behörden verpflichtet, zumindest eine **elektronische Zugangsmöglichkeit** für die Widerspruchseinlegung zu eröffnen. Die Schriftform kann durch ein elektronisches Dokument ersetzt werden, wenn das Dokument mit einer elektronischen Signatur (Art. 3a Abs. 2 Satz 1 und 2 BayVwVfG) versehen wurde. Dies bedeutet, dass der Absender sein Dokument elektronisch signieren muss oder sich bei einem qualifizierten De-Mail-Anbieter angemeldet haben muss. Ebenso muss die empfangende Behörde in der Lage sein, entsprechende Dokumente empfangen sowie öffnen und lesen zu können. Über die Homepage des Bundesamts für Sicherheit in der Informationstechnik - BSI - www.bsi.bund.de, können die jeweils akkreditierten De-Mail-Dienstanbieter eingesehen werden. Falls bayerische Behörden einen elektronischen Zugang nicht gewähren, muss dem Zahlungspflichtigen eine „Wiedereinsetzung in den vorigen Stand" nach § 60 VwGO gewährt werden. Es ist zu beachten, dass nur solche Verwaltungsakte betroffen sind, deren Rechtsweg über die VwGO zu beschreiten ist; die Neuregelung gilt also nicht z.B. für Sozialhilfe- oder Bußgeldbescheide. Die Neuregelung gilt auch dann nicht, wenn kein Vorverfahren vorgesehen/möglich ist.

Merke:
Welcher Rechtsbehelf für die Vollstreckung nach Art. 26 VwZVG einzulegen ist, richtet sich danach, welche Rechtsmittel gegen den zu vollstreckenden **Grundverwaltungsakt** eingelegt werden können.

Beispiel:
Wenn gegen den Grundverwaltungsakt nur (direkt) Klage erhoben werden kann, dann kann auch direkt Klage (ohne vorheriges Widerspruchsverfahren) gegen die Vollstreckungsmaßnahmen eingereicht werden.

Für die Klageerhebung beim Verwaltungsgericht ist ab 1.1.2022 die elektronische Form für die in § 55d VwGO genannten Personen (z.B. Rechtsanwälte, juristische Personen des öffentlichen Rechts) vorgeschrieben.

Wählt der Betroffene unmittelbar das Klageverfahren, ist die Klage beim zuständigen Verwaltungsgericht in schriftlicher Form einzureichen, kann aber auch gemäß § 81 Abs. 1 VwGO zur Niederschrift des Urkundsbeamten der Geschäftsstelle erhoben werden. Wegen der Form und dem Inhalt wird auf § 81 Abs. 2 und § 82 VwGO verwiesen. Beim Verwaltungsgericht ist grundsätzlich ein Kostenvorschuss zu zahlen, § 188 VwGO. Richtet sich der Verwaltungsakt gegen **mehrere Beteiligte**, so kann sofort Klage erhoben werden, wenn alle Beteiligten zustimmen. Die Zustimmung kann auch noch nach Klageerhebung erteilt werden. Wird nur eine Zustimmung nicht erteilt, so ist die „Sofortklage" zurückzuweisen.

Problematisch wird es, wenn es sich um einen „kombinierten" Sachverhalt handelt. Wird eine Baugenehmigung erteilt und werden gleichzeitig die Genehmigungsgebühren angefordert, so ergibt sich, da die Baugenehmigung als Hauptsacheentscheidung nicht unter Art. 15 Abs. 1 Nr. 1 AGVwGO fällt, das ein Widerspruchsverfahren auch nicht fakultativ gegeben ist, sondern das Klageverfahren unmittelbar den richtigen Rechtsweg darstellt. Will der Betroffene nun gegen die Genehmigungsgebühr vorgehen, welche als Nebensache zur Baugenehmigung eingefordert wird, sollte ebenfalls direkt der Klageweg beschritten werden; diese Vorgehensweise wird für Verwaltungsgebühren nach dem Verwaltungskostengesetz die Regel werden.

Würde dagegen die Gebühr als isolierte Kostenentscheidung unabhängig von der Baugenehmigung angefordert, hätte der Betroffene die Möglichkeit, zwischen Widerspruch oder Klage zu wählen.

Im Vollstreckungsverfahren ergibt sich diese Problematik, wenn neben Forderungen nach dem Kommunalabgabengesetz auch andere als in Art. 15 Abs. 1 Nr. 1 bis 6 AGVwGO genannte Forderungen zusammen gepfändet werden. In einem solchen Fall wären verschiedene Rechtsbehelfsbelehrungen angebracht. Dies kann zu großen Irritationen, insbesondere beim Schuldner/Drittschuldner, führen. **Es ist daher angeraten, dass ggf. in einer Pfändung nur Forderungen im Sinne von Art. 15 Abs. 1 Nr. 1 bis 6 aufgeführt werden und in einer weiteren die übrigen Ansprüche.**

Auf der CD wurden unter „Sonstige Formulare" Blanko-Vorlagen für die Rechtsbehelfsbelehrungen „Fakultatives Widerrufsrecht" und „Unmittelbare Klageerhebung" mit dem Mindestinhalt aufgenommen, sodass jeweils die richtige Rechtsbehelfsbelehrung den Bescheiden entsprechend angefügt werden kann. Bei Bußgeldern richtet sich der Rechtsweg ausschließlich nach dem Gesetz über Ordnungswidrigkeiten. Geht es um Vollstreckungsmaßnahmen wegen einer Bußgeldentscheidung, entscheidet über Einwendungen des Betroffenen das örtlich zuständige Amtsgericht (§§ 103, 104 Abs. 1 OWiG i. V. m. § 68 OWiG).

5. Verzinsung von Kommunalabgaben

Mit dem Gesetz zur Änderung des Kommunalabgabengesetzes vom 11. März 2014 (GVBl. S. 70) wurde bezüglich der Verzinsung u. a. folgende Regelung in Art. 13 Abs. 1 Nr. 5 Buchst. b Doppelbuchst. dd KAG neu aufgenommen:

„[Soweit gesetzlich nicht anders bestimmt, sind in ihrer jeweils geltenden Fassung ... folgende Bestimmungen der Abgabenordnung entsprechend anzuwenden ...] §§ 238 bis 240 mit der Maßgabe, dass die Höhe der Zinsen abweichend von § 238 Abs. 1 Satz 1 zwei Prozentpunkte über dem Basiszinssatz nach § 247 BGB jährlich beträgt, [...]"

Mit dieser Änderung dürften größere Probleme für Stundungs-, Aussetzungs- und Prozesszinsen auftreten. Zu einem bedeutet es, dass die Zinsen taggenau auszurechnen wären, obwohl § 238 Abs. 1 Satz 2 AO, der ja nicht geändert wurde, bestimmt, dass die Zinsen von dem Tag an, an dem der Zinslauf beginnt, nur für volle Monate zu zahlen sind, angefangene Monate bleiben außer Ansatz.

Der Anwendungserlass zur Abgabenordnung zu § 238 AO verdeutlicht somit, dass ein voller Zinsmonat (§ 238 Abs. 1 Satz 2 AO) erreicht ist, wenn der Tag, an dem der Zinslauf endet, hinsichtlich seiner Zahl dem Tag entspricht, der dem Tag vorhergeht, an dem die Frist begann (Beispiel: Wäre der Beginn des Zinslaufs am 16.3., dann würde der Zinslauf für den ersten Monat mit dem 15.4. enden).

Grundsätzlich werden nur Zinsen für volle Monate berechnet; dies bedeutet, dass es immer auf den Geldeingang (Wertstellung ist zu beachten!) der jeweiligen Rate ankommt.

Sicher ist jedoch, dass eine Sollverzinsung, sollte die Stundung länger als 6 Monate laufen, nicht empfehlenswert ist, da sich der Basiszinssatz zum 1. Januar als auch zum 1. Juli ändern kann. Damit dem Schuldner jedoch klar ist, dass Stundungszinsen anfallen, ist es sinnvoll schon in der Stundungsverfügung einen Teil der Zinsen anzufordern mit dem Zusatz, dass die weiteren Zinsen ab dem 1. Januar/Juli 20__ unverzüglich nach Ablauf der Stundung geltend gemacht werden.

Die oben ausgeführte Regelung in Art. 13 KAG bezüglich der Zinshöhe **gilt nicht für Realsteuern**, sondern nur für KAG-Ansprüche. (Aus diesem Grund werden die entsprechenden Vordrucke einmal für Kommunalabgaben und einmal für Realsteuern angeboten.)

Der Erste Senat des Bundesverfassungsgerichts hat mit Beschluss vom 8. Juli 2021 (Az. 1 BvR 2237/14; 1 BvR 2422/17) entschieden, dass die Verzinsung von Steuernachforderungen und Steuererstattungen gem. § 233a in Verbindung mit § 238 Abs. 1 Satz 1 der Abgabenordnung (AO) für die Zinsberechnungszeiträume ab dem 1. Januar 2014 verfassungswidrig ist, sofern ein Zinssatz von monatlich 0,5 % pro Monat zugrunde gelegt wurde.

Das Bundesverfassungsgericht hat jedoch die bisherige Verzinsung für bis einschließlich in das Jahr 2018 fallende Zeiträume als anwendbar erklärt. Der Gesetzgeber wurde verpflichtet, eine Neuregelung für die Verzinsungszeiträume ab 2019 zu treffen. Hierzu war eine Frist bis 31.07.2022 gesetzt.

Mit dem Zweiten Gesetz zur Änderung der Abgabenordnung und des Einführungsgesetzes zur Abgabenordnung vom 12. Juli 2022 (BGBl. I S. 1142) wurde nun eine Neuregelung für die Verzinsungszeiträume ab dem 1. Januar 2019 getroffen – diese ist somit rückwirkend für alle offenen Vorgänge anzuwenden. Demnach beträgt der Zinssatz für die Verzinsung von Steuernachforderungen sowie Steuererstattungen im Sinne des § 233a Abgabenordnung nun 0,15 % pro Monat – dies entspricht 1,8 % pro Jahr gemäß § 238 Abs. 1a Abgabenordnung.

Zudem wurde noch § 238 Abs. 1c Abgabenordnung aufgenommen, welcher wie folgt lautet: „Die Angemessenheit des Zinssatzes nach Absatz 1a ist unter Berücksichtigung der Entwicklung des Basiszinssatzes nach § 247 des Bürgerlichen Gesetzbuchs wenigstens alle zwei Jahre zu evaluieren. Die erste Evaluierung erfolgt spätestens zum 1. Januar 2024.“

II. Voraussetzungen für die Vollstreckung

1. Vorliegen einer vollstreckungsfähigen Grundlage

Grundlage für öffentlich-rechtliche Geldforderungen sind überwiegend Verwaltungsakte (Leistungsbescheide), aber auch öffentlich-rechtliche Verträge oder Bußgeldbescheide.

Leistungsbescheide können vollstreckt werden,

- wenn sie nicht mehr mit einem förmlichen Rechtsbehelf angefochten werden können,
- wenn der förmliche Rechtsbehelf keine aufschiebende Wirkung hat; dies ist der Fall bei Verwaltungsakten, mit denen öffentliche Abgaben oder Kosten angefordert werden (§ 80 Abs. 2 Satz 1 VwGO) oder
- wenn die sofortige Vollziehung angeordnet ist.

Aus öffentlich-rechtlichen Verträgen kann vollstreckt werden, wenn die Voraussetzungen gemäß Art. 61 Abs. 1 BayVwVfG vorliegen.

Bußgeldbescheide können vollstreckt werden, wenn sie rechtskräftig geworden sind.

2. Bekanntgabe des Leistungsbescheids

Ein Bescheid ist demjenigen Beteiligten bekanntzugeben, für den er bestimmt ist oder der von ihm betroffen wird. Die Bekanntgabe setzt den Willen der Behörde zu einer Eröffnung des Verwaltungsakts an den Betroffenen oder Adressaten voraus. Der Verwaltungsakt gilt als bekanntgegeben, wenn er in den Machtbereich des Empfängers gelangt und dieser unter gewöhnlichen Umständen die Möglichkeit hat, Kenntnis vom Inhalt des Verwaltungsaktes zu nehmen. Eine Zustellung an ein Postfach ist nach BGH, Beschl. vom 14.6.2012, Az. V ZB 182/11, DGVZ 2012, 184 möglich.

Die Bekanntgabe eines Verwaltungsaktes kann unterschiedlich erfolgen:

Ein Leistungsbescheid muss gemäß Art. 23 Abs. 1 Nr. 1 VwZVG dem Pflichtigen zugestellt worden sein. Für das Zustellungsverfahren gelten die Vorschriften des ersten Hauptteils des VwZVG. Danach gibt es mehrere Zustellarten, nämlich die Zustellung durch Post mittels Zustellungsurkunde (Art. 3 VwZVG) oder mittels eingeschriebenem Brief (Art. 4 VwZVG) sowie die Zustellung durch die Behörde selbst gegen Empfangsbekenntnis (Art. 5 VwZVG), d. h. das Schriftstück wird durch einen Amtsboten überbracht.

Mit Gesetz zur Änderung des Bayerischen Verwaltungszustellungs- und Vollstreckungsgesetzes vom 26. Juli 2006 (GVBl. S. 387) wurde mit Art. 5 Abs. 4, 5 VwZVG die elektronische Zustellung aufgenommen. Voraussetzung ist, dass der Empfänger über einen entsprechenden Zugang verfügt. Das Dokument ist mit einer qualifizierten elektronischen Signatur zu versehen, die wie eine händische Unterschrift gilt (vgl. Verordnung [EU] Nr. 910/2014 vom 23. Juli 2014 über elektronische Identifizierung und Vertrauensdienste für elektronische Transaktionen im Binnenmarkt – eIDAS-Verordnung). Als Nachweis der Zustellung ist das mit Datum und Unterschrift versehene Empfangsbekenntnis an die Behörde ausreichend.

Bei Leistungsbescheiden, die im Besteuerungsverfahren und bei der Heranziehung zu sonstigen öffentlichen Abgaben und Umlagen ergehen, ist es jedoch ausreichend, wenn das Schriftstück dem Empfänger durch einfachen Brief verschlossen zugesandt wird (Art. 17 Abs. 1 VwZVG). Diese Sonderart der Zustellung ist in der Praxis die Regel.

Liegt der Behörde eine schriftliche Bestätigung vor, welche eine Person als Zustellbevollmächtigten ausweist, so ist nach Art. 8 VwZVG an diese zuzustellen. Vertritt die Person mehrere Beteiligte, so reicht ebenfalls die Zustellung an den Bevollmächtigten aus, es sind jedoch so viele Ausfertigungen beizulegen, wie Beteiligte vorhanden sind.

Eine Vereinfachung gilt bei der Zustellung an Ehegatten und Lebenspartner bzw. an Eltern und Kinder, sofern sie unter einer gemeinsamen Anschrift wohnen. Wenn ein für mehrere Personen gleichlautender Bescheid ergeht, so muss nicht für jeden Betroffenen eine eigene Ausfertigung hergestellt werden, sondern es reicht nach

Art. 8a VwZVG grundsätzlich aus, wenn den Familienangehörigen nur ein einziges Schriftstück übersandt wird. Auf § 122 AO wird zusätzlich verwiesen.

Neben dem Zugang ist die richtige Adressierung wichtig. Sie muss bestimmt genug sein, um eindeutig feststellen zu können, wer Empfänger der Sendung ist. Ist ein Verwaltungsakt für mehrere Personen bestimmt, so muss jedem Beteiligten der Verwaltungsakt bekannt gegeben werden. Eine Erleichterung bietet § 155 Abs. 3 AO für Steuerbescheide. Haben mehrere Beteiligte einen Bevollmächtigten der Behörde bekannt gegeben, so reicht die Zustellung an diesen aus. Bei Ehegatten bzw. Lebenspartnern sind neben dem Familiennamen auch die Vornamen mit anzugeben.

Eine weitere Zustellmöglichkeit stellt die öffentliche Zustellung gem. Art. 15 VwZVG dar. Diese Art der Zustellung ist nur dann in Betracht zu ziehen, wenn dem Leistungspflichtigen der Bescheid nicht auf einer anderen Weise bekannt gegeben werden kann. Es müssen vorher sämtliche Informationsmöglichkeiten über die Anschrift/Aufenthalt des Leistungspflichtigen ausgeschöpft werden, um eine öffentliche Zustellung durchzuführen. Die Bekanntmachung erfolgt auf dem für die jeweilige Verwaltung freigegebenen Medium, beispielsweise durch öffentlichen Aushang an den Amtstafeln, Veröffentlichung im Amtsblatt oder auch auf der Internetseite der Gemeinde (Art. 15 Abs. 2 VwZVG).

Mittels öffentlicher Bekanntmachung wird dem Leistungspflichtigen mitgeteilt, dass ein Dokument in den Geschäftsräumen der Behörde zur Abholung niedergelegt wurde – **der Inhalt des Schreibens wird nicht bekannt gegeben**. Wichtig ist, dass darauf hingewiesen wird, dass es sich hierbei um die Zustellung eines Dokuments handelt, mit dem ggf. Fristen in Gang gesetzt werden und Rechtsnachteile entstehen könnten.

Gemäß Art. 15 Abs. 2 Satz 6 VwZVG gilt das Dokument als zugestellt, wenn seit dem Tag der Bekanntmachung der Benachrichtigung zwei Wochen vergangen sind. Bei der Fristenberechnung wird auf § 187 BGB verwiesen – der Tag des Aushängens selbst wird nicht mitberechnet.

Bezüglich der Adressierung von Verwaltungsakten/Bescheiden wird auf den Anwendungserlass zu § 122 AO, bei Gesamtschuldnerschaft auf § 155 Abs. 2 AO verwiesen.

Bußgeld- und Kostenbescheide werden alle förmlich zugestellt.

3. Bestandskraft, Einlegung eines Rechtsbehelfs

Formell bestandskräftig wird ein Verwaltungsakt, sobald er unanfechtbar ist, also Widerspruch und Anfechtungsklage nach der VwGO grundsätzlich wegen Zeitablaufs nicht mehr möglich sind. Wird dem Antrag auf Wiedereinsetzung in den vorigen Stand stattgegeben, so führt dies erneut zu einer anfechtbaren Entscheidung. Gleiches gilt für die Wiederaufnahme nach § 153 VwGO.

Hat der Betroffene Widerspruch gegen den Verwaltungsakt eingelegt, hindert dies die Einleitung von Vollstreckungsmaßnahmen nicht, wenn es sich um öffentlich-rechtliche Forderungen i. S. von § 80 Abs. 2 Nr. 1 VwGO handelt. Es muss entweder um Steuern, Beiträge, Gebühren oder Kosten gehen. Dieser Kostenbegriff umfasst jedoch nicht alle Kosten, sondern nur solche, die in einem förmlichen Verfahren entstanden sind.

Auch steuerliche Nebenleistungen wie Zinsen fallen darunter. Bezüglich der Säumniszuschläge ist die Rechtsprechung verschiedener Auffassung.

4. Fälligkeit der Forderung und Säumnis des Vollstreckungsschuldners

Weitere Voraussetzungen für die Vollstreckung sind nach Art. 23 Abs. 1 Nr. 2 und Art. 19 Abs. 2 VwZVG die Fälligkeit der Forderung und die Säumnis des Schuldners.

Der Leistungsbescheid ist mit einer Zahlungsaufforderung zu versehen. Mit der Fälligkeit wird der Zeitpunkt benannt, mit dem die Leistungspflicht beginnt. Ist die Forderung noch nicht fällig, besteht noch keine Pflicht zur Zahlung. Die Fälligkeit für die jeweilige Forderung ergibt sich aus gesetzlichen Bestimmungen oder aus dem Leistungsbescheid selbst. Dabei kann der Zahlungstermin bereits von vornherein kalendermäßig feststehen (z. B. bei Vorauszahlungen auf die Grundsteuer, die jeweils am 15.2., 15.5., 15.8. und 15.11. fällig werden) oder er lässt sich anhand eines Anfangszeitpunktes ohne Weiteres ermitteln (z. B. einen Monat nach Bekanntgabe des Bescheides). Um den genauen Fälligkeitstag benennen zu können, ist Voraussetzung, dass der Behörde bekannt ist, wann der Bescheid dem Pflichtigen tatsächlich zugegangen ist. Dies wird nur bei der förmlichen Zustellung möglich sein.

Säumig wird der Schuldner, wenn er bis zum Ablauf des Fälligkeitstages seine Zahlungspflicht nicht erfüllt hat. Wie die Erfüllungswirkung eintreten kann (Zahlung, Aufrechnung, Erlass) und wann sie jeweils eintritt, bestimmt sich in den meisten Fällen nach den Vorschriften der Abgabenordnung, siehe auch §§ 224, 224a, 240 AO.

5. Mahnung des Schuldners

Nach Art. 23 Abs. 1 Nr. 3 VwZVG ist der Schuldner vor Beginn der Vollstreckung zu mahnen. Die Mahnung ist noch keine Vollstreckungsmaßnahme, sondern eine Voraussetzung dafür. Die Mahnung kann erfolgen durch Übersendung eines Mahnschreibens im verschlossenen Brief oder durch ortsübliche öffentliche Bekanntmachung. Letzteres empfiehlt sich nur dann, wenn periodisch wiederkehrende Forderungen angemahnt werden sollen (z. B. die Raten auf die Grundsteuer oder die Vorauszahlungen auf die Gewerbesteuer).

Mit der Mahnung ist dem Pflichtigen eine Zahlungsfrist von mindestens einer Woche einzuräumen. Neben diesen Formen der Mahnung ist in Art. 23 Abs. 1 Nr. 3 VwZVG die ergebnislose Nachnahmeerhebung genannt. Dieser Sonderfall kommt in der Praxis jedoch nur sehr selten vor.

6. Vollstreckungsvoraussetzungen wegen Geldansprüchen aus einem öffentlich-rechtlichen Vertrag

Die Regelungen über den öffentlich-rechtlichen Vertrag sind in den Art. 54 ff. BayVwVfG geregelt. Der Vertrag kommt im Gegensatz zu einem Verwaltungsakt durch Angebot und Annahme zustande. Das bedeutet, dass auch der Wille des Vertragspartners mit einfließen kann. Mit beiderseitiger Unterzeichnung ist der Vertrag rechtsgültig und kann nicht mit Widerspruch angefochten werden.

Nach Art. 61 BayVwVfG kann wegen der darin festgeschriebenen Forderungen nach dem VwZVG vollstreckt werden, wenn die dort genannten Voraussetzungen erfüllt sind. Insbesondere ist zu überprüfen, ob eine der in der Vorschrift genannten Personen für die Behörde den Vertrag unterzeichnet hat und sich der Vertragspartner der Behörde der sofortigen Vollstreckung unterworfen hat. Trifft auch nur eine dieser Bestimmungen nicht zu, so ist Leistungsklage beim Verwaltungsgericht zu erheben.

Zweiter Teil: Die Geltendmachung privatrechtlicher Forderungen

I. Allgemeines

Liegt eine privatrechtliche Forderung gegen eine Person vor, so ist zunächst in einem Erkenntnisverfahren gerichtlich zu klären, ob dieser Anspruch auch tatsächlich besteht. Erst wenn, der Anspruch in einem geordneten Verfahren festgestellt worden ist, kann sich daran ein weiteres Verfahren – nämlich das Vollstreckungsverfahren – anschließen.

Privatrechtliche Ansprüche können in Kommunen beispielsweise dann vorkommen, wenn ein Eigenbetrieb in einer Rechtsform des Privatrechts geführt wird, z. B. als GmbH.

Aber auch in allen Fällen, in denen die Kommune fiskalisch (d. h. nicht hoheitlich) tätig wird, kommen die Vorschriften des Privatrechts zur Anwendung:

- die Erbringung von Leistungen des gemeindlichen Bauhofes an Dritte,
- Verkaufsgeschäfte aller Art,
- die Nutzungsüberlassung gemeindlicher Räume und Gebäude (sofern nicht durch Satzung geregelt) oder
- die Vermietung von gemeindeeigenen Wohnungen.

Um die privatrechtlichen Ansprüche zu prüfen, wird im Erkenntnisverfahren der Streit zwischen den Parteien von einem Gericht – in der Regel durch Urteil – entschieden. Das Verfahren dient damit der Erlangung eines Titels, welcher wiederum die Voraussetzung für die spätere Zwangsvollstreckung ist. Das Gericht hat somit im Erkenntnisverfahren die Aufgabe, den Anspruch entweder zu bestätigen oder abzuweisen.

Das Erkenntnisverfahren kann beendet werden durch:

- einen Vergleich,
- ein Anerkenntnisurteil,
- ein streitiges Urteil oder
- ein Versäumnisurteil

und führt dazu, dass der Kläger – sofern er den Prozess gewinnt – am Ende ein Urteil in den Händen hält, aus dem unter Umständen die Zwangsvollstreckung möglich ist.

Das Erkenntnisverfahren wird aber auch in folgenden Fällen beendet, allerdings erhält dann der Kläger kein Urteil, aus dem er vollstrecken kann:

- Klagerücknahme,
- Klageverzicht,
- Erledigung in der Hauptsache

Eine Sonderstellung nimmt das Mahnverfahren ein, bei dem – ohne gerichtliches Klageverfahren – der Antragsteller die Möglichkeit erhält, zu einem Vollstreckungstitel zu kommen. Das Verfahren soll im folgenden Abschnitt erläutert werden.

II. Das gerichtliche Mahnverfahren

1. Allgemeines

Mit dem gerichtlichen Mahnverfahren wird dem Gläubiger ein einfacher und relativ preiswerter Weg eröffnet, schnell seine Zahlungsansprüche gegen den Schuldner geltend zu machen bzw. einen Vollstreckungstitel zu erhalten und damit dann die Zwangsvollstreckung durchzuführen. Ein langwieriger Prozess mit Beweisaufnahme und mündlicher Verhandlung vor dem zuständigen Prozessgericht soll mit Hilfe des Mahnverfahrens vermieden werden.

Daher ist das Mahnverfahren auch nur für bestimmte, einfache Fallgestaltungen zugelassen, so z. B. wenn die vom Gläubiger geforderte Leistung nicht von einer Gegenleistung des Schuldners abhängt (§ 688 Abs. 2 Nr. 2 ZPO).

Es wird etwa dann nicht durchgeführt, wenn Grundlage der Forderung ein hochverzinslicher Verbraucherkreditvertrag (§ 688 Abs. 2 Nr. 1 ZPO) oder eine öffentliche Zustellung des Mahnbescheids erforderlich wäre (§ 688 Abs. 2 Nr. 3 ZPO).

Dem Mahnverfahren ist immer dann der Vorzug zu geben, wenn anzunehmen ist, dass vom Gegner keine Einwendungen gegen die Titulierung der rückständigen Forderungen erhoben werden. Bestehen jedoch schon vor Einleitung des gerichtlichen Mahnverfahrens zwischen Gläubiger und Schuldner bereits Streitigkeiten darüber, ob die Forderung zu Recht besteht, sollte stattdessen gleich das streitige Verfahren, also die Klageerhebung vor dem Prozessgericht gewählt werden.

Am Ende eines erfolgreichen Mahnverfahrens steht ein Vollstreckungsbescheid, der den Gläubiger zur Zwangsvollstreckung in das Vermögen des Schuldners berechtigt (§ 794 Abs. 1 Nr. 4 ZPO).

2. Zuständiges Gericht

2.1 Ausschließliche Zuständigkeit des Amtsgerichts

Während für das streitige Verfahren die Zuständigkeit der Amts- oder Landgerichte gegeben sein kann, ist für das Mahnverfahren nach § 689 Abs. 1 Satz 1 ZPO ausschließlich das Amtsgericht zuständig – und zwar unabhängig vom Streitwert. Aus diesem Grunde besteht auch für das gerichtliche Mahnverfahren kein Anwaltszwang.

Innerhalb des Gerichts ist der Rechtspfleger für das gesamte Mahnverfahren zuständig.

2.2 Örtliche Zuständigkeit

Örtlich zuständig ist ausschließlich das Amtsgericht, bei dem der Antragsteller zum Zeitpunkt der Antragstellung seinen allgemeinen Gerichtsstand hat (§ 689 Abs. 2 Satz 1 ZPO). Bei einer natürlichen Person ist dies nach § 13 ZPO der Wohnsitz, bei einer juristischen Person oder bei Gemeinden ist es der Geschäftssitz bzw. der Sitz der Verwaltung (§ 17 ZPO). Möchte z. B. die Vollstreckungsstelle der Stadt Regensburg einen Mahnbescheid gegen einen Schuldner in Hamburg beantragen, so ist hierfür grundsätzlich das Amtsgericht in Regensburg zuständig.

Die örtliche Zuständigkeit zur Durchführung des streitigen Verfahrens nach Einlegung eines Widerspruchs gegen den Mahnbescheid (oder des Einspruchs gegen den Vollstreckungsbescheid) bleibt davon jedoch unberührt.

Aufgrund des automatisierten Verfahrens und der Klausel in § 689 Abs. 3 ZPO wurden in den Bundesländern aber zentrale Mahngerichte eingerichtet, die die Bearbeitung der Mahnverfahren für mehrere Amtsgerichte übernehmen und daher für die Mahnverfahren im ganzen Bundesland zuständig sind (z. B. das Mahngericht in Coburg für alle Mahnverfahren in Bayern, vgl. § 5 GZVJu [Verordnung über gerichtliche Zuständigkeiten im Bereich des Staatsministeriums der Justiz – Gerichtliche Zuständigkeitsverordnung Justiz]).

Folgende Mahngerichte sind in den einzelnen Bundesländern zuständig:

Bundesland	Zuständiges Amtsgericht
Baden-Württemberg	Amtsgericht Stuttgart
Bayern	Amtsgericht Coburg
Berlin und Brandenburg	Amtsgericht Wedding
Bremen	Amtsgericht Bremen
Hamburg	Amtsgericht Hamburg
Hessen	Amtsgericht Hünfeld
Mecklenburg-Vorpommern	Amtsgericht Uelzen
Nordrhein-Westfalen	Amtsgericht Hagen und Amtsgericht Euskirchen
Rheinland-Pfalz	Amtsgericht Mayen
Saarland	Amtsgericht Mayen
Sachsen	Amtsgericht Aschersleben
Sachsen-Anhalt	Amtsgericht Aschersleben
Schleswig-Holstein	Amtsgericht Schleswig
Thüringen	Amtsgericht Aschersleben

Besonderheiten:

- Werden Zahlungsansprüche nach dem Wohnungseigentumsgesetz (WEG) geltend gemacht, dann entscheidet nicht der allgemeine Gerichtsstand bzw. der Wohnsitz des Antragstellers, sondern die Lage des Wohnungseigentums.
- Hat der Antragsgegner keinen allgemeinen Gerichtsstand im Inland, dann ist das Mahngericht zuständig, in dessen Bezirk auch das streitige Verfahren zu führen wäre (§ 703d Abs. 2 ZPO).
- Entstammen die Zahlungsansprüche aus einem Arbeitsverhältnis, sind die Arbeitsgerichte zuständig.
- Soll der Mahnbescheid im Ausland oder nach den Vorschriften des NATO-Truppenstatuts an Angehörige der Stationierungsstreitkräfte in der Bundesrepublik Deutschland zugestellt werden, kann das Verfahren nicht maschinell durchgeführt werden, sondern nur manuell (die Vordrucke können dennoch verwendet werden, § 703c Abs. 1 Nr. 3 und Nr. 4 ZPO).

3. Antrag auf Erlass eines Mahnbescheids

Der Antrag auf Erlass eines Mahnbescheids muss mit dem amtlich eingeführten Vordruck gestellt werden (§ 703c Abs. 2 ZPO). Ein Vordruckmuster für die maschinelle Bearbeitung der gerichtlichen Mahnverfahren finden Sie unter

www.mahngerichte.de.

Die Nichtbenutzung des amtlichen Vordrucks führt zur Zurückweisung des Antrags.

Der Antrag kann schriftlich beim Amtsgericht eingereicht oder entsprechend § 702 ZPO gegenüber dem Urkundsbeamten der Geschäftsstelle erklärt werden. In einem solchen Falle füllt der Urkundsbeamte den Vordruck aus und vermerkt, dass er den Antrag aufgenommen hat.

Hierbei ist zu beachten, dass die Behörde nach der ERVV (Verordnung über die technischen Rahmenbedingungen des elektronischen Rechtsverkehrs und über das besondere elektronische Behördenpostfach - Elektronischer-Rechtsverkehr-Verordnung) verpflichtet ist, die Anträge über das besondere Behördenpostfach einzureichen.

Der Inhalt des Antrags richtet sich ausschließlich nach § 690 ZPO:

3.1 Bezeichnung der Parteien, ihrer gesetzlichen Vertreter und der Prozessbevollmächtigten

Antragsteller und Antragsgegner sind so genau wie möglich zu bezeichnen: Vor- und Familiennamen, Geburtsdaten, Anschriften (Straße mit Hausnummer, nicht Postfach).

Damit man als Gläubiger nicht in jedem Mahnverfahren seine Daten mühsam eintippen muss, kann für Kommunen als Gläubiger im maschinellen Verfahren beim zentralen Mahngericht eine Kennziffer beantragt werden, hinter der die vollständige Gläubigerbezeichnung und eine etwaige Kostenbefreiung hinterlegt ist. Diese ist dann im Vordruck (Zeile 9 bzw. 47) entsprechend einzutragen. Im Mahnbescheid und im Vollstreckungsbescheid erscheint dann die vollständige Gläubigerbezeichnung.

Schulden mehrere Personen eine Forderung, ist der Antrag so zu stellen, dass eindeutig hervorgeht, an wen ein Mahnbescheid erlassen werden soll. Besteht Gesamtschuldnerschaft, sind mehrere Anträge notwendig, falls gegen jeden Schuldner vorgegangen werden soll.

Bei Gesellschaften und juristischen Personen ist darauf zu achten, dass die genaue und ausreichende Bezeichnung der Person, die die Gesellschaft bzw. die juristische Person vertritt, mit aufgeführt wird. Bei Personengesellschaften ist es zweckmäßig, neben der Gesellschaft als Schuldnerin auch den persönlich haftenden Gesellschafter in Anspruch zu nehmen, d.h. gegen diese Person auch einen Mahnbescheid zu beantragen, damit später nicht nur in das Gesellschaftsvermögen, sondern auch in das Privatvermögen des Gesellschafters vollstreckt werden kann.

Insbesondere bei der Bezeichnung der Parteien wirken sich etwaige Fehler dann auch später in der Zwangsvollstreckung aus.

Daher sollte unbedingt auf die genaue Bezeichnung geachtet werden und auch angegeben werden, ob jemand gesetzlicher Vertreter ist oder nicht:

- Max Müller, Großhandel e.K.

  Inh. Max Müller

- SW Seminarwesen GmbH

  Im Feld „gesetzlicher Vertreter“: Geschäftsführer Max Müller

3.2 Bezeichnung des Anspruchs

Der Anspruch muss so angegeben werden, dass er vom Schuldner eindeutig zugeordnet werden kann. Das bedeutet, dass die Angaben schlüssig und nachvollziehbar sein müssen.

Es ist nicht ausreichend, wenn im Antrag lediglich die pauschale Bezeichnung „Forderung vom ...“ aufgenommen wird. Ausreichend ist jedoch die Bezeichnungen „Miete für die Wohnung Kreuzstr. 1“, „Reparaturarbeiten lt. Rechnung vom ...“ oder „Darlehensrückzahlung lt. Vertrag vom ...“.

Es müssen also solche Angaben gemacht werden, die ermöglichen, dass der Anspruch für den Antragsgegner individualisierbar ist.

3.3 Zinsen und sonstige Nebenforderungen

In der Regel ist der Rückstand vom Schuldner zu verzinsen. Zinsen können z.B. verlangt werden, wenn sie vertraglich vereinbart wurden oder der Schuldner sich im Verzug befindet, ferner wenn Ansprüche wegen unerlaubter Handlung geltend gemacht werden.

Es ist vorrangig zu prüfen, ob in dem der Forderung zugrunde liegenden Vertrag eine Verzugszinsregulierung enthalten ist, deren Zinssatz anzuwenden ist.

Nach § 286 Abs. 3 BGB kommt der Schuldner einer Geldforderung spätestens 30 Tage nach Fälligkeit und Zugang einer Rechnung oder einer gleichwertigen Zahlungsaufforderung in Verzug, sodass ab diesem Zeitpunkt Verzugszinsen nach § 288 Abs. 1 Satz 2 BGB zu entrichten sind.

Bei Rechtsgeschäften, an denen ein Verbraucher nicht beteiligt ist, beträgt der Zinssatz für Geldforderungen neun Prozentpunkte über dem Basiszinssatz (§ 288 Abs. 2 BGB). Der Gläubiger kann aus anderen Rechtsgründen höhere Zinsen verlangen (§ 288 Abs. 3 BGB). Nach § 288 Abs. 5 BGB kann außerdem eine Pauschale i.H.v. 40 Euro verlangt werden.

Es sollte darauf geachtet werden, dass der Antrag bezüglich der Zinsen so gestellt wird, dass die Zinsdauer bis zur endgültigen Zahlung des Anspruchs fortdauert, d. h. im Antrag sollte kein Zinsende angegeben werden.

In der Regel sind der Kommune schon vor Beantragung eines Mahnbescheids vorgerichtliche Kosten (z.B. für Auskunftsgebühren bei Wohnsitzwechsel des Schuldners) entstanden. Diese sind im Antrag mit aufzunehmen, ebenso die Gerichtskosten und die Auslagen (z. B. Vordruckkosten).

3.4 Abhängigkeit des Anspruchs von einer Gegenleistung

In dem Antrag auf Erlass eines Mahnbescheids muss auch die Erklärung mit aufgenommen werden, dass der geltend gemachte Anspruch nicht oder nicht mehr von einer Gegenleistung abhängig ist. Ist dies nicht der Fall, wird der Antrag abgelehnt (§ 688 Abs. 2 Nr. 2 ZPO).

Hat der Antragsgegner jedoch die vom Antragsteller zu erbringende Leistung abgelehnt, ist trotz § 688 ZPO das Mahnverfahren möglich. In einem solchen Falle ist jedoch anzugeben, dass der Antragsgegner die zu erbringende Leistung abgelehnt hat.

3.5 Bezeichnung des Gerichts für den Fall des streitigen Verfahrens

Bereits im Antrag auf Erlass eines Mahnbescheids sollte angegeben werden, bei welchem Gericht im Falle eines Widerspruchs des Antragsgegners gegen den Mahnbescheid bzw. Einspruchs gegen den Vollstreckungsbescheid das streitige Verfahren durchzuführen ist.

In der Regel ist örtlich zuständig dasjenige Gericht, in dessen Bezirk der Antragsgegner seinen Wohnsitz oder seinen gewöhnlichen Aufenthalt hat. Bei Betrieben ist der Geschäftssitz maßgebend.

Zu beachten ist, dass bis zu einem Streitwert von 5.000 Euro ein Zivilverfahren vom Amtsgericht weitergeführt wird. Übersteigt der Anspruch diese Grenze, wird das Verfahren an das örtlich zuständige Landgericht abgegeben (vgl. § 23 Nr. 1 GVG). Von diesem Grundsatz werden besondere Gerichtsstände ausgenommen, teilweise sind die Zuständigkeiten aber auch ausschließlich geregelt.

Ein ausschließlicher Gerichtsstand wird gemäß § 29a ZPO bei Miet- oder Pachtverhältnissen bestimmt. Handelt es sich um Ansprüche aus Miet- oder Pachtverhältnissen über Räume oder über das Bestehen solcher Verhältnisse, so ist immer ein Amtsgericht zuständig, und zwar dasjenige, in dessen Bezirk die Räume bzw. das Grundstück sich befinden.

§ 32 ZPO legt einen besonderen Gerichtsstand der unerlaubten Handlung fest. Bei Klagen aus unerlaubter Handlung ist immer das Gericht örtlich zuständig, in dessen Bezirk die unerlaubte Handlung begangen wurde. Hat z. B. ein Einwohner das gemeindeeigene Schulgebäude beschädigt und ist anschließend in einen anderen Ort umgezogen, so bleibt das Gericht, in dessen Bezirk die Schule sich befindet, für das streitige Verfahren zuständig.

§ 32a ZPO regelt einen ausschließlichen Gerichtsstand der Umwelteinwirkung. Bei Klagen aus Umwelthaftung ist das Gericht ausschließlich zuständig, in dessen Bezirk die Umwelteinwirkung von der Anlage ausgegangen ist, es sei denn, die Anlage befindet sich im Ausland.

3.6 Unterzeichnung des Antrags

Die Unterschrift muss handschriftlich erfolgen; ein Faksimilestempel oder eine gedruckte Unterschrift sind nicht ausreichend.

Erlässt der Rechtspfleger im Rahmen seines Ermessens trotz fehlender handschriftlicher Unterzeichnung den Mahnbescheid, so wird dennoch mit der Zustellung des Mahnbescheids die Verjährung gehemmt (vgl. § 204 Abs. 1 BGB).

3.7 Gerichtskosten des Gerichtskostengesetzes (GKG)

Soll der Mahnbescheid erlassen werden, erhält der Antragsteller eine Kostenrechnung, die er sodann zu begleichen hat.

Die Kosten betragen nach Ziffer 1100 des KV GKG eine halbe Gebühr, jedoch mindestens 36 Euro. Die Höhe der Gebühr richtet sich hierbei nach dem Streitwert.

Damit keine unnötigen Verzögerungen eintreten, bietet es sich an, die Möglichkeit des Abbuchungsverfahrens zu wählen.

4. Ablauf des Mahnverfahrens

4.1 Erlass und Zustellung des Mahnbescheids

Der Rechtspfleger als zuständiges Organ im Mahnverfahren prüft den Antrag und hierbei insbesondere, ob die Bestimmungen der §§ 688, 689, 690 und 703c ZPO vorliegen.

Des Weiteren prüft der Rechtspfleger, ob die geltend gemachten Kosten des Mahnverfahrens schlüssig sind und ob der Zinsanspruch zulässig ist.

Den mit dem Mahnantrag geltend gemachten Anspruch hingegen prüft er lediglich darauf, ob der Anspruch überhaupt bestehen könnte (sog. begrenzte Prüfung der Schlüssigkeit). Der Rechtspfleger prüft hingegen nicht, ob der Anspruch zu Recht besteht oder ob er bereits fällig ist. Eine Beweisaufnahme oder ähnliches findet hierbei nicht statt. Im automatisierten Mahnverfahren wird der Mahnantrag auf seine Plausibilität hin geprüft.

Das bedeutet also, dass man mit einem Antrag auf Erlass eines Mahnbescheids eine Forderung verfolgen kann, die es in Wirklichkeit gar nicht gibt. Und wenn sich der Antragsgegner dagegen nicht wehrt, dann hält man am Ende des Mahnverfahrens einen Vollstreckungstitel (Vollstreckungsbescheid) in den Händen und kann entsprechend die Zwangsvollstreckung beantragen.

Der Antragsgegner hat aber im Mahnverfahren selbstverständlich die Möglichkeit, Einwendungen gegen den geltend gemachten Anspruch einzulegen. Aus der Anspruchsbezeichnung muss daher erkennbar sein, um welche Forderungen es sich handelt. Ist die Bezeichnung nicht individualisierbar, kann der Rechtspfleger den Antrag (teilweise) zurückweisen.

Sofern der Antrag auf Erlass eines Mahnbescheids für zulässig erachtet wird, weil die geprüften Voraussetzungen vorliegen, wird der Mahnbescheid erlassen, § 692 ZPO.

Die Entscheidung trifft das Gericht, ohne dass der Antragsgegner vorher gehört werden muss, § 702 Abs. 3 ZPO.

Der erlassene Mahnbescheid wird sodann von Amts wegen dem Antragsgegner förmlich zugestellt und der Antragsteller von der Zustellung des Mahnbescheids in Kenntnis gesetzt, § 693 ZPO.

4.2 Widerspruch gegen den Mahnbescheid

Der Antragsgegner hat, nachdem er ja das erste Mal von dem Verfahren gegen sich erfahren hat, die Möglichkeit, den Anspruch zu prüfen und gegebenenfalls (also falls die Forderung gegen ihn nicht bestehen sollte) gegen den Mahnbescheid Widerspruch zu erheben (§ 694 ZPO).

Eigentlich bekommt der Antragsgegner nach § 692 Abs. 1 Nr. 3 ZPO die Aufforderung mitgeteilt, den schriftlichen Widerspruch innerhalb von zwei Wochen einzulegen. Diese Frist ist aber keine Ausschlussfrist, sodass der Widerspruch auch noch danach eingelegt werden kann und zwar solange, bis der Vollstreckungsbescheid verfügt ist, § 694 Abs. 1 ZPO.

Sollte der Vollstreckungsbescheid schon verfügt sein, ehe der Widerspruch bei Gericht eingeht, wird der Widerspruch als Einspruch gegen den Vollstreckungsbescheid behandelt, § 694 Abs. 2 ZPO.

Für die Einlegung des Widerspruchs ist das entsprechende Formular zu verwenden, § 692 Abs. 1 Nr. 5 ZPO.

Sollte bei Gericht ein zulässiger Widerspruch eingehen, ist das dem Antragsteller entsprechend mitzuteilen, § 695 ZPO. Dieser kann dann beantragen, dass das Verfahren an das streitige Gericht abgegeben und in einen „normalen“ Zivilprozess überführt wird, damit dort verhandelt und geprüft werden kann (mit allen zulässigen Beweismitteln), ob es den geltend gemachten Anspruch wirklich gibt.

5. Vollstreckungsbescheid

5.1 Erlass und Zustellung des Vollstreckungsbescheids

Legt der Antragsgegner nicht oder nicht rechtzeitig Widerspruch ein, erlässt das Gericht auf Antrag des Antragstellers einen Vollstreckungsbescheid (§ 699 ZPO).

Der Antragsteller hat hierbei anzugeben, ob bislang auf den Mahnbescheid hin irgendwelche Zahlungen geleistet wurden.

Unter Umständen kann es erforderlich sein, dass der Antragsteller eine Kostenaufstellung in den Antrag aufnehmen muss. Damit sind solche Kosten gemeint, die dem Antragsteller erst nach Erlass des Mahnbescheids entstanden sind (z. B. Anwaltskosten, Kosten aufgrund eines später zurückgenommenen Widerspruchs). Kosten, die dem Antragsteller vor Erlass des Mahnbescheids entstanden sind, finden beim Antrag auf Erlass eines Vollstreckungsbescheids keine Berücksichtigung mehr, da diese bereits im Antrag auf Erlass eines Mahnbescheids hätten angegeben werden müssen.

Der Antrag auf Erlass eines Vollstreckungsbescheids kann jedoch erst nach Ablauf der zweiwöchigen Widerspruchsfrist gestellt werden (§ 699 Abs. 1 Satz 2 ZPO) und nur binnen sechs Monaten seit der Zustellung des zulässigen Mahnbescheids (§ 701 ZPO).

Der Antrag ist formell zu stellen, d.h. es ist der amtlich vorgeschriebene Vordruck richtig ausgefüllt bei dem Gericht einzureichen, das den Mahnbescheid erlassen hat.

Wie beim Antrag auf Erlass eines Mahnbescheids besteht für den Antrag auf Erlass eines Vollstreckungsbescheids kein Anwaltszwang.

Wird der Vollstreckungsbescheid erlassen, ist dieser dem Antragsgegner zuzustellen. Der Antragsteller kann hierbei wählen, ob er selbst für die Zustellung sorgen möchte, indem er den Gerichtsvollzieher damit beauftragt, oder die Zustellung durch das Gericht veranlasst werden soll. Bereits im Antrag auf Erlass des Vollstreckungsbescheids ist anzugeben, welche Zustellart erfolgen soll.

Entscheidet sich der Antragsteller dafür, für die Zustellung selbst zu sorgen, übergibt das Gericht den Vollstreckungsbescheid dem Antragsteller, der dann für die Zustellung den Gerichtsvollzieher in Anspruch nehmen muss. Der Vorteil in dieser Vorgehensweise besteht darin, dass man mit dem Zustellungsauftrag an den Gerichtsvollzieher den Antrag auf Durchführung der Zwangsvollstreckung verbinden kann und der Gerichtsvollzieher unmittelbar nach der Zustellung die Zwangsvollstreckung (§ 794 Abs. 1 Nr. 4 ZPO) einleiten kann.

Ist der Antragsgegner seit der Zustellung des Mahnbescheids unbekannt verzogen, besteht die Möglichkeit, den Vollstreckungsbescheid öffentlich zustellen zu lassen.

5.2 Einspruch gegen den Vollstreckungsbescheid

Der Antragsgegner kann binnen zwei Wochen nach Zustellung des Vollstreckungsbescheids gegen diesen Einspruch erheben, weil der Vollstreckungsbescheid einem Versäumnisurteil gleichgestellt ist und gegen das Versäumnisurteil der Einspruch zulässig ist (§§ 700 Abs. 1, 338 ZPO).

Bei einem rechtzeitigen Einspruch (oder für den Fall, dass der verspätet eingegangene Widerspruch als Einspruch zu werten ist) wird der Streit an das für die Angelegenheit sachlich und örtlich zuständige Gericht abgegeben (§ 700 Abs. 3 ZPO).

Auf die Zwangsvollstreckung, die ja bereits nach Zustellung des Vollstreckungsbescheids möglich ist (§ 794 Abs. 1 Nr. 4 ZPO), hat der Einspruch aber keinen Einfluss. Der Antragsgegner müsste in diesem Fall zusätzlich einen Antrag auf Einstellung der Zwangsvollstreckung stellen.

Dritter Teil: Die Vollstreckung privatrechtlicher Forderungen

I. Allgemeines

Hat man im öffentlichen Recht den Leistungsbescheid erlassen, stellt sich im Anschluss häufig die Frage, wie der Bescheid zwangsweise durchgesetzt werden kann. Wie bereits erwähnt, erfolgt hier die Vollstreckung nach dem Bayerischen Verwaltungszustellungs- und -vollstreckungsgesetz (VwZVG), welches wiederum nach Art. 26 Abs. 7 VwZVG die Vorschriften der ZPO entsprechend für anwendbar erklärt. Die Maßnahmen der Zwangsvollstreckung sind damit im Wesentlichen gleich.

Hat man bei privatrechtlichen Forderungen das Urteil oder den Vollstreckungsbescheid erwirkt, steht auch hier die Frage nach der Vollstreckung der Forderung im Raum.

Für die Durchsetzung von Forderungen aus dem Privatrecht gelten die Vorschriften des Privatrechts unmittelbar, insbesondere die der ZPO.

Damit die Zwangsvollstreckung überhaupt stattfinden kann, müssen zunächst die in der ZPO bestimmten Voraussetzungen vorliegen. Ist das der Fall, kann man sich im Anschluss Gedanken darüber machen, welche Vollstreckungsmaßnahme sinnvoll ist und ob es hierfür spezielle Regelungen – wie beispielsweise einen Formularzwang – gibt.

II. Voraussetzungen der Zwangsvollstreckung nach der Zivilprozessordnung

1. Systematik des Achten Buches der ZPO

Die §§ 704 bis 802 ZPO (Abschnitt 1 des Achten Buches) beinhalten die allgemeinen Regelungen zur Durchsetzung zivilrechtlicher Ansprüche. Soweit es um Geldforderungen geht, die vollstreckt werden sollen, regeln die §§ 802a bis 802l ZPO allgemeine Grundsätze, die zu beachten sind, während die weiteren Vorschriften dann anzuwenden sind, wenn man sich entschieden hat, welche Vollstreckungsmaßnahme ergriffen werden soll:

- Zwangsvollstreckung in körperliche Sachen (§§ 808 – 827 ZPO)
- Zwangsvollstreckung in Forderungen (§§ 828 – 863 ZPO)
- Zwangsvollstreckung ins unbewegliche Vermögen (§§ 864 – 871 ZPO i. V. m. ZVG)

Die grundlegenden Voraussetzungen der Zwangsvollstreckung finden sich daher in den §§ 704 bis 802 ZPO und können mit folgenden Schlagworten bezeichnet werden:

- Titel,
- Klausel (vollstreckbare Ausfertigung),
- Zustellung

Es müssen also folgende Voraussetzungen gegeben sein:

- es muss ein Vollstreckungstitel vorhanden sein;
- von diesem Titel muss eine vollstreckbare Ausfertigung vorliegen;
- sämtliche Urkunden, die die Grundlage für die Vollstreckung bilden, müssen zugestellt sein.

Zusätzlich wären noch besondere Vollstreckungsvoraussetzungen zu prüfen, auf die wir in diesem Buch aber nicht näher eingehen, da Sie für Ihre praktische Arbeit eine eher untergeordnete Rolle spielen:

- § 751 Abs. 1 ZPO: Sollte eine Zahlungsfrist im Titel eingeräumt sein, darf vorher nicht vollstreckt werden
- § 751 Abs. 2 ZPO: Sollte die Vollstreckung von einer Sicherheitsleistung abhängig gemacht worden sein, ist diese vorher zu erbringen (Ausn.: § 720a ZPO)
- § 756 ZPO: Hängt die Zahlung von einer Gegenleistung ab, ist diese grundsätzlich zuerst zu erbringen

2. Vollstreckungstitel

Wie bereits erwähnt, ist für die Durchführung der Zwangsvollstreckung ein sog. Vollstreckungstitel notwendig.

Das sind gerichtliche Entscheidungen oder beurkundete Erklärungen, in denen ein materiell-rechtlicher Anspruch festgestellt wurde und aus denen nach dem Gesetz die Vollstreckung ermöglicht wird.

In der Zivilprozessordnung (ZPO) sind neben dem Urteil, aus dem die Vollstreckung zugelassen ist (vgl. § 750 Abs. 1 ZPO) die weiteren Vollstreckungstitel im Wesentlichen in § 794 ZPO erwähnt.

Beispielhaft sind folgende Titel genannt:

- Prozessvergleiche vor Gerichten und Gütestellen (§ 794 Abs. 1 Nr. 1 ZPO),
- Kostenfestsetzungsbeschlüsse (§ 794 Abs. 1 Nr. 2 ZPO),
- Entscheidungen gegen die das Rechtsmittel der Beschwerde stattfindet (§ 794 Abs. 1 Nr. 3 ZPO),
- Vollstreckungsbescheide (§ 794 Abs. 1 Nr. 4 ZPO) sowie
- vollstreckbare Urkunden, die von einem deutschen Gericht oder Notar aufgenommen wurden (§ 794 Abs. 1 Nr. 5 ZPO)

Daneben gibt es noch andere Gesetze, aus denen sich ebenfalls Titel ergeben, z. B. Zuschlagsbeschlüsse nach § 93 ZVG oder ausländische Vollstreckungstitel gem. §§ 722, 723 ZPO i. V. m. internationalen Übereinkommen.

Der Titel bescheinigt, dass einer Person ein Anspruch zusteht und dass aus diesem vollstreckt werden kann, sofern er einen vollstreckungsfähigen und eindeutigen Inhalt aufweist.

3. Vollstreckungsklausel/Vollstreckbare Ausfertigung

Dieses Zeugnis, dass ein Anspruch besteht (= Vollstreckungstitel), muss aber grundsätzlich in einer bestimmten Form vorliegen bzw. ist zusätzlich noch zu bescheinigen, dass der erstellte Titel auch tatsächlich vollstreckungsreif ist und nicht etwa Rechtsmittel o. ä. dagegen eingelegt worden sind.

Die Beurkundung der Vollstreckungsreife gibt dem Vollstreckungsorgan die Sicherheit, dass aus diesem Titel auch wirklich vollstreckt werden darf (§ 724 Abs. 1 ZPO). Das Vollstreckungsorgan kann/muss sich darauf verlassen können und kann sich damit vollkommen auf die Zwangsvollstreckung konzentrieren.

Diese vollstreckbare Ausfertigung wird grundsätzlich vom Urkundsbeamten der Geschäftsstelle des erstinstanzlichen Gerichts erteilt (§ 724 Abs. 2 ZPO). Der Wortlaut ist in § 725 ZPO verbindlich festgehalten:

„Vorstehende Ausfertigung wird dem/der ... zum Zwecke der Zwangsvollstreckung erteilt.“

In besonders schwierigen Fällen (§§ 726, 727 ZPO) wird die vollstreckbare Ausfertigung vom Rechtspfleger erteilt und zusätzlich der Vermerk angebracht, dass bestimmte Urkunden zum Nachweis vorgelegt worden sind; diese sind dann spätestens mit dem Beginn der Zwangsvollstreckung zuzustellen (siehe Ziffer 4).

Keiner Vollstreckungsklausel bedürfen:

- ein Vollstreckungsbescheid,
- ein Arrest und eine einstweilige Verfügung,
- ein vereinfachter Kostenfestsetzungsbeschluss nach § 105 ZPO.

Die Erteilung der Vollstreckungsklausel setzt einen Antrag des Gläubigers voraus und ist dann zu stellen, wenn aus dem Titel die Vollstreckung erfolgen soll.

4. Zustellung

Nach § 750 Abs. 1 ZPO muss das Urteil bzw. ein anderer Vollstreckungstitel (siehe auch § 795 ZPO) rechtzeitig vor Beginn der Zwangsvollstreckung oder spätestens bei Beginn der Zwangsvollstreckung dem Schuldner zugestellt werden. Diese Zustellung erfolgt bei der Vollstreckung in bewegliche, körperliche Sachen durch den Gerichtsvollzieher, der dann ohnehin vor Ort ist.

Die vollstreckbare Ausfertigung muss entgegen dem Wortlaut des § 750 Abs. 1 ZPO jedoch nur dann zugestellt werden, wenn diese vom Rechtspfleger erteilt worden ist und es sich nicht um eine sog. einfache Klausel handelt.

Sofern die Klausel nur erteilt werden durfte, nachdem bestimmte Tatsachen urkundlich nachgewiesen worden sind (z. B. §§ 726, 727 ZPO), müssen diese Urkunden ebenfalls zugestellt werden (§ 750 Abs. 2 ZPO).

Praktisch bedeutsam ist der Fall, wenn der ursprüngliche Schuldner verstorben ist und man gegen die Erben vollstrecken möchte. In diesem Fall ist der Titel gegen den Erben umzuschreiben (Rechtsnachfolgeklausel nach § 727 ZPO) und die Erbfolge durch Urkunden nachzuweisen. Dem neuen Schuldner ist dann spätestens bei der Zwangsvollstreckung der Titel nebst Klausel und Urkunden zuzustellen, damit er auf dem aktuellen Stand ist und weiß, dass die Vollstreckung nun gegen ihn stattfindet.

Eine etwaige Wartefrist zwischen Zustellung des Titels und der Klausel und Vollstreckung gilt nach § 750 Abs. 3 ZPO nur dann, wenn eine Vollstreckung nach § 720a ZPO erfolgen soll. Das ist dann der Fall, wenn das Urteil gegen Sicherheitsleistung für vorläufig vollstreckbar erklärt worden ist, diese aber nicht erbracht wurde bzw. werden konnte.

III. Vollstreckungsorgane

Sofern die Voraussetzungen der Zwangsvollstreckung vorliegen, muss nun durch den Gläubiger entschieden werden, in welchen Vermögensgegenstand vollstreckt werden soll.

Je nach Vollstreckungsobjekt sind zuständig:

- der Gerichtsvollzieher für die Zwangsvollstreckung in bewegliche, körperliche Sachen und für das Verfahren zur Vermögensauskunft,
- das Amtsgericht, in dessen Bezirk der Schuldner seinen Wohnsitz hat, für die Zwangsvollstreckung in Forderungen und andere Vermögenswerte, wie z. B. Lohnansprüche, Ansprüche aus Lebensversicherungen, Ansprüche gegen Banken oder der Anspruch aus Steuererstattung,
- das Grundbuchamt (Amtsgericht) für die Eintragung der Zwangssicherungshypothek
- das Versteigerungsgericht (Amtsgericht) für die Zwangsversteigerung oder die Zwangsverwaltung über Grundstücke und grundstücksgleiche Rechte.

Die Kommune kann demnach im Gegensatz zur Vollstreckung wegen öffentlich-rechtlicher Forderungen hier nicht selbst Vollstreckungsmaßnahmen durchführen. Vielmehr steht ihr im Zivilrecht wie jedem Privatgläubiger „nur“ das Recht zu, das Vollstreckungsverfahren über die gerichtlichen Vollstreckungsorgane zu betreiben.

Die einzelnen Vollstreckungsmaßnahmen werden im Vierten Teil vorgestellt.

Vierter Teil: Die Durchführung der Vollstreckung

I. Allgemeines

Man unterscheidet zwischen echten und unechten Vollstreckungsmaßnahmen.

Zu den echten Vollstreckungsmaßnahmen zählen solche in das bewegliche Vermögen (bewegliche Sachen, Forderungen, andere Vermögensrechte) und in das unbewegliche Vermögen.

Zu den unechten Vollstreckungsmaßnahmen zählen die Verwertung von Sicherheiten, Anmeldung zum Insolvenzverfahren und rückstandsunterbrechende Maßnahmen. Zweck dieser Maßnahmen ist hauptsächlich die Vermeidung künftiger Rückstände.

Eine Zwischenstellung nimmt der Antrag auf Eröffnung des Insolvenzverfahrens ein.

Bei allen Maßnahmen ist der Grundsatz der Verhältnismäßigkeit zu beachten. Die Maßnahme muss geeignet, erforderlich und verhältnismäßig sein.

Seit 1. Januar 2022 gilt, dass zur Kommunikation mit den Gerichten Behörden sowie juristische Personen des öffentlichen Rechts auf Grundlage des § 130d ZPO i. V. m. § 130a Abs. 4 Nr. 3 ZPO einen sicheren Übermittlungsweg zur Einreichung elektronischer Dokumente vorhalten müssen.

In den Behörden sind hiervon insbesondere die Vollstreckungsbehörden betroffen.

Gerichtsvollzieheraufträge und damit verbundene Korrespondenz sind nur noch in elektronischer Form über De-Mail oder das besondere elektronische Behördenpostfach (beBPo) an das zuständige Amtsgericht zu übermitteln (§ 753 Abs. 2 ZPO).

Die Zuständigkeit für die Einrichtung eines beBPo liegt beim Finanzministerium. Entsprechende Unterlagen stehen auf der Homepage des Bayerischen Staatsministeriums der Finanzen und Heimat bereit:

www. stmfh.bayern.de/digitalisierung/erv/.

Grundsätzlich macht es bei der Durchführung der Zwangsvollstreckung keinen Unterschied, ob man wegen einer öffentlich-rechtlichen Forderung vollstreckt oder wegen einer privatrechtlichen Forderung. Allerdings enthält unter anderem das VwZVG einige Besonderheiten, die bei der entsprechenden Stelle erwähnt werden, sofern es um die Vollstreckung öffentlich-rechtlicher Ansprüche geht.

II. Vollstreckung in das bewegliche Vermögen

Zum beweglichen Vermögen des Schuldners zählen alle im Gewahrsam des Schuldners befindlichen, Sachen. Dazu gehören auch Bargeld, Kostbarkeiten, Forderungsrechte des Schuldners sowie sonstige Vermögensrechte wie Erbauseinandersetzungsansprüche oder Rechte an Grundstücken.

1. Sachpfändung

Die bayerische Vollstreckungsbehörde hat nach Art. 26 Abs. 3 VwZVG die Wahl, die Pfändung in bewegliche Sachen durch

- den eigenen Vollstreckungsbediensteten, der im Auftrag der Behörde tätig wird, oder
- durch den staatlichen Gerichtsvollzieher

durchführen zu lassen.

1.1 Beauftragung des Gerichtsvollziehers

Für das Tätigwerden des Gerichtsvollziehers ist ebenfalls ein Antrag notwendig. Da der Gerichtsvollzieher aber für mehrere Vollstreckungsmaßnahmen zuständig ist, muss in dem Antrag zwingend die Information enthalten sein, mit welchem Anliegen man sich nun an den Gerichtsvollzieher wendet.

Das kann z. B. die Sachpfändung sein oder die Abnahme der Vermögensauskunft oder gar die Verhaftung des Schuldners.

Bei der Beauftragung ist grundsätzlich darauf zu achten, dass dem Gerichtsvollzieher auch die notwendigen Unterlagen übergeben werden (vollstreckbare Ausfertigung und Urkunden, die evtl. noch zugestellt werden müssen), denn erst durch die Übergabe der vollstreckbaren Ausfertigung ist der Gerichtsvollzieher ermächtigt, Leistungen des Schuldners entgegenzunehmen und Zahlungsvereinbarungen nach § 802b ZPO zu treffen.

Nach § 754a ZPO ist es jedoch möglich, Gerichtsvollzieher beim Vorliegen eines Vollstreckungsbescheids mit einem vereinfachten, elektronischen Vollstreckungsauftrag unter den darin genannten Voraussetzungen auch ohne Übermittlung der Ausfertigung des Vollstreckungsbescheids zu beauftragen. Diese Möglichkeit ist aber (noch) auf die in § 754a ZPO erwähnten Fälle beschränkt.

Die Vorschrift des § 753 Abs. 3 ZPO bestimmt zudem, dass für die Beauftragung des Gerichtsvollziehers ein amtlicher Vordruck zu verwenden ist. Details hierzu finden Sie unter Ziffer 3: „Formularzwang".

Bei der Beauftragung der Gerichtsvollzieher ist im Zeitalter der Digitalisierung zu beachten, dass für Behörden seit 1. Januar 2022 die Beauftragung eines Gerichtsvollziehers nur noch auf elektronischem Wege möglich ist (Nutzung des eRV – elektronischen Rechtsverkehrs), § 130d ZPO. Hierzu ist die Einrichtung eines entsprechenden Behördenpostfachs (beBPo) notwendig sind. Dies gilt auch für die Kommunikation mit den Gerichtsvollziehern gem. § 753 Abs. 5 ZPO.

1.2 Tätigkeit des Gerichtsvollziehers

Ist der Gerichtsvollzieher mit der Sachpfändung beauftragt worden, erfolgt diese durch Anbringen eines Pfandsiegels am gepfändeten Gegenstand, einer Pfandanzeige oder durch Wegnahme der Sache (z. B. durch Mitnahme der Goldkette, die der Schuldner bei sich trägt).

Bestimmte Sachen sind überhaupt nicht oder nur unter besonderen Voraussetzungen pfändbar, siehe dazu §§ 811 ff. ZPO.

Um die titulierte Forderung dann letztendlich durch Verwertung des Pfandgegenstands zu realisieren, sind die gepfändeten beweglichen Sachen durch einen Termin vor Ort oder über die Plattform „Zollauktion" (www.zoll-auktion.de) zu versteigern.

Um die Vollstreckung insgesamt zu beschleunigen, wurden dem Gerichtsvollzieher weitere Möglichkeiten eingeräumt, den Auftrag zu erledigen, z. B. Ermittlungen beim Einwohnermeldeamt, bei der Rentenversicherungsanstalt, Feststellung über Bankverbindungen usw. (§§ 755, 802l ZPO).

Des Weiteren hat er die Möglichkeit, eine gütliche Erledigung herbeizuführen, als maximaler Zeitraum hat das Gesetz zwölf Monate bestimmt (§ 802b ZPO).

Neben der Sachpfändung kann der Gerichtsvollzieher auch mit der Abnahme der Vermögensauskunft beauftragt werden (§ 802c ZPO).

2. Forderungspfändung

Soll der Anspruch eines Schuldners z. B. gegen seinen Arbeitgeber oder gegen die Bank, Bausparkasse oder ähnliches gepfändet werden, ist ein Antrag auf Erlass eines Pfändungs- und Überweisungsbeschlusses beim Amtsgericht zu beantragen (§§ 829 ff. ZPO).

Zuständig für den Erlass des Pfändungs- und Überweisungsbeschlusses ist grundsätzlich das Amtsgericht (Vollstreckungsgericht), bei dem der Schuldner seinen allgemeinen Gerichtsstand hat. Der allgemeine Gerichtsstand bestimmt sich nach dem Wohnsitz bzw. Sitz des Schuldners (§§ 13 und 17 ZPO).

Nach Art. 26 Abs. 5 VwZVG sind die Behörden jedoch befugt, selbst die Pfändung und Überweisung einer Geldforderung mittels Pfändungs- und Überweisungsverfügung (bzw. -anordnung) auszusprechen, sofern aufgrund einer öffentlich-rechtlichen Forderung vollstreckt wird.

Die Verfügung wird durch die Kommune als Vollstreckungsbehörde selbst erlassen und ist zu ihrer Wirksamkeit dem Empfänger (Drittschuldner) förmlich zuzustellen.

Auch die sog. Vorpfändung (§ 845 ZPO) kann bei der Vollstreckung wegen einer öffentlich-rechtlichen Geldforderung von der Kommune selbst ausgesprochen werden (Art. 26 Abs. 4 VwZVG). Auf die – im Gegensatz zur ZPO – verkürzten Frist von drei Wochen wird ausdrücklich hingewiesen.

Von dieser Regelung braucht die Kommune wegen öffentlich-rechtlichen Forderungen in der Regel jedoch nur äußerst selten Gebrauch zu machen, da sofort eine Pfändungs- und Überweisungsverfügung bewirkt werden kann.

3. Formularzwang

Der Gesetzgeber hat die Verordnung über Formulare für die Zwangsvollstreckung (Zwangsvollstreckungsformular-Verordnung – ZVFV) verabschiedet. Demnach sind die darin enthaltenen und immer wieder überarbeiteten Formulare verbindlich zu verwenden (§ 753 Abs. 3 ZPO i. V. m. § 2 Abs. 1 Nr. 1 ZVFV).

Die neuen amtlichen Formulare:

- Vollstreckungsauftrag an Gerichtsvollzieher (Anlage 1 der ZVFV) zusammen mit der Forderungsaufstellung (Anlage 6)
- Antrag auf Erlass einer richterlichen Durchsuchungsanordnung und einer richterlichen Anordnung der Vollstreckung zur Nachtzeit an Sonn- und Feiertagen (Anlagen 2 und 3 der ZVFV)
- Antrag auf Erlass eines Pfändungsbeschlusses und eines Pfändungs- und Überweisungsbeschlusses (Anlagen 4 und 5 der ZVFV)

Die Formulare werden in der jeweils aktuellen Fassung über die Homepage des Bundesministeriums der Justiz zur Verfügung gestellt.

Zu beachten ist jedoch die Übergangsfrist nach § 6 Abs. 1 ZVFV:

Für die Beauftragung eines Gerichtsvollziehers zur Vollstreckung von privatrechtlichen Forderungen können die bisherigen Gerichtsvollzieheraufträge gemäß Gerichtsvollzieherformularverordnung vom 28. September 2015 und 21. November 2016 bis längstens 31. August 2024 weiterverwendet werden.

Für die Vollstreckung **öffentlich-rechtlicher Forderungen** ist in der ZVFV zudem Folgendes geregelt:

„Ist für Vollstreckungsaufträge an die Gerichtsvollzieher zur Zwangsvollstreckung wegen öffentlich-rechtlicher Geldforderungen die Nutzung der Formulare der Anlagen 1 und 6 verbindlich, so müssen diese Formulare erst für solche Vollstreckungsaufträge genutzt werden, die ab dem 1. Mai 2025 gestellt werden."

Sofern es um den Antrag auf Erlass eines Pfändungs- und Überweisungsbeschlusses geht, ist die Übergangsregelung des § 6 Abs. 2 ZVFV zu beachten:

Sofern die Anträge bis 31. August 2024 gestellt werden, dürfen die Formulare weiter genutzt werden, die durch die ZVFV vom 23. August 2012 (geändert mit Verordnung vom 16. Juni 2014) als solche Anträge bestimmt worden sind.

4. Hinweis auf die Verjährung titulierter Forderungen

Ein bürgerlich-rechtlicher Zahlungsanspruch unterliegt grundsätzlich der Verjährung (§ 194 Abs. 1 BGB). Die regelmäßige Verjährungsfrist beträgt drei Jahre und beginnt mit dem Schluss des Jahres, in dem der Anspruch entstanden ist, und der Gläubiger von den den Anspruch begründenden Umständen und von der Person des Schuldners Kenntnis erlangt oder ohne grobe Fahrlässigkeit erlangen müsste (§§ 195, 199 Abs. 1 BGB).

Titulierte Forderungen verjähren jedoch, soweit nicht ein anderes bestimmt ist, erst nach 30 Jahren (§ 197 Abs. 1 Nr. 3 BGB).

Soweit solche Ansprüche eine künftig fällig werdende regelmäßig wiederkehrende Leistung zum Inhalt haben, tritt an die Stelle der Verjährungsfrist von 30 Jahren die regelmäßige Verjährungsfrist (§ 197 Abs. 2 BGB).

III. Vollstreckung in das unbewegliche Vermögen

Soweit vorhanden, kann auch in das unbewegliche Vermögen (Grundstücke, grundstücksgleiche Rechte) vollstreckt werden. Dies geschieht nach § 866 ZPO entweder durch die Eintragung einer Zwangssicherungshypothek, der Zwangsverwaltung oder der Zwangsversteigerung.

Der Antrag auf Eintragung einer Sicherungshypothek ist an das Amtsgericht zu richten, in dessen Bezirk sich das Grundstück befindet. Gleiches gilt für den Antrag auf Zwangsverwaltung bzw. -versteigerung, die nach § 869 ZPO jeweils in einem separaten Gesetz – dem ZVG – geregelt sind.

Zum unbeweglichen Vermögen gehören Grundstücke und grundstücksgleiche Rechte. Die Vollstreckung in diese Vermögenswerte geschieht durch Eintragung einer Zwangssicherungshypothek für die Forderung, durch Zwangsversteigerung oder Zwangsverwaltung.

Dabei kann der Gläubiger verlangen, dass eine dieser Maßnahmen allein oder neben den übrigen (siehe oben) ausgeführt wird. Zu beachten ist jedoch, dass eine Sicherungshypothek nur für einen Betrag von mehr als

750 Euro eingetragen werden kann (§ 866 Abs. 3 ZPO); Zinsen bleiben dabei unberücksichtigt, soweit sie als Nebenforderungen geltend gemacht sind. Die Eintragung der Sicherungshypothek ins Grundbuch erfolgt auf Antrag des Gläubigers an das zuständige Grundbuchamt beim örtlich zuständigen Amtsgericht.

Zwangsversteigerung und Zwangsverwaltung werden auf Antrag eines Gläubigers vom Vollstreckungsgericht angeordnet. Der Antrag auf Zwangsverwaltung empfiehlt sich insbesondere dann, wenn die Kommune laufende öffentliche Grundstückslasten (Grundsteuer) und Gebühren, die aufgrund der Bewirtschaftung des betreffenden Grundstücks anfallen, realisieren will.

Die Zwangsversteigerung wird die Kommune im Gegenzug dann beantragen, wenn der Wegfall des Vorrechts nach § 10 Abs. 1 Nr. 3 ZVG droht oder sie die Ansprüche, die sie mit der Eintragung einer Sicherungszwangshypothek gesichert hat, realisieren will.

Voraussetzung für jede Zwangsmaßnahme ist jedoch, dass die dem Antrag auf Zwangsversteigerung zugrunde liegende Forderung vollstreckbar ist. Des Weiteren muss die Vollstreckung in das bewegliche Vermögen erfolglos verlaufen sein. Ein Mindestbetrag wie bei der Sicherungszwangshypothek ist im ZVG nicht vorgeschrieben, doch sollte auch bei dieser Maßnahme der Verhältnismäßigkeitsgrundsatz beachtet werden.

Bei Schiffen, die im Schiffsregister, Schiffbauwerken, die im Schiffbauregister, sowie Luftfahrzeuge, die in der Luftfahrzeugrolle eingetragen sind, gelten für die Sicherungshypothek und die Zwangsversteigerung die Vorschriften über die Vollstreckung in Grundstücke analog.

Fünfter Teil: Vollstreckung und Insolvenzverfahren

I. Einführung in das Insolvenzrecht

Um das Insolvenzrecht in seiner Gesamtheit und letztendlich auch die Möglichkeiten der Zwangsvollstreckung während des Insolvenzverfahrens verstehen zu können, ist es zunächst erforderlich, das eigentliche Ziel des Insolvenzverfahrens sowie einige grundlegende Begriffe kennen zu lernen.

So ist das in § 1 Satz 1 InsO beschriebene Ziel des Insolvenzverfahrens die gemeinschaftliche Befriedigung aller Gläubiger. Zur Einteilung der Gläubiger vgl. Seite 43, unter 5.

Das Insolvenzverfahren kann hierbei sowohl über das Vermögen einer natürlichen Person als auch das einer juristischen Person eröffnet werden (§ 11 Abs. 1 InsO), aber auch über das Vermögen einer OHG, KG oder BGB-Gesellschaft (§ 11 Abs. 2 Nr. 1 InsO; sog. Gesellschaften ohne Rechtspersönlichkeit).

Die Befriedigung der Gläubiger kann nach § 1 Satz 1 InsO entweder durch Verwertung des Schuldnervermögens und anschließender Erlösverteilung oder durch Aufstellung eines Insolvenzplans (ggf. zum Erhalt des Unternehmens) gesichert werden.

Sollte ein liquidierendes Verfahren durchgeführt werden, findet die Befriedigung der Insolvenzgläubiger nach der sog. Insolvenzquote statt. Das bedeutet, dass nicht jeder Gläubiger den gleichen Geldbetrag bekommt, sondern jeder Gläubiger den gleichen Prozentsatz seiner angemeldeten und festgestellten Forderung.

Bei den Insolvenzverfahren unterscheidet man stets die Regelinsolvenz (Aktenzeichen: IN) von der Verbraucherinsolvenz nach § 304 InsO (Aktenzeichen: IK).

Merke:
Die Unterscheidung ist insbesondere bei der Auswirkung auf zurückliegende Vollstreckungsmaßnahmen von Bedeutung, da § 88 InsO je nach durchgeführtem Verfahren unterschiedliche Fristen für die sog. Rückschlagsperre vorsieht.
Im Regelinsolvenzverfahren beträgt sie einen Monat (§ 88 Abs. 1 InsO) und im Verbraucherinsolvenzverfahren drei Monate (§ 88 Abs. 2 InsO).

Da die Verbraucherinsolvenz nach dem Wortlaut des § 304 Abs. 1 InsO nur für natürliche Personen gilt, müssen juristische Personen und Gesellschaften ohne Rechtspersönlichkeit zwingend das Regelinsolvenzverfahren durchlaufen. Gleiches gilt, wenn eine natürliche Person weiterhin wirtschaftlich tätig ist. Auch in diesem Fall ist das Regelinsolvenzverfahren durchzuführen.

Bei einer natürlichen Person, die derzeit keine wirtschaftliche Tätigkeit ausübt, regelt hingegen § 304 InsO, ob für diese Person das Verbraucherinsolvenzverfahren durchgeführt wird oder ob sie das Regelinsolvenzverfahren durchlaufen muss.

War die natürliche Person niemals selbstständig, wird für sie nach § 304 Abs. 1 InsO stets ein Verbraucherinsolvenzverfahren eröffnet.

War die natürliche Person hingegen einmal selbstständig tätig, ist die Insolvenz nur dann im Verbraucherinsolvenzverfahren abzuwickeln, wenn ihre Vermögensverhältnisse überschaubar sind (§ 304 Abs. 1 InsO) und keine offenen Forderungen aus Arbeitsverhältnissen bestehen.

Überschaubar sind ihre Vermögensverhältnisse aber nur dann, wenn die Anzahl der Gläubiger zum Zeitpunkt der Antragstellung weniger als 20 beträgt (§ 304 Abs. 2 InsO).

Folgende Übersicht soll Ihnen die Zuordnung erleichtern.

Regelinsolvenz (IN)	Verbraucherinsolvenz (IK)
Alle juristischen Personen und Gesellschaften ohne Rechtspersönlichkeit	Verbraucher/Privatleute (unabhängig von der Anzahl der Gläubiger)
Alle derzeitigen Einzelunternehmer (unabhängig von der Anzahl der Gläubiger)	
Frühere Einzelunternehmer immer dann, wenn offene Forderungen aus Arbeitsverhältnissen bestehen (unabhängig von der Anzahl der Gläubiger)	Frühere Einzelunternehmer nur dann, wenn es keine offenen Forderungen aus Arbeitsverhältnissen gibt und der Schuldner höchstens 19 Gläubiger hat
Frühere Einzelunternehmer, wenn es zwar keine offenen Forderungen aus Arbeitsverhältnissen gibt, aber der Schuldner mindestens 20 Gläubiger hat	

Ist das Insolvenzverfahren abgeschlossen (unabhängig davon, ob es sich um eine Regelinsolvenz oder Verbraucherinsolvenz handelt), so findet für natürliche Personen im Hinblick auf die nicht im Insolvenzverfahren bedienten Forderungen unter Umständen die Restschuldbefreiung statt, sofern diese beantragt wurde und die Voraussetzungen hierfür vorliegen (§§ 1 Satz 2, 286 ff. InsO).

Merke:
Bei der Restschuldbefreiung kommt es nicht darauf an, ob der Schuldner vorher das Verbraucher- oder das Regelinsolvenzverfahren durchlaufen hat. Es ist lediglich Voraussetzung, dass es sich beim Schuldner um eine natürliche Person handelt.

Durch das zum 1. Januar 2021 in Kraft getretene Sanierungs- und Insolvenzrechtsfortentwicklungsgesetz – SanInsFoG – (BGBl. 2020 I S. 3256) wurde das Gesetz über den Stabilisierungs- und Restrukturierungsrahmen für Unternehmen (StaRUG) eingeführt. Das Gesetz ermöglicht den Unternehmen die Möglichkeit für Restrukturierungs- und Sanierungsmaßnahmen unter Einbeziehung des zuständigen Amtsgerichts – allerdings ohne Eröffnung und Durchführung eines Insolvenzverfahrens. Damit wird den Unternehmen die Möglichkeit eröffnet – wie bei natürlichen Personen über das Restschuldbefreiungsverfahren – wieder von vorne anzufangen und sich zu sanieren. Unternehmen soll damit nach einer europarechtlichen Vorgabe die Möglichkeit gegeben werden, auch ohne Durchführung des Insolvenzverfahrens durch Krisensituationen zu kommen.

Die folgenden Schaubilder zeigen die Verfahrensabläufe in einer Gegenüberstellung.

Regelinsolvenz

Antrag (§§ 13 – 15 InsO)

- In schriftlicher Form
- Beim zuständigen Amtsgericht
- Eigenantrag (§ 13 InsO)
- Fremdantrag (§ 14 InsO)

Eröffnungsverfahren (§§ 16 - 25 InsO)

- Abweisung mangels Masse (§ 26 InsO)
- Zurückweisung, da kein Eröffnungsgrund vorhanden ist (§§ 16 – 19 InsO)

Insolvenzeröffnungsverfahren

Eröffnungsbeschluss (§§ 27 – 34 InsO)

Verwaltung und Verwertung der Insolvenzmasse (§§ 148 – 173 InsO)

- Sicherung der Insolvenzmasse (§§ 148 – 155 InsO)
- Entscheidung über Verwertung im Berichtstermin (§§ 156 – 164 InsO)
- Gegenstände mit Absonderungsrecht (§§ 165 – 173 InsO)

Befriedigung der Insolvenzgläubiger (§§ 174 – 199 InsO)

- Feststellung der Forderungen (§§ 174 – 186 InsO)
- Verteilung (§§ 187- 199 ff. InsO)

Insolvenzverfahren mit Gläubigerbefriedigung

Firmen, die in Folge von Vermögenslosigkeit nicht weiterbestehen können, werden zum Ablauf des Verfahrens aus dem HR gelöscht.

Aufhebung des Insolvenzverfahrens (§§ 200 ff. InsO)

Nur bei natürlichen Personen: Restschuldbefreiung §§ 286 – 303 InsO
bei Erfüllung der Obliegenheiten (§§ 287a und b sowie 295 und 295a InsO)

Wohlverhaltensphase bei natürlichen Personen

Verbraucherinsolvenz

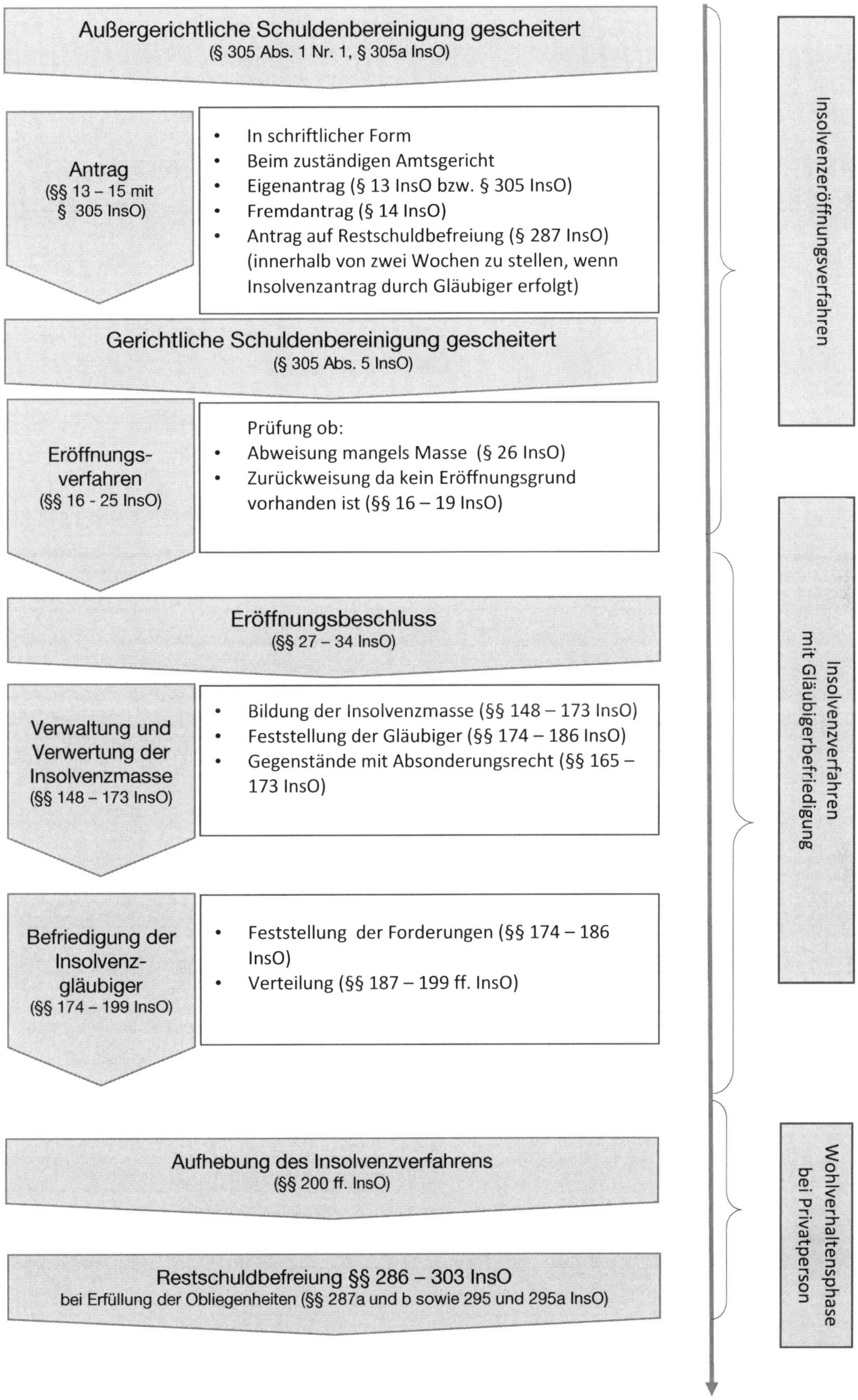

II. Besonderheit im Verbraucherinsolvenzverfahren

Wie Sie dem Schaubild für das Verbraucherinsolvenzverfahren entnehmen können, ist vor der Antragstellung ein außergerichtliches Schuldenbereinigungsverfahren durchzuführen und dessen Scheitern nach § 305 Abs. 1 Nr. 1 InsO bei der Antragstellung (oder unverzüglich nach dem Antrag) zu belegen.

Die Bescheinigung, die eingereicht werden muss, ist von einer geeigneten Person oder Stelle auszustellen und muss die Aussage enthalten, dass eine außergerichtliche Schuldenbereinigung auf der Grundlage eines Plans innerhalb der letzten sechs Monate gescheitert ist. Der Bescheinigung ist zusätzlich noch der Plan beizufügen und eine Erläuterung, welche Gründe zum Scheitern des Plans geführt haben.

Vollstreckt ein an den Verhandlungen beteiligter Gläubiger, obwohl ein Versuch der außergerichtlichen Schuldenbereinigung gerade unternommen wird, gilt der Versuch der außergerichtlichen Einigung nach § 305a InsO als gescheitert.

Der Schuldner darf aber natürlich weiterhin mit den Gläubigern verhandeln, obwohl der Schuldenbereinigungsplan als gescheitert gilt.

III. Abgrenzung zur Einzelzwangsvollstreckung

Das Insolvenzverfahren ist streng zu unterscheiden von der Einzelzwangsvollstreckung – es findet hier kein Wettrennen der Gläubiger, sondern vielmehr eine Gesamtvollstreckung statt.

Ziel des Insolvenzverfahrens ist die bestmögliche gemeinschaftliche (und vor allem anteilsmäßig gleichmäßige) Befriedigung aller (persönlichen) Insolvenzgläubiger durch Verwertung des Schuldnervermögens (Prinzip der gleichmäßigen Konkurrenz aller Gläubiger).

Die Verwertung erfolgt hierbei durch den Insolvenzverwalter und die Gläubigergemeinschaft.

Der Gesetzgeber spricht in § 1 InsO von „Gläubigern" im allgemeinen Sinn und bringt damit zum Ausdruck, dass nicht etwa nur diejenigen Gläubiger, deren Forderungen bereits tituliert sind, am Insolvenzverfahren teilnehmen dürfen, sondern auch die, die (noch) keinen Titel gegen den Schuldner erwirkt haben – denn auch diese sind Gläubiger des Schuldners. Auch sie nehmen somit am Insolvenzverfahren teil.

Merke:
Am Insolvenzverfahren kann also grundsätzlich jeder teilnehmen, der irgendeine Forderung gegen den Schuldner hat – unabhängig davon, ob der Gläubiger einen Titel gegen den Schuldner hat, oder nicht.

Hat der Gläubiger schon einen Vollstreckungstitel gegen den Schuldner so ist das hingegen in einem späteren Verfahrensabschnitt, im sog. Prüfungstermin, nicht hinderlich, sondern kann durchaus von Vorteil sein, wie wir später noch sehen werden.

<table>
<tr><th colspan="2">Zielsetzungen des Insolvenzverfahrens (§ 1 InsO) und
Abgrenzung zur Einzelzwangsvollstreckung</th></tr>
<tr><td>Insolvenzverfahren
• alle Gläubiger können teilnehmen
• das gesamte Vermögen des Schuldners wird verwertet
• gleichrangige Befriedigung (grundsätzlich werden alle Gläubiger anteilig gleichrangig (quotenmäßig) befriedigt)
• Verfahren liegt in der Hand der Gläubigergemeinschaft
• alle Gläubiger bilden eine „Schicksals- und Verlustgemeinschaft"</td><td>Einzelzwangsvollstreckung
• nur Titelgläubiger können teilnehmen und vollstrecken jeweils für sich
• Vollstreckung nur in einzelne Vermögensgegenstände
• Rangprinzip (der rangbessere Gläubiger wird vor dem nachrangigen befriedigt)
• Steuerungsmöglichkeit des Gläubigers nur über den Antrag (Dispositionsmaxime)</td></tr>
</table>

IV. Ablauf eines klassischen Insolvenzverfahrens

1. Antrag auf Eröffnung eines Insolvenzverfahrens

Soll ein Insolvenzverfahren über das Vermögen einer natürlichen Person (Verbraucher oder Einzelkaufmann), einer juristischen Person (GmbH, Genossenschaft, AG etc.), einer Gesellschaft ohne Rechtspersönlichkeit (OHG, KG etc.) oder eines nicht rechtsfähigen Vereins durchgeführt werden (§ 11 InsO), so ist zunächst beim zuständigen Amtsgericht (§§ 2, 3, 4 InsO i. V. m. §§ 12 ff. ZPO) ein entsprechender schriftlicher Antrag zu stellen (§ 13 InsO) und die entsprechenden Unterlagen mit einzureichen.

Der Antrag kann hierbei sowohl vom Schuldner selbst als auch vom Gläubiger gestellt werden (§ 13 Abs. 1 Satz 2, § 14 InsO).

Sofern eine juristische Person zahlungsunfähig oder überschuldet ist, sind die Mitglieder des Vertretungsorgans nach § 15a Abs. 1 InsO verpflichtet, den Antrag ohne schuldhaftes Zögern innerhalb von drei Wochen nach Eintritt der Zahlungsunfähigkeit (§ 17 InsO) oder innerhalb von sechs Wochen nach Eintritt der Überschuldung (§ 19 InsO) zu stellen. Bei Nicht-Beantragung droht die Strafverfolgung wegen Insolvenzverschleppung.

Merke:
Durch § 4a SanInsKG wurde die Frist nach § 15a Abs. 1 Satz 2 InsO bei Vorliegen der Überschuldung für den Zeitraum vom 9. November 2022 bis 31. Dezember 2023 von sechs auf acht Wochen verlängert.

Möchte der Schuldner nach dem Insolvenzverfahren auch noch ins Restschuldbefreiungsverfahren eintreten und sich von seinen restlichen Verbindlichkeiten befreien (§ 1 Satz 2 InsO, §§ 286 ff. InsO), so hat er spätestens innerhalb von zwei Wochen nach einem Hinweis auf die Möglichkeit der Restschuldbefreiung einen entsprechenden Antrag zu stellen (§ 287 Abs. 1 InsO). Stellt der Schuldner selbst einen Antrag auf Eröffnung des Insolvenzverfahrens wird der Antrag auf Erteilung der Restschuldbefreiung in der Regel gleichzeitig gestellt.

Wird ein solcher Antrag auf Erteilung der Restschuldbefreiung nicht gestellt, schließt sich an das eigentliche Insolvenzverfahren kein Restschuldbefreiungsverfahren an und die Gläubiger können ihre Forderungen weiterhin unbeschränkt gegen den Schuldner verfolgen (§ 201 Abs. 1 InsO). Titel für die sich dann unter Umständen anschließende Zwangsvollstreckung könnte hierbei der Auszug aus der Insolvenztabelle sein, sofern die Voraussetzungen des § 201 Abs. 2 InsO vorliegen.

	Juristische Personen/ Gesellschaften	**Natürliche Personen**
Antrag durch Gläubiger möglich?	Ja (§§ 13 und 14 InsO)	Ja (§§ 13 und 14 InsO)
Eigenantrag	Zwingend bei Vorliegen der Voraussetzungen der §§ 15a ff. InsO	Freiwillig – keine gesetzliche Verpflichtung (aber evtl. Nachteile bei der Restschuldbefreiung wenn keiner gestellt wird)
Frist für Eigenantrag?	3 Wochen nach Eintritt der Zahlungsunfähigkeit und 6 Wochen nach Eintritt der Überschuldung (§ 15a InsO) (beachte aber: § 4a SanInsKG)	keine
Antrag auf Restschuldbefreiung?	Nicht möglich – evtl. kann aber statt der Insolvenz ein Sanierungsverfahren durchgeführt werden (vgl. StaRUG)	möglich (§§ 286 InsO), bei Fremdantrag innerhalb von zwei Wochen

Liegt dem Gericht ein Eröffnungsantrag des Schuldners oder des Gläubigers vor, so hat es im Eröffnungsverfahren von Amts wegen (§ 5 InsO) zu prüfen, ob die Voraussetzungen für die Eröffnung des Insolvenzverfahrens auch tatsächlich vorliegen.

Neben der Insolvenzfähigkeit und der Überprüfung der Zulässigkeit des gestellten Antrags hat das Gericht auch zu prüfen, ob einer der Insolvenzeröffnungsgründe der §§ 17 bis 19 InsO vorliegt (§ 16 InsO).

Diese sind:

- Zahlungsunfähigkeit (§ 17 InsO)
- Drohende Zahlungsunfähigkeit (§ 18 InsO; nur beim Eigenantrag)
- Überschuldung (§ 19 InsO; nur bei juristischen Personen)

Da die Ermittlungen des Gerichts einige Zeit in Anspruch nehmen können, kann das Insolvenzgericht nach § 21 InsO einzelne Anordnungen treffen, die verhindern sollen, dass sich die Vermögenssituation des Schuldners in der Zwischenzeit zu Lasten der Gläubiger verschlechtert.

2. Maßnahmen im Insolvenzeröffnungsverfahren

Das Gericht hat nach § 21 Abs. 1 InsO die Verpflichtung, alle Maßnahmen zu treffen, die erforderlich erscheinen, um eine für die Gläubiger nachteilige Veränderung in der Vermögenslage des Schuldners zu verhindern.

Welche Maßnahmen das sein können, wird beispielhaft in § 21 Abs. 2 InsO aufgezählt:

- Bestellung eines vorläufigen Insolvenzverwalters (§ 21 Abs. 2 Nr. 1 InsO)
- Einsetzung eines vorläufigen Gläubigerausschusses (§ 21 Abs. 2 Nr. 1a InsO)
- Auferlegung eines allgemeinen Verfügungsverbots (§ 21 Abs. 2 Nr. 2 InsO)
- Anordnung, dass Verfügungen nur mit Zustimmung des vorläufigen Insolvenzverwalters wirksam sind (§ 21 Abs. 2 Nr. 2 InsO)
- Untersagung oder einstweilige Einstellung der Zwangsvollstreckung gegen den Schuldner, soweit nicht unbewegliche Gegenstände betroffen sind (§ 21 Abs. 2 Nr. 3 InsO)
- Anordnung einer vorläufigen Postsperre (§ 21 Abs. 2 Nr. 4 InsO)
- Anordnung, dass Absonderungs- oder Aussonderungsgläubiger den Gegenstand nicht verwerten oder eingezogen werden dürfen (§ 21 Abs. 2 Nr. 5 InsO)
- Vorführung des Schuldners oder Inhaftierung (§ 21 Abs. 3 InsO)

Das Gericht entscheidet hier – je nach den jeweiligen Gegebenheiten im einzelnen Verfahren –, welche Maßnahmen es treffen wird und welche aus Sicht des Gerichts nicht erforderlich sind.

Es ist daher fraglich, wie man als Gläubiger von solchen Informationen, die sich ja durchaus auf die tägliche Arbeit auswirken können, Kenntnis erlangt. Hierfür regelt § 23 Abs. 1 Satz 1 InsO, dass das Gericht eine Maßnahme, die es nach § 21 Abs. 2 Nr. 2 InsO trifft, öffentlich bekannt zu machen hat.

Da jedoch nicht alle Maßnahmen öffentlich bekannt zu machen sind, ist es daher ratsam, sich beim zuständigen Insolvenzgericht nach dem Sachstand zu erkundigen, sobald bekannt geworden ist, dass ein Insolvenzverfahren beantragt worden ist. Die Informationen können teilweise auch unter

www.insolvenzbekanntmachungen.de

eingeholt werden, sofern das Gericht eine öffentliche Bekanntmachung durchgeführt hat.

3. Auswirkungen des Insolvenzeröffnungsverfahrens auf die Zwangsvollstreckung

Aus der Sicht eines Zwangsvollstreckungsgläubigers ist insbesondere § 21 Abs. 2 Nr. 3 InsO von Bedeutung. Dort heißt es, dass Maßnahmen der Zwangsvollstreckung untersagt oder einstweilen eingestellt werden können, soweit nicht unbewegliche Gegenstände betroffen sind.

Das bedeutet zunächst, dass jegliche Form der Zwangsvollstreckung zunächst zulässig ist und bleibt, bis das Gericht einen entsprechenden Beschluss nach § 21 Abs. 2 Nr. 3 InsO erlässt.

Wird somit im Eröffnungsverfahren vollstreckt, weil es kein Verbot hiergegen gibt, ist die Vollstreckung wirksam. Unter Umständen ist die Maßnahme dann aber von der Rückschlagsperre nach § 88 InsO erfasst oder kann nach § 131 InsO angefochten werden (dazu später mehr).

Entscheidet sich das Gericht aber, die Vollstreckung zu verbieten, dient der Ausspruch des Gerichts nach § 21 Abs. 2 Nr. 3 InsO dazu, das Schuldnervermögen zwischen der Antragstellung und der Eröffnung des Insolvenzverfahrens nicht „auszudünnen“ und eine dadurch erfolgende Gefährdung der späteren Insolvenzgläubiger zu verhindern.

Das vom Gericht angeordnete Vollstreckungsverbot wird grundsätzlich mit dem im Anordnungsbeschluss genannten Zeitpunkt wirksam (BT-Drs. 12/2443). Fehlt in dem Beschluss die Angabe des Zeitpunkts, so tritt das Verbot in der Mittagstunde des Erlasstages des Beschlusses ein (§ 27 Abs. 3 InsO analog).

Der Beschluss, in dem die Zwangsvollstreckungsmaßnahmen eingestellt bzw. noch nicht begonnene Vollstreckungsmaßnahmen untersagt werden, stellt ein Vollstreckungshindernis im Sinne des § 775 Nr. 2 ZPO dar, was nach § 776 Satz 2 ZPO dazu führt, dass die Vollstreckungsmaßnahmen, die eigentlich hätten durchgeführt werden sollen, einzustellen sind.

Bereits getroffene Maßnahmen (z. B. eine bereits erfolgte Pfändung) bleiben aber zunächst bestehen – sie sind jedenfalls nicht von Amts wegen aufzuheben.

Im Verbraucherinsolvenzverfahren wirkt das ausgesprochene Vollstreckungsverbot auch dann, wenn das eigentliche Eröffnungsverfahren bis zur Entscheidung über den gerichtlichen Schuldenbereinigungsplan nach § 306 Abs. 1 InsO ruht (§ 306 Abs. 2 InsO).

Die Frage, die sich für einen Gläubiger hier zumeist stellt, ist die Frage, welche Vollstreckungsmaßnahmen jetzt noch erlaubt sind und welche nicht.

Grundsätzlich unterliegen alle Gläubiger dem Vollstreckungsverbot nach § 21 Abs. 2 Nr. 3 InsO – unabhängig davon, welcher Kategorie sie ab der Insolvenzeröffnung angehören werden.

Es wird in dem Verfahrensabschnitt zwischen Antrag und Eröffnung noch nicht zwischen den einzelnen Gläubigertypen (Insolvenzgläubiger, Absonderungsgläubiger, Aussonderungsgläubiger etc.) unterschieden. Diese Bezeichnungen haben die Gläubiger erst ab der Eröffnung des eigentlichen Insolvenzverfahrens.

Welche Zwangsvollstreckungsmaßnahmen nun von diesem Verbot betroffen sind, hängt vom Willen des zuständigen Richters ab – denn in diesem Verfahrensabschnitt ist das Insolvenzverfahren noch gar nicht eröffnet und es ist nur das verboten, was der Richter auch tatsächlich verbietet.

Merke:
Es ist für einen Gläubiger unerlässlich, sich den Wortlaut eines Beschlusses nach § 21 InsO genau zu lesen und die notwendigen Schlüsse daraus zu ziehen. Etwaige Aussagen des Schuldners oder des vorläufigen Insolvenzverwalters sind auf jeden Fall anhand des Beschlusses zu überprüfen.

Lautet der Beschluss in etwa so, dass alle Vollstreckungsmaßnahmen untersagt sind bzw. einstweilen eingestellt werden, soweit nicht unbewegliche Gegenstände betroffen sind, gilt Folgendes:

3.1 Pfändung von Forderungen

Der Antrag auf Erlass eines Pfändungs- und Überweisungsbeschlusses ist zurückzuweisen und es darf auch ein solcher Beschluss nicht mehr erlassen werden. Kann der Pfändungs- und Überweisungsbeschluss vom Gläubiger selbst erlassen werden (z. B. bei einer öffentlich-rechtlichen Forderung), so darf er bei Vorliegen eines Beschlusses nach § 21 Abs. 2 Nr. 3 InsO nicht mehr erlassen werden.

Nach herrschender (jedoch nicht unumstrittener) Meinung ist auch die bloße Zustellung eines Pfändungs- und Überweisungsbeschlusses an den Drittschuldner durch den Gerichtsvollzieher nicht mehr zulässig, da erst durch die Zustellung die Pfändung bewirkt ist (§ 829 Abs. 3 ZPO).

Der Gerichtsvollzieher darf also, sofern eine Anordnung nach § 21 Abs. 2 Nr. 3 InsO vorliegt, auch einen bereits erlassenen Pfändungsbeschluss nicht mehr zustellen.

3.2 Vorpfändung

Hat das Insolvenzgericht nach § 21 Abs. 2 Nr. 3 InsO Maßnahmen der Zwangsvollstreckung gegen den Schuldner untersagt, so darf auch durch den Gläubiger keine Vorpfändung mehr ausgebracht bzw. zugestellt werden.

Die Zustellung der Vorpfändungsbenachrichtigung stellt keine die Vollstreckung nur vorbereitende Maßnahme dar, sondern ist eine Zwangsvollstreckungsmaßnahme.

Die Vorpfändung hat nach den §§ 845 Abs. 2 Satz 1, 930 ZPO nämlich die Wirkung einer Beschlagnahme und führt zum Entstehen eines Pfandrechts – wenn auch nur aufschiebend bedingt –, was durch die Anordnung nach § 21 Abs. 2 Nr. 3 InsO eben verhindert werden soll.

Der Gerichtsvollzieher hat, sofern ihm die Untersagung der Zwangsvollstreckung bekannt ist, auch die Zustellung einer Vorpfändungsbenachrichtigung abzulehnen, ebenso wie die Ausbringung der Vorpfändung selbst.

3.3 Abnahme der Vermögensauskunft

Ob die Abnahme der Vermögensauskunft eine Zwangsvollstreckungsmaßnahme ist, die vom Vollstreckungsverbot des § 21 Abs. 2 Nr. 3 InsO erfasst wird, war lange Zeit umstritten.

Zwischenzeitlich ist im Rahmen des Vollstreckungsverbots des § 89 InsO eine Entscheidung des Bundesgerichtshofs ergangen, nach der die Abnahme der eidesstattlichen Versicherung bzw. der Vermögensauskunft sehr wohl eine Maßnahme der Zwangsvollstreckung ist und damit vom weiter oben zitierten Vollstreckungsverbot erfasst wird.

3.4 Pfändung körperlicher Sachen

Die durch das Insolvenzgericht ausgesprochene Untersagung bzw. Einstellung der Einzelzwangsvollstreckung hat das Vollstreckungsorgan grundsätzlich immer von Amts wegen zu beachten: Das Vollstreckungsorgan darf somit auch körperliche Sachen nicht mehr pfänden.

Da die Vollstreckung nach den §§ 775 Nr. 2, 776 Satz 2 ZPO nur einzustellen und nicht etwa aufzuheben ist, bleibt eine bereits erfolgte Pfändungsmaßnahme zunächst jedoch bestehen.

3.5 Zwangsvollstreckung in unbewegliches Vermögen

Das Vollstreckungsverbot gilt nach dem zitierten Wortlaut des § 21 Abs. 2 Nr. 3 InsO nur für das bewegliche Vermögen. Die Zwangsvollstreckung in das unbewegliche Vermögen kann daher auch in diesem Stadium noch erfolgen.

Es kann daher grundsätzlich sehr wohl

- die Durchführung der Zwangsversteigerung oder auch
- die Zwangsverwaltung des Grundstücks erfolgen, ebenso wie
- die Eintragung einer Zwangssicherungshypothek.

Der Gesetzgeber hat die Vollstreckung ins unbewegliche Vermögen deshalb vom Vollstreckungsverbot ausgenommen, weil die unbeweglichen Gegenstände schon ausreichend geschützt sind:

Soll ein Grundstück versteigert werden, so ist die Zwangsversteigerung nämlich auf Intervention des vorläufigen Insolvenzverwalters nach § 30d Abs. 4 ZVG einzustellen, sofern ein solcher bestellt worden ist.

Diese Vorschrift des § 30d Abs. 4 ZVG gilt auch für die Zwangsverwaltung (§ 146 ZVG).

Also auch hier wäre eine Einstellung der Zwangsverwaltung auf Antrag des vorläufigen Insolvenzverwalters möglich – eine Einstellung durch das Insolvenzgericht ist somit nicht notwendig.

Die Eintragung einer Zwangssicherungshypothek kann aber trotz Vollstreckungsverbot des § 21 Abs. 2 Nr. 3 InsO eingetragen und nicht vom vorläufigen Insolvenzverwalter verhindert werden.

Jedoch könnte diese Maßnahme nach der Eröffnung des Insolvenzverfahrens von der Rückschlagsperre des § 88 InsO erfasst sein oder vom Insolvenzverwalter angefochten werden (§ 131 InsO).

3.6 Zusammenfassung und Ausblick:

Erlässt das Gericht keinen Beschluss nach § 21 Abs. 2 Nr. 3 InsO, ist jegliche Form der Zwangsvollstreckung im Eröffnungsverfahren noch erlaubt. Erlässt das Gericht hingegen einen Beschluss nach § 21 Abs. 2 Nr. 3 InsO, dann ist nur das erlaubt, was im Beschluss nicht verboten worden ist.

Die Frage, was mit den zulässig erfolgten Vollstreckungsmaßnahmen passiert, hängt vom weiteren Verfahrensablauf ab. Wird das Insolvenzverfahren eröffnet, könnte die Vollstreckung der Rückschlagsperre unterliegen (§ 88 InsO) oder der Insolvenzanfechtung (§§ 129 ff. InsO) – sofern die jeweiligen Voraussetzungen hierfür vorliegen (vgl. dazu S. 50).

3.7 Erlaubte Maßnahmen

Nach § 21 Abs. 2 Nr. 3 InsO sind grundsätzlich Maßnahmen der Zwangsvollstreckung verboten, sofern der Richter ein entsprechendes Verbot ausspricht.

Maßnahmen, die selbst jedoch keine Zwangsvollstreckungsmaßnahme im Sinne des 8. Buches der ZPO darstellen, aber eine solche vorbereiten, werden vom Verbot des § 21 Abs. 2 Nr. 3 InsO nicht erfasst und sind somit zulässig.

Darunter fallen beispielsweise:

- die vorläufige Vollstreckbarerklärung eines Urteils zugunsten eines Insolvenzgläubigers oder
- die Erteilung einer Vollstreckungsklausel nach den §§ 724 ff. ZPO

4. Beendigung des Insolvenzeröffnungsverfahrens

Sobald das Gericht alle Ermittlungen abgeschlossen und der Antragsteller seinen Antrag auch nicht zurückgenommen hat, kann über den gestellten Antrag entschieden werden.

4.1 Ablehnung mangels Eröffnungsvoraussetzungen

Sofern nicht alle Voraussetzungen für die Eröffnung des Insolvenzverfahrens vorliegen (z. B. weil kein Eröffnungsgrund gegeben ist) wird der Antrag abgelehnt und das Insolvenzeröffnungsverfahren endet. Es kommt in diesem Fall nicht zu einem Insolvenzverfahren und die Beschränkungen nach § 21 InsO werden aufgehoben.

4.2 Abweisung mangels Masse

Sofern zwar die Voraussetzungen für die Eröffnung des Insolvenzverfahrens vorliegen, aber das Verfahren mangels Kostendeckung nicht durchgeführt werden kann, wird der Antrag mangels Masse nach § 26 InsO abgewiesen.

Unter Umständen können die Kosten nach den §§ 26 Abs. 1 Satz 2, 4a InsO jedoch gestundet werden, sodass das Verfahren dennoch durchgeführt werden kann. Die Stundung ist – unabhängig davon, ob es sich um ein Regelinsolvenzverfahren oder Verbraucherinsolvenzverfahren handelt – aber nur dann möglich, wenn es sich bei dem Schuldner um eine natürliche Person handelt, die auch einen Antrag auf Restschuldbefreiung gestellt hat.

Wird das Verfahren mangels Masse nach § 26 InsO abgewiesen, kommt es auch hier zu keinem Insolvenzverfahren und die Beschränkungen nach § 21 InsO werden aufgehoben.

Bei der Abweisung mangels Masse ist jedoch bei Gesellschaften die Folge, dass diese Gesellschaft aufgelöst wird (vgl. § 60 Abs. 1 Nr. 5 GmbHG, § 262 Abs. 1 Nr. 4 AktG, § 131 Abs. 2 Nr. 1 HGB) und anschließend liquidiert werden muss.

Bei natürlichen Personen wird die Abweisung mangels Masse ins Schuldnerverzeichnis eingetragen (§ 26 Abs. 2 InsO, § 882b Abs. 1 Nr. 3 ZPO).

4.3 Eröffnung des Insolvenzverfahrens

Ist genug Masse vorhanden, um die Verfahrenskosten zu decken und liegt auch ein Eröffnungsgrund vor, dann ergeht ein Eröffnungsbeschluss nach § 27 InsO. Das Gericht ernennt darin einen Insolvenzverwalter (§27 Abs. 1, Abs. 2 Nr. 2 InsO), den Zeitpunkt der Eröffnung (§ 27 Abs. 2 Nr. 3 InsO), die Aufforderung an die Gläubiger, ihre Forderungen und Sicherungsrechte anzumelden (§ 28 Abs. 1, Abs. 2 InsO) sowie in der Regel einen Berichts- und Prüfungstermin (§ 29 Abs. 1 InsO).

Der Beschluss ist nach § 30 Abs. 1 InsO öffentlich bekannt zu machen und nach § 30 Abs. 2 InsO zuzustellen.

Die Eröffnung des Insolvenzverfahrens ist gemäß §§ 31 ff. InsO in sämtlichen betroffenen Registern (d.h. Handels-, Vereins-, Genossenschaftsregister etc. sowie ins Grundbuch, Schiffsregister und Luftfahrzeugregister) einzutragen.

Merke:
Es ist hilfreich, auch während des laufenden Insolvenzverfahrens Registereinsichten durchzuführen, um etwaige Änderungen bei eingetragenen Gesellschaften mitzubekommen.

Das Insolvenzverfahren hat somit begonnen und das Schuldnervermögen teilt sich jetzt auf in die Insolvenzmasse einerseits (§§ 35, 36 InsO) und das „sonstige“ Vermögen des Schuldners andererseits.

Bezüglich der Insolvenzmasse geht die Befugnis, diese zu verwalten und darüber zu verfügen, auf den Insolvenzverwalter über (§§ 80, 81 InsO). Er ist somit bezüglich der Insolvenzmasse auch Ansprechpartner für die Gläubiger der Insolvenzmasse.

Im Hinblick auf das „sonstige“ Vermögen verbleibt die Verwaltungs- und Verfügungsbefugnis jedoch beim Schuldner.

Gleichzeitig mit der „Aufspaltung“ des Schuldnervermögens werden die Gläubiger in 5 verschiedene Kategorien eingeteilt, wobei sich das Insolvenzverfahren auf jede Gläubigergruppe unterschiedlich auswirkt.

5. Einteilung der Gläubiger im Insolvenzverfahren

Durch die Eröffnung des Insolvenzverfahrens treten verschiedene Rechtswirkungen ein, wie z. B. das Vollstreckungsverbot nach § 89 InsO oder § 90 InsO.

Da die Vorschriften, die nun zu beachten sind, aber nicht für alle Gläubiger gleichermaßen gelten, ist daher zunächst eine Einteilung der Gläubiger vorzunehmen.

5.1 Aussonderungsgläubiger

Die Aussonderungsrechte sind in § 47 InsO geregelt. Voraussetzung des § 47 InsO ist zunächst, dass der Gläubiger von sich aus geltend macht, dass er ein dingliches oder persönliches Recht hat. Aufgrund dieses Rechts (bzw. Anspruchs) muss er dann auch noch geltend machen können, dass ein Gegenstand nicht zur Insolvenzmasse, sondern beispielsweise weiterhin ihm gehört.

Das ist immer dann der Fall, wenn der Schuldner sich einen Gegenstand geliehen hat, etwas gemietet oder geleast hat – aber auch, wenn er sich Güter unter Eigentumsvorbehalt hat liefern lassen. In all diesen Fällen ist der Gläubiger immer noch Eigentümer.

Der Gläubiger kann nun im Insolvenzverfahren einwenden, dass die Sache nicht dem Schuldner und damit auch nicht zur Insolvenzmasse gehört.

Diese Gläubiger sind keine Insolvenzgläubiger, sondern werden als Aussonderungsgläubiger bezeichnet.

Der Aussonderungsberechtigte muss sein Recht jedoch außerhalb des Insolvenzverfahrens geltend machen (§ 47 Satz 2 InsO) und vom Insolvenzverwalter die Herausgabe der Sache verlangen.

Der aussonderungsberechtigte Gläubiger nimmt jedenfalls nicht am Insolvenzverfahren teil und die Vorschriften der Insolvenzordnung wirken sich somit auch nicht auf ihn aus.

Beispiel:

Eine Gemeinde unterstützt eine Gemäldeausstellung eines Veranstalters mit der befristeten Leihgabe von Bildern und Gemälden für die Dauer der Ausstellung. Über das Vermögen des Veranstalters wird das Insolvenzverfahren eröffnet. Jetzt muss die Gemeinde ihr Aussonderungsrecht gegenüber dem Insolvenzverwalter geltend machen, um wieder in den Besitz der verliehenen Bilder zu kommen.

5.2 Insolvenzgläubiger

Insolvenzgläubiger sind nach der Legaldefinition des § 38 InsO diejenigen Gläubiger, die zur Zeit der Eröffnung des Insolvenzverfahrens einen Vermögensanspruch – also einen Anspruch auf Geld oder geldwerte Leistung – gegen den Schuldner haben. Der Schuldner haftet hierbei nur persönlich.

Der Anspruch des Insolvenzgläubigers muss hierbei jedoch noch nicht vollständig entstanden sein. Es genügt vielmehr, wenn der Rechtsgrund für die Entstehung des Anspruchs bereits vor Eröffnung des Insolvenzverfahrens gelegt wurde.

Beispiele:

- **Erschließungsbeiträge** entstehen mit der endgültigen Herstellung der Erschließungsanlage; bei Kostenspaltung oder abschnittsweiser Erschließung eines Baugebiets mit Abschluss derjenigen Maßnahme, deren Kosten durch die Teilabrechnung gedeckt werden sollen (§ 133 BauGB); weitere Voraussetzung für das Entstehen ist das Vorliegen einer gültigen Satzung, im Falle der abschnittsweisen Abrechnung zusätzlich der Beschluss des zuständigen Gremiums.

  Ansprüche wegen Vorauszahlungen entstehen, sobald die Vorausleistung nach § 133 Abs. 3 BauGB erhoben werden kann.

  Der Zeitpunkt des Entstehens von KAG-Herstellungsbeiträgen ist je nach Art des Beitrags unterschiedlich und bestimmt sich nach der Regelung in der jeweiligen Satzung. Zum Beispiel entsteht der Entwässerungsbeitrag, sobald das Grundstück an die Anlage angeschlossen werden kann.

- Die **Grundsteuer** entsteht mit Beginn des Kalenderjahres, unabhängig davon, ob sie in Raten fällig wird oder als einmaliger Jahresbetrag zu zahlen ist. Mit der Zurechnung des Einheitswertes wird die Steuer gegenüber einer Person begründet. Die gesamte Jahressteuer des Jahres der Eröffnung des Insolvenzverfahrens gilt daher als Insolvenzforderung gemäß § 38 InsO.

- Eine **Gewerbesteuer**pflicht wird begründet, sobald eine der Steuerpflicht unterliegende gewerbliche Tätigkeit ausgeübt wird. Bei Eröffnung eines Insolvenzverfahrens ist eine bis dahin angefallene Gewerbesteuer als Insolvenzforderung zu behandeln, da nach § 4 Abs. 2 GewStDV ein Insolvenzverfahren die Gewerbesteuerpflicht nicht berührt. Die Höhe der anzumeldenden Forderung ist abhängig vom Grundlagenbescheid des Finanzamts. Steht die Veranlagung noch aus, sollte beim Finanzamt die voraussichtliche Höhe erfragt werden.

  Beendet der Insolvenzverwalter den Gewerbebetrieb, ist die gesamte bis dahin angefallene Gewerbesteuer eine Insolvenzforderung. Führt er den Betrieb fort, unterbricht dies nicht den Veranlagungszeitraum. In diesem Falle ist die für den gesamten Veranlagungszeitraum entstandene Steuer aufzuteilen und durch Schätzung zu ermitteln, was vor Verfahrenseröffnung angefallen ist. Der Teil vor Verfahrenseröffnung ist Insolvenzforderung und zur Tabelle anzumelden, der andere Teil ist Masseverbindlichkeit (siehe dazu Seite 46).

- Ein **Bußgeld**anspruch wird begründet mit der Erfüllung des Tatbestands, der eine Ordnungswidrigkeit zur Folge hat. Es handelt sich jedoch um eine nachrangige Insolvenzforderung (§ 39 InsO), die nur bei gesonderter Aufforderung durch den Insolvenzverwalter angemeldet werden kann. Bußgelder werden auch von der Restschuldbefreiung nicht erfasst (§ 302 Nr. 2 i. V. m. § 39 Abs. 1 Nr. 3 InsO).

Daher sind Gläubiger, deren Forderungen aufschiebend bedingt sind, auch Insolvenzgläubiger im Sinne des § 38 InsO, weil der Rechtsgrund für die Forderung bereits gelegt worden ist – selbst, wenn die Forderung noch nicht durchsetzbar entstanden ist. Bedingungen und Befristungen sind unschädlich (vgl. auch §§ 41, 42 InsO).

Beispiel:
Wurde das Insolvenzverfahren am 6. Juli 2022 eröffnet und erfolgte bisher keine Veranlagung der Gewerbesteuer für das Jahr 2020, so handelt es sich bei der Gewerbesteuer um eine bereits begründete Forderung. Der Rechtsgrund wurde bereits durch die Verwirklichung des Steuertatbestands gelegt. Die Gewerbesteuer ist somit eine Insolvenzforderung.

Die Forderungen, die von den Insolvenzgläubigern geltend gemacht werden, müssen Geldforderungen sein oder zumindest in einen Geldbetrag umgerechnet werden können (§ 45 InsO).

Säumniszuschläge sind nur bis zum Tag vor der Eröffnung des Insolvenzverfahrens zu berechnen und anzumelden.

Ob der Anspruch der einzelnen Insolvenzgläubiger auch tatsächlich besteht, wird erst später geprüft, und zwar im sog. Prüfungstermin (§§ 87, 174 ff. InsO).

Einen Titel braucht man für die Kategorisierung als Insolvenzgläubiger oder auch für die Anmeldung zur Insolvenztabelle nicht. Jedoch ist es später im Prüfungstermin von Vorteil, wenn man einen solchen Titel bereits erwirkt hat.

Nach Eröffnung des Insolvenzverfahrens sind Berechnungen der veranlagenden Stellen nicht mehr als Bescheide zu erstellen; es werden nur noch Mitteilungen oder Berechnungen zur Forderungsanmeldung erstellt. Diese Berechnungen sind unverzüglich nachzumelden, damit diese als Insolvenzforderung in die Insolvenztabelle aufgenommen werden können. Ein Muster zur Forderungsanmeldung finden Sie auf Seite 60.

5.3 Absonderungsgläubiger

Gläubiger mit Absonderungsrechten werden im Insolvenzverfahren besonders behandelt und werden im Vergleich zu den anderen Gläubigern abgesondert befriedigt.

Absonderungsgläubiger nennt man die Gläubiger, denen der Schuldner neben seiner persönlichen Schuld auch noch dinglich haftet – also solche Gläubiger, für deren Forderung ein bestimmter Vermögensgegenstand des Schuldners als Sicherheit dient.

Doch woher kommt ein solches Absonderungsrecht und inwiefern erfolgt hier eine Sonderbehandlung durch das Insolvenzrecht?

Bei der Behandlung von Absonderungsrechten im Insolvenzverfahren ist zu unterscheiden, ob sich das Absonderungsrecht auf unbewegliche oder bewegliche Gegenstände des Schuldners bezieht.

Ein Absonderungsrecht hat man nach den §§ 49, 50 InsO als Gläubiger immer dann, wenn einem ein „Recht auf Befriedigung aus unbeweglichen Gegenständen" zusteht oder ein „Pfandrecht" an einem beweglichen Gegenstand – sofern dieses Pfandrecht nicht durch die Rückschlagsperre des § 88 InsO oder durch die Anfechtung des Insolvenzverwalters nach den §§ 129 ff. InsO beseitigt worden ist (siehe unten Seite 50).

Merke:
Ein Absonderungsrecht hat man nur dann, wenn es nicht durch Anfechtung oder durch die Rückschlagsperre wieder beseitigt wird.

Ein Absonderungsrecht an unbeweglichen Gegenständen erwirbt man beispielsweise dann, wenn man als Gläubiger eines Grundpfandrechts (Grundschuld/Hypothek/Zwangssicherungshypothek) im Grundbuch eingetragen ist oder wenn das Grundstück kraft Gesetzes dinglich haftet (wie z. B. bei der Grundsteuer).

Bei einem solchen Absonderungsrecht an einem unbeweglichen Gegenstand, wird der Gläubiger nach dem Gesetz über die Zwangsversteigerung und die Zwangsverwaltung (ZVG) befriedigt. Es kann also das Grundstück versteigert und der Erlös an ihn ausgezahlt werden.

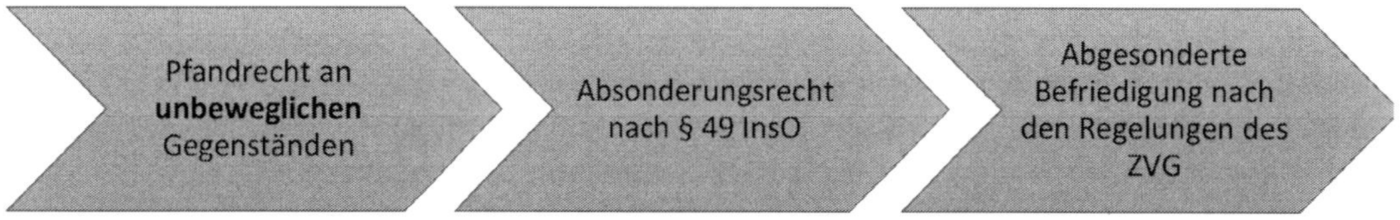

Ein Pfandrecht an beweglichen Sachen entsteht beispielsweise durch

- wirksame Pfändung (also im Rahmen der Zwangsvollstreckung)
- vertragliche Verpfändung an einen Gläubiger
- entsprechende Vorschriften im Gesetz (z.B. Unternehmerpfandrecht)

Handelt es sich bei dem Gegenstand, an dem ein Absonderungsrecht besteht, um eine bewegliche Sache, erfolgt die abgesonderte Befriedigung unter Einhaltung der Regelungen des Insolvenzrechts (§§ 50, 166 bis 173 InsO).

Der Gläubiger kann den Gegenstand entweder selbst verwerten (§§ 165, 173 InsO) oder durch den Insolvenzverwalter verwerten lassen (§§ 166 ff. InsO).

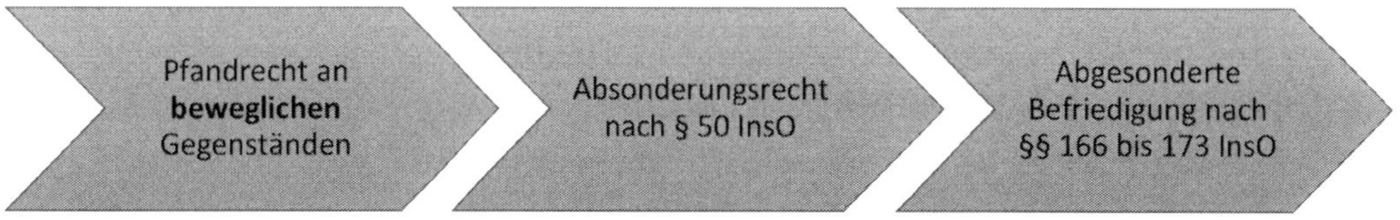

Merke:
Absonderungsgläubiger können aber auch mit ihrer Restforderung Insolvenzgläubiger sein, wenn der Schuldner ihnen auch persönlich haftet und sie aus dem Pfandgegenstand keine vollständige Befriedigung erfahren haben.

Absonderungsgläubiger dürfen jedoch mit ihrer Insolvenzforderung (persönliche Forderung gegen den Insolvenzschuldner) nur dann durch Anmeldung an der weiteren Verteilung im Insolvenzverfahren teilnehmen, wenn sie bei der abgesonderten Befriedigung ausgefallen sind oder auf abgesonderte Befriedigung verzichten, § 52 Satz 2 InsO.

Absonderungsberechtigte Gläubiger, denen der Schuldner nicht auch persönlich haftet, sondern nur mit dem Pfandgegenstand, sind „nur" absonderungsberechtigt – aber eben keine Insolvenzgläubiger.

Fallen diese dann bei der Befriedigung des Absonderungsrechts aus, nehmen sie nicht weiter am Insolvenzverfahren teil – denn sie haben ja keine Insolvenzforderung, die sie zur weiteren Teilnahme berechtigen würde.

5.4 Neugläubiger

Als Neugläubiger werden diejenigen Gläubiger bezeichnet, deren Rechtsgrund für die Entstehung einer Forderung erst nach der Eröffnung des Insolvenzverfahrens gelegt wurde, sofern der Schuldner hierfür verantwortlich ist.

5.5 Massegläubiger

Als Massegläubiger werden diejenigen Gläubiger bezeichnet, deren Rechtsgrund für die Entstehung einer Forderung erst nach der Eröffnung des Insolvenzverfahrens gelegt wurde, sofern der Insolvenzverwalter hierfür verantwortlich ist.

Hierzu zählen aber nach § 53 InsO auch die Kosten des Insolvenzverfahrens (§ 54 InsO) sowie die sonstigen Masseverbindlichkeiten des § 55 InsO.

Bei einer Kommune können beispielsweise folgende Ansprüche Masseverbindlichkeiten sein:

- Gewerbesteuern für den Zeitraum, während der Insolvenzverwalter den Betrieb weiterführt;
- Grundsteuern, wenn das Grundstück zur Masse gehört und sie in der Zeit nach Eröffnung des Verfahrens entstehen – also im Jahr nach der Eröffnung;
- Ver- und Entsorgungsgebühren für Wasser, Abwasser, Müllabfuhr, Strom, Gas usw., soweit der Insolvenzverwalter Nutzer der Betriebskosten ist und der Verwalter in den Vertrag eingetreten ist oder diesen nicht gekündigt hat;
- Mietansprüche, soweit sie nach Verfahrenseröffnung fällig werden.

Anspruch vor Insolvenzeröffnung entstanden?		Anspruch nach Insolvenzeröffnung entstanden?
Anspruch auf Herausgabe einer Sache	**Aussonderungsgläubiger**	
Gesicherter Anspruch auf Zahlung	**Absonderungsgläubiger**	**Massegläubiger oder Neugläubiger**
Ungesicherter Anspruch auf Zahlung	**Insolvenzgläubiger**	

V. Auswirkung der Insolvenzeröffnung auf die Zwangsvollstreckung

Wenn das Insolvenzverfahren eröffnet wurde, hat das ebenfalls Auswirkungen auf die Zwangsvollstreckungsmaßnahmen, die der Gläubiger durchführen möchte und die er bereits durchgeführt hat.

Sind Zwangsvollstreckungsmaßnahmen bereits abgeschlossen, können diese unter Umständen durch die Insolvenzanfechtung (§§ 129 ff. InsO) oder die Rückschlagsperre (§ 88 InsO) wieder beseitigt werden. Details hierzu finden Sie unter 6. und 7.

Sollen Zwangsvollstreckungsmaßnahmen erst noch durchgeführt werden, hängt die Frage, ob die Vollstreckung wirksam erfolgen kann, davon ab, welcher der bereits besprochenen Gläubigertypen vollstrecken möchte.

1. Vollstreckung durch Insolvenzgläubiger

Nach dem Wortlaut des § 89 InsO sind von dem Vollstreckungsverbot lediglich Insolvenzgläubiger (§ 38 InsO) betroffen. Würde man einem Insolvenzgläubiger die Vollstreckung gestatten, so würde dies dem Zweck des § 1 InsO, nämlich der gemeinschaftlichen, gleichmäßigen Befriedigung aller Gläubiger, zuwiderlaufen.

§ 89 Abs. 1 InsO verbietet eine Zwangsvollstreckung für Insolvenzgläubiger sowohl in die Insolvenzmasse (§35 InsO) als auch in das sonstige Vermögen des Schuldners (z.B. wenn der Insolvenzverwalter einen Gegenstand freigegeben und damit aus der Masse ausgesondert hat).

Merke:
Eine Zwangsvollstreckung für Insolvenzgläubiger ist nach der Insolvenzeröffnung niemals – also in keine der beiden Vermögensmassen – möglich!

Die Zwangsvollstreckung in künftige Forderungen auf Bezüge aus einem Dienstverhältnis ist jedoch auch für solche Gläubiger unzulässig, die keine Insolvenzgläubiger sind (§ 89 Abs. 2 InsO).

Hintergrund: Dieses spätere Einkommen wird unter Umständen für die Dauer der Wohlverhaltensphase in Höhe des nach § 850c ZPO pfändbaren Teils an den Treuhänder abgetreten.

Da Unterhaltsgläubiger jedoch auch unter normalen Umständen zusätzlich in einen „Differenzbetrag" vollstrecken können, wird die Vollstreckung für diese Unterhaltsgläubiger (und auch für Gläubiger von Forderungen aus unerlaubter Handlung) auch im Insolvenzverfahren lediglich in diesen Differenzbetrag erlaubt (§89 Abs. 2 Satz 2 InsO).

Die Insolvenzeröffnung stellt also somit ein Vollstreckungshindernis nach § 775 Nr. 1 ZPO dar:

Eingeleitete und noch nicht beendete Vollstreckungsmaßnahmen sind aufzuheben; neue Zwangsvollstreckungsmaßnahmen dürfen erst gar nicht eingeleitet werden.

2. Vollstreckung durch Neugläubiger

Eine Ausnahme vom Vollstreckungsverbot des § 89 Abs. 1 InsO gilt jedoch für die Neugläubiger. Diese dürften sogar während des Insolvenzverfahrens vollstrecken. Jedoch gilt für Neugläubiger die Vorschrift des § 91 Abs. 1 InsO, der unterm Strich eine Vollstreckung in Gegenstände der Insolvenzmasse verbietet.

Merke:
Neugläubiger können während des Insolvenzverfahrens somit nur in das freie Vermögen des Schuldners vollstrecken.

Praktisch bedeutsam sind insbesondere die Fälle, in denen der Insolvenzverwalter einen Gegenstand aus der Insolvenzmasse freigegeben hat. Dieser gehört durch die Freigabe zum „sonstigen Vermögen" und kann von den Neugläubigern im Wege der Zwangsvollstreckung verwertet werden. Der Gläubiger, der vollstrecken möchte, muss aber die Freigabe durch den Insolvenzverwalter nachweisen, ehe das Vollstreckungsorgan die Maßnahme durchführt.

3. Vollstreckung durch Aussonderungsgläubiger

Aussonderungsgläubiger dürfen während des Insolvenzverfahrens ihr Aussonderungsrecht verfolgen und zwar außerhalb des Insolvenzverfahrens (§ 47 Satz 2 InsO).

Merke:
Aussonderungsgläubiger haben mit dem Insolvenzverfahren an sich (fast) nichts zu tun. Sie können somit während des Insolvenzverfahrens auch vollstrecken, sofern das notwendig sein sollte.

4. Vollstreckung durch Absonderungsgläubiger

Absonderungsgläubiger, also die Gläubiger, die ein Pfandrecht (oder anderes Sicherungsrecht) an einem Vermögensgegenstand der Insolvenzmasse haben, können auch während des Insolvenzverfahrens ihr Absonderungsrecht verfolgen und daraus Befriedigung ersuchen (entweder nach § 49 InsO oder nach §§ 166 ff. InsO).

Merke:
Absonderungsgläubiger dürfen während des Insolvenzverfahrens ihr Recht auf abgesonderte Befriedigung auch im Wege der Zwangsvollstreckung verfolgen.

5. Vollstreckung durch Massegläubiger

Für die Vollstreckung von Massegläubigern während des Insolvenzverfahrens gilt § 90 InsO.

Demnach sind Zwangsvollstreckungsmaßnahmen wegen Masseverbindlichkeiten, die nicht durch eine Rechtshandlung des Insolvenzverwalters begründet worden sind, für die Dauer von sechs Monaten seit der Eröffnung des Insolvenzverfahrens unzulässig. Handelt es sich hingegen um Masseverbindlichkeiten, die auf einer Handlung des Insolvenzverwalters beruhen, kann auch ohne Einhaltung dieser Wartefrist vollstreckt werden.

Merke:
Massegläubiger können nach einer evtl. einzuhaltenden Wartezeit von 6 Monaten auch während des Insolvenzverfahrens vollstrecken.

6. Annahme von Zahlungen während des Insolvenzverfahrens

Bei der Annahme von Zahlungen während des Insolvenzverfahrens auf neue Schulden, kann es zu folgender Problemlage kommen:

- Gehört das Geld zur Insolvenzmasse, so gilt § 81 Abs. 1 Satz 1 InsO und die Zahlung ist unwirksam.
- Gehört das Geld hingegen nicht zur Insolvenzmasse, handelt es sich hierbei um freies Vermögen und die Zahlung ist wirksam.

Wie reagiert der Gläubiger jetzt, wenn der Schuldner ihm die Zahlung anbietet? Denn auf den Geldscheinen steht nicht drauf, ob sie zur Masse gehören oder nicht.

In der Praxis empfiehlt sich folgende Vorgehensweise:

Der Gläubiger kann das Geld zwar annehmen, muss es aber unter Umständen an den Insolvenzverwalter herausgeben, sofern es zur Masse gehört hat.

Dem Gläubiger ist somit zu raten, dem Insolvenzverwalter eine Frist zu setzen, innerhalb der er sich dazu erklären muss, ob das Geld freigegeben wurde oder weiterhin zur Masse gehört.

Sollte er sich innerhalb der gesetzten Frist nicht erklären, so soll er darauf hingewiesen werden, dass dann davon ausgegangen wird, dass es sich bei dem Betrag um freies Vermögen handelt und die Zahlung einbehalten wird.

7. Aufrechnung im Insolvenzverfahren

Nach § 94 InsO kann ein Insolvenzgläubiger, der im Zeitpunkt der Verfahrenseröffnung zur Aufrechnung berechtigt war auch weiterhin die Aufrechnung erklären. So können z.B. erhöhte Gewerbesteuervorauszahlungen des laufenden Jahres, die vor der Insolvenzeröffnung entrichtet wurden, mit noch ausstehenden Gewerbesteuerforderungen aus früheren Jahren verrechnet werden.

Die Aufrechnung ist eine einseitige empfangsbedürftige Willenserklärung (siehe die §§ 387 ff. BGB) und gegenüber dem Insolvenzverwalter zu erklären.

Merke:
Tritt die Aufrechnungslage erst während des Insolvenzverfahrens ein, so kommt es darauf an, ob die gegenseitigen Forderungen bereits vorher schon begründet waren (vgl. § 95 Abs. 1 InsO).
Wird dabei die Forderung der Kommune als erstes fällig und danach die Gegenforderung des Schuldners, so kann aufgerechnet werden, sobald die Fälligkeit der Gegenforderung eintritt. Wird allerdings die Forderung des Schuldners zuerst fällig, kann nicht aufgerechnet werden (§ 95 Abs. 1 Satz 3 InsO).
Die Aufrechnung ist hingegen ausgeschlossen, wenn die Kommune erst nach der Eröffnung des Insolvenzverfahrens etwas zur Masse schuldig wird (§ 96 Abs. 1 Nr. 1 InsO).

VI. Die Rückschlagsperre des § 88 InsO

Die Insolvenzordnung geht so weit, dass Vollstreckungsmaßnahmen, die bereits vor dem Insolvenzantrag oder nach dem Insolvenzantrag (also im Eröffnungsverfahren) vorgenommen worden sind und die dem Insolvenzgläubiger eine Sicherung gewähren, mit der Eröffnung des Insolvenzverfahrens kraft Gesetzes unwirksam werden (§ 88 InsO).

Das gilt aber nur dann, wenn die Sicherung im letzten Monat vor der Antragstellung erlangt wurde (§ 88 Abs. 1 InsO, sog. Rückschlagsperre). Handelt es sich bei dem Insolvenzverfahren um ein Verbraucherinsolvenzverfahren so beträgt die Frist der Rückschlagsperre gar 3 Monate (§ 88 Abs. 2 InsO).

Die Rückschlagsperre soll verhindern, dass ein Gläubiger, der erfährt, dass demnächst das Insolvenzverfahren beantragt werden soll, noch schnell eine Zwangsvollstreckungsmaßnahme gegen den Schuldner durchführen lässt und so als „absonderungsberechtigter Gläubiger" am Insolvenzverfahren teilnimmt – diese „Belohnung" wird durch § 88 InsO wieder beseitigt.

Erfolgte die Sicherung bereits zu einem früheren Zeitpunkt als in § 88 InsO angegeben – also vor mehr als einem Monat (bzw. drei Monaten) – so kommt unter Umständen eine Anfechtung dieser Sicherung durch den Insolvenzverwalter gemäß § 131 Abs. 1 Nr. 2 InsO in Betracht (siehe auch unten 7.).

Als „Sicherung durch Zwangsvollstreckung" im Sinne des § 88 InsO kommen in Betracht:

- die Erlangung eines Pfändungspfandrechts im Wege der Mobiliar- oder Forderungspfändung,
- die Beschlagnahme im Wege der Immobiliarvollstreckung (§§ 20, 22, 23 ZVG) sowie
- die Eintragung einer Zwangssicherungshypothek (§ 866 ZPO).

§ 88 InsO findet jedoch dann keine Anwendung, wenn der Gläubiger bereits Befriedigung erlangt hat. In diesem Fall kommt nur eine Anfechtung durch den Insolvenzverwalter nach den §§ 129 ff. InsO in Betracht.

Durch die Eröffnung des Insolvenzverfahrens wird die durch Zwangsvollstreckung erlangte Sicherung unwirksam (§ 88 InsO).

Damit werden die durch Pfändung erlangten Pfändungspfandrechte (§§ 808, 804, 829, 830, 857 ZPO) von der Rückschlagsperre erfasst und sie erlöschen.

Der Gläubiger, der sein Pfandrecht nun verloren hat, ist nunmehr nur noch Insolvenzgläubiger und nicht etwa absonderungsberechtigter Gläubiger nach § 50 Abs. 1 InsO.

VII. Anfechtungen durch den Insolvenzverwalter

Wer mit dem Insolvenzrecht zu tun hat, wird auch immer wieder mit dem Begriff der Insolvenzanfechtung konfrontiert werden (§§ 129 ff. InsO).

Nach § 129 Abs. 1 InsO ist eine Rechtshandlung, die vor der Insolvenzeröffnung vorgenommen worden ist anfechtbar, sofern die Voraussetzungen der §§ 130 bis 146 InsO vorliegen.

Die Insolvenzanfechtung nach § 143 Abs. 1 InsO führt unterm Strich dazu, dass z. B. Vermögensgegenstände, die aus dem Vermögen des Schuldners entfernt wurden, wieder zur Masse gezogen werden oder gar etwaige Zahlungen, die vom Schuldner geleistet wurden, wieder zurückgefordert werden können.

Aus der Insolvenzanfechtung folgt somit, dass das (frühere) Vermögen des Schuldners wieder zur Insolvenzmasse gezogen wird und somit den Insolvenzgläubigern bei der Verteilung des vorhandenen Vermögens wieder zur Verfügung steht.

Im Zuge der Insolvenzanfechtung können auch Maßnahmen der Zwangsvollstreckung, die bereits vor der Insolvenzeröffnung getätigt wurden, wieder rückgängig gemacht werden.

Hierbei sind jedoch die Voraussetzungen des § 131 InsO zu beachten.

Nach § 131 InsO ist eine Zwangsvollstreckungsmaßnahme als sog. inkongruente Deckung anfechtbar, wenn

- die Vollstreckungsmaßnahme innerhalb des letzten Monats vor dem Antrag auf Eröffnung des Insolvenzverfahrens (oder danach) vorgenommen worden ist (§ 131 Abs. 1 Nr. 1 InsO) oder
- die Vollstreckungsmaßnahme innerhalb des zweiten oder dritten Monats vor dem Eröffnungsantrag vorgenommen worden ist und der Schuldner zum Zeitpunkt der Vollstreckungsmaßnahme zahlungsunfähig war (§ 131 Abs. 1 Nr. 2 InsO) oder
- die Vollstreckungsmaßnahme innerhalb des zweiten oder dritten Monats vor dem Eröffnungsantrag vorgenommen worden ist und dem Gläubiger zum Zeitpunkt der Vollstreckungsmaßnahme bekannt war, dass sie die Gläubiger benachteiligte (§ 131 Abs. 1 Nr. 3 InsO).

Bei einer Anfechtung hat der Insolvenzverwalter stets die einzelnen Voraussetzungen darzulegen und gegebenenfalls zu beweisen.

Sofern eine Anfechtung nach § 131 Abs. 1 Nr. 1 InsO vorgenommen werden soll hat der Insolvenzverwalter lediglich darzulegen, dass die Vollstreckungsmaßnahme innerhalb des letzten Monats vor dem Eröffnungsantrag vorgenommen worden ist. Dieser Beweis dürfte ihm jedoch ohne größere Probleme gelingen.

Bei der Anfechtung nach § 131 Abs. 1 Nr. 2 InsO hat er zusätzlich Tatsachen vorzubringen, welche die Zahlungsunfähigkeit des Schuldners zum Zeitpunkt der Durchführung der Vollstreckungsmaßnahme belegen.

Möchte der Insolvenzverwalter aber die Vollstreckung nach § 131 Abs. 1 Nr. 3 InsO anfechten, muss er darlegen, dass dem Gläubiger bekannt gewesen ist, dass andere Gläubiger durch die durchgeführte Vollstreckungsmaßnahme benachteiligt worden sind. Hierbei „hilft“ ihm § 131 Abs. 2 InsO, der die Kenntnis von Umständen, die zwingend auf eine solche Benachteiligung schließen lassen, einer positiven Kenntnis der Benachteiligung gleichstellt.

Sollten keine Vollstreckungsmaßnahmen durchgeführt worden sein, sondern liegt eine Zahlung des Schuldners an einen Insolvenzgläubiger vor, ist diese Zahlung nach § 133 Abs. 1 InsO bei Vorliegen der dort genannten Voraussetzungen anfechtbar, und zwar für die zurückliegenden vier Jahre (§ 133 Abs. 2 InsO).

Merke:
Vollstreckungsmaßnahmen sind nach § 131 InsO anfechtbar, etwaige Ratenzahlungen nach § 133 InsO. Der Insolvenzverwalter muss hierbei darlegen, dass die einzelnen Voraussetzungen der jeweiligen Vorschrift eingehalten sind.

VIII.Anmeldung von Forderungen im Insolvenzverfahren

Nach § 87 InsO können Insolvenzgläubiger ihre Forderungen lediglich im Insolvenzverfahren verfolgen und nicht etwa außerhalb des Insolvenzverfahrens durch Anstrengung neuer Prozesse.

Die Insolvenzgläubiger müssen, um ihre Forderungen im Insolvenzverfahren geltend machen zu können, diese zunächst nach § 174 InsO schriftlich beim Insolvenzverwalter anmelden und etwaige Urkunden, aus denen sich die angemeldete Forderung ergibt, beifügen.

Zur schriftlichen Anmeldung ihrer Forderung wurden sie vorher nach § 28 InsO bei der Eröffnung des Verfahrens aufgefordert.

Die Forderungen sog. nachrangiger Insolvenzgläubiger (§ 39 InsO) sind nur dann anzumelden, wenn das Gericht diese besonders zur Anmeldung ihrer Forderungen auffordert (§ 174 Abs. 3 InsO).

Der Insolvenzverwalter hat die von den Insolvenzgläubigern angemeldeten Forderungen in eine Tabelle einzutragen (§ 175 Abs. 1 Satz 1 InsO, Insolvenztabelle), die nach § 175 Abs. 1 Satz 2 InsO vor dem Prüfungstermin in der Geschäftsstelle des Insolvenzgerichts zur Einsicht der Beteiligten niederzulegen ist.

Die angemeldeten und in die Tabelle eingetragenen Forderungen werden im sog. Prüfungstermin – ihrem Betrag und ihrem Rang nach geprüft (§ 176 Satz 1 InsO).

Werden im Prüfungstermin einzelne Forderungen

- vom Insolvenzverwalter,
- vom Schuldner oder
- einem anderen Insolvenzgläubiger

bestritten, sind diese jeweils einzeln zu erörtern (§ 176 Satz 2 InsO).

Auch Forderungen, die erst zeitlich nach der vorher bestimmten Anmeldefrist (§ 28 Abs. 1 Satz 2 InsO) angemeldet wurden, sind zu prüfen. In diesem Fall ist unter Umständen aber ein gesonderter Prüfungstermin zu bestimmen (§ 177 InsO).

Wird die Forderung jedoch im Prüfungstermin nicht bestritten oder ein erhobener Widerspruch durch den Austausch von Argumenten/Informationen beseitigt, so gilt die Forderung nach § 178 Abs. 1 Satz 1 InsO als festgestellt, was das Insolvenzgericht sofort in die Tabelle einträgt (§ 178 Abs. 2 Satz 1 InsO).

Merke:
Ein Widerspruch des Schuldners steht einer Feststellung durch das Gericht aber nicht entgegen (§ 178 Abs. 1 Satz 2 InsO).

Eine Forderung wird also nur dann nicht festgestellt, wenn ein Widerspruch

- des Insolvenzverwalters oder
- eines Insolvenzgläubigers bestehen bleibt.

Widerspricht dagegen der Schuldner, so wird die Forderung trotzdem festgestellt.

Merke:
Die Eintragung in die Tabelle wirkt für Forderungen, die festgestellt wurden, wie ein rechtskräftiges Urteil (§ 178 Abs. 3 InsO).

Bleibt ein Widerspruch des Insolvenzverwalters oder eines Insolvenzgläubigers bestehen, dann muss im Rechtsweg geklärt werden, ob die Anmeldung der Forderung zurecht erfolgt ist oder nicht.

Liegt für die Forderung ein Titel vor, muss der Bestreitende gegen den anmeldenden Gläubiger vorgehen (§ 179 Abs. 2 InsO). Liegt hingegen kein Titel vor, muss der Anmeldende gegen den Bestreitenden vorgehen (§ 179 Abs. 1 InsO). Hierbei ist unter Umständen die Zuständigkeitsregelung des § 185 InsO zu beachten.

Die Insolvenzgläubiger, deren Forderungen festgestellt wurden, können aus der Eintragung in die Tabelle (die dann in vollstreckbarer Ausfertigung vorliegen muss) wie aus einem vollstreckbaren Urteil die Zwangsvollstreckung gegen den Schuldner betreiben, sofern sich nicht das Restschuldbefreiungsverfahren anschließt (§ 201 Abs. 1, Abs. 3 InsO; Grundsatz der Nachhaftung). Der ursprüngliche Titel wird gemäß § 178 Abs. 3 InsO dann wirkungslos.

Dies gilt jedoch nur, sofern weder der Insolvenzverwalter noch ein anderer Gläubiger der Forderung widersprochen hat, oder ein erhobener Widerspruch beseitigt worden ist (§ 201 Abs. 2 Satz 1, Satz 2 InsO).

Diese Möglichkeit der unbeschränkten Nachhaftung gilt selbstverständlich nur dann, wenn es sich beim Insolvenzschuldner nicht um ein Unternehmen handelt, welches sowieso nach Ablauf des Insolvenzverfahrens aufgelöst wird, oder wenn der Schuldner als natürliche Person keine Restschuldbefreiung erlangt.

Zeitliche Einordnung der vollstreckungshindernden Regelungen	
Eintritt der Zahlungsunfähigkeit / Krise des Schuldners	Zwangsvollstreckungsmaßnahmen sind grundsätzlich wirksam, aber Anfechtung möglich, wenn die Sicherung innerhalb des zweiten oder dritten Monats vor Stellung des Antrags erfolgt ist (§ 131 Abs. 1 Nr. 2 InsO)
Zeitraum ab Antragstellung und während der Prüfung des Antrags	Einstweilige Einstellung laufender Vollstreckungsmaßnahmen durch das Gericht möglich und Untersagung der Durchführung weiterer Zwangsvollstreckungsmaßnahmen (§ 21 Abs. 2 Nr. 3 InsO; sofern nicht unbewegliches Vermögen betroffen ist).
Eröffnung des Insolvenzverfahrens	Nach § 88 InsO werden alle Sicherungen, die innerhalb eines Monats vor dem Antrag oder nach diesem Antrag vorgenommen wurden, unwirksam (bzw. innerhalb von drei Monaten, § 88 Abs. 2 InsO).
	Während der Dauer des Verfahrens gilt ein Vollstreckungsverbot für die Insolvenzgläubiger gemäß § 89 Abs. 1 InsO.
Beendigung des Verfahrens	Gläubiger haben ein unbeschränktes Nachforderungsrecht gemäß § 201 InsO. Eine Vollstreckung aus der Tabelle nach § 201 Abs. 2 InsO ist jedoch nur möglich, wenn der Schuldner die Forderung im Prüfungstermin nicht bestritten hat. Unter Umständen schließt sich aber das Restschuldbefreiungsverfahren an.

IX. Verwertung des Schuldnervermögens/Befriedigung der Gläubiger

Ist die vom Insolvenzverwalter vorgefundene und durch Aus- und Absonderungsrechte bereinigte Insolvenzmasse nach § 159 InsO vollständig verwertet worden, so ist der daraus resultierende Geldbetrag nach den §§ 187 ff. InsO an die (restlichen) Gläubiger zu verteilen.

Zunächst sind hierbei die Massegläubiger zu befriedigen, ehe der Restbetrag auf die Insolvenzgläubiger zu verteilen ist (§ 196 InsO).

Auch absonderungsberechtigte Gläubiger sind gegebenenfalls mit dem Betrag zu berücksichtigen, in dessen Höhe sie bei der Verwertung nach den §§ 165 ff. InsO ausgefallen sind (§ 190 InsO), sofern sie auch Insolvenzgläubiger waren, also der Schuldner auch persönlich haftet (§ 52 InsO).

Die Schlussverteilung nach § 196 InsO erfolgt, sobald die Verwertung der Insolvenzmasse beendet ist.

Das Gesetz sieht auch eine Verteilung an nachrangige Insolvenzgläubiger nach § 39 InsO vor, die jedoch in der Praxis kaum eine Rolle spielt, da die Masse meist zu gering ist und eine Befriedigung aller Insolvenzgläubiger nicht eintritt – erst dann würden nämlich die nachrangigen Insolvenzgläubiger etwas erhalten.

Beschlagnahme des gesamten Schuldnervermögens durch den Insolvenzverwalter	
Masseminderung durch …	**Massemehrung** durch …
Befriedigung von Aussonderungsrechten (§ 47 InsO)	Insolvenzanfechtung nach §§ 129 ff. InsO
Behandlung der Absonderungsrechte (§§ 49 ff., 165 InsO)	Rückschlagsperre nach § 88 InsO
Die verbleibende Masse ist zu verwerten und im Anschluss an die Massegläubiger sowie quotenmäßig an die Insolvenzgläubiger zu verteilen	

X. Einstellung des Verfahrens mangels Masse und Anzeige der Masseunzulänglichkeit

Stellt sich nach Eröffnung des Verfahrens heraus, dass das Vermögen des Schuldners doch nicht ausreicht, um die Kosten des Verfahrens zu decken, so stellt das Insolvenzgericht das Verfahren nach § 207 Abs. 1 Satz 1 InsO ein, sofern kein ausreichender Geldbetrag vorgeschossen wird oder die Kosten nach § 4a InsO doch noch gestundet werden.

Wir erinnern uns:

Eigentlich hätte das Verfahren wegen § 26 InsO ja gar nicht erst eröffnet werden dürfen.

Vor der Einstellung sind die Gläubigerversammlung, der Insolvenzverwalter und die Massegläubiger zu hören (§ 207 Abs. 2 InsO).

Der Insolvenzverwalter ist ab sofort nicht mehr verpflichtet, die Massegegenstände zu verwerten (§ 207 Abs. 3 Satz 2 InsO).

Sind zwar die Kosten des Insolvenzverfahrens gedeckt, aber reicht die Masse dennoch nicht aus, um die anderen Masseverbindlichkeiten nach § 55 InsO zu erfüllen, so ist nach § 208 Abs. 1 InsO die Masseunzulänglichkeit anzuzeigen.

Der Insolvenzverwalter muss in diesem Fall die vorhandene Masse weiterhin verwerten (§ 208 Abs. 3 InsO) und die Massegläubiger sind nach § 209 InsO zu befriedigen.

Wir befinden uns also nach wie vor im Insolvenzverfahren mit den bereits beschriebenen Wirkungen.

Nach der Verwertung der Insolvenzmasse und der Verteilung nach § 209 InsO stellt das Insolvenzgericht das Verfahren ein (§ 211 Abs. 1 InsO).

Mit der Einstellung des Insolvenzverfahrens erhält der Schuldner das Recht zurück, über die Insolvenzmasse frei zu verfügen. Die Insolvenzgläubiger können ihre Forderungen nun wieder unbeschränkt gegen den Schuldner geltend machen (§§ 215 Abs. 2 Satz 2, 201, 202 InsO).

Sobald der Insolvenzverwalter die Masseunzulänglichkeit angezeigt hat, ist die Vollstreckung wegen einer Masseverbindlichkeit im Sinne des § 209 Abs. 1 Nr. 3 unzulässig (§ 210 InsO).

Merke:
Können durch die Masse nicht einmal die Verfahrenskosten gedeckt werden, wird das Verfahren eingestellt (§ 207 InsO). Sind zwar die Verfahrenskosten gedeckt, aber die anderen Masseverbindlichkeiten nicht, dann wird die Masseunzulänglichkeit angezeigt (§ 208 InsO).

XI. Aufhebung des Verfahrens

Wenn die Schlussverteilung (§ 196 InsO) aus der kompletten Verwertung der Masse erfolgt ist, wird in einem öffentlich bekannt gemachten Schlusstermin (§ 197 InsO) durch die abschließende Gläubigerversammlung die Schlussrechnung des Insolvenzverwalters besprochen, eventuelle Einwände gegen das Schlussverzeichnis sowie nicht verwertbare Gegenstände aus der Insolvenzmasse festgehalten und erörtert.

Ist der Vollzug der Schlussverteilung durch den Insolvenzverwalter nachgewiesen worden, beschließt das Insolvenzgericht die Aufhebung des Insolvenzverfahrens (§ 200 InsO).

Einhergehend mit der Aufhebung des Verfahrens erhält der Schuldner das Recht zurück, über das noch vorhandene Vermögen zu verfügen.

XII. Das Restschuldbefreiungsverfahren

Wie Sie bereits wissen, ist es möglich, dass die Insolvenzgläubiger nach § 201 InsO ihre Forderungen nach Beendigung des Insolvenzverfahrens weiterhin gegen den Schuldner geltend machen können.

Nach § 1 Satz 2 InsO wird im Anschluss an ein durchgeführtes Insolvenzverfahren dem redlichen Schuldner aber Gelegenheit gegeben, sich von seinen restlichen Verbindlichkeiten zu befreien.

Merke:
Forderungen, die aus unerlaubter Handlung entstanden sind oder aus Straftaten, Ordnungswidrigkeiten etc., werden von der Restschuldbefreiung nicht erfasst und bleiben daher bestehen (§ 302 InsO).

Diese sog. Restschuldbefreiung ist in den §§ 286 ff. InsO geregelt und steht nach § 286 InsO jeder natürlichen Person zu, sofern die Voraussetzungen hierfür vorliegen.

Die Restschuldbefreiung gibt dem Schuldner die Möglichkeit sich von seinen (restlichen) Verbindlichkeiten zu befreien und damit dem Grundsatz der Nachhaftung zu entgehen (vgl. auch § 201 Abs. 3 InsO).

1. Zwangsvollstreckung in der Wohlverhaltensphase

Die Aufhebung des Insolvenzverfahrens bedeutet gleichzeitig, dass auch die Wirkungen der Eröffnung des Insolvenzverfahrens wegfallen.

Insbesondere wäre grundsätzlich eine Zwangsvollstreckung durch die Insolvenzgläubiger wieder möglich, da § 89 InsO nun nicht mehr gilt.

Jedoch greift jetzt § 294 InsO, der während der Wohlverhaltensperiode die Zwangsvollstreckung für einzelne Insolvenzgläubiger nicht zulässt, auch für solche, die ihre Forderungen nicht angemeldet und daher nicht am Insolvenzverfahren teilgenommen haben.

Da § 294 InsO jedoch wiederum nur für Insolvenzgläubiger gilt, wäre die Zwangsvollstreckung für Neugläubiger grundsätzlich möglich.

Wollen diese Neugläubiger dagegen ins Arbeitseinkommen vollstrecken, so ist § 287 Abs. 2 InsO zu beachten und die Abtretung an den Treuhänder vorrangig zu beachten. Bevorrechtigte Unterhaltsgläubiger können jedoch in den Differenzbetrag nach § 850d ZPO vollstrecken.

2. Erteilung der Restschuldbefreiung

Ist nun das Insolvenzverfahren aufgehoben, muss der Insolvenzschuldner die Wohlverhaltensperiode durchlaufen, die mit der Eröffnung des Insolvenzverfahrens begonnen hat und nach der letzten Gesetzesänderung nunmehr grundsätzlich nur noch drei Jahre andauert (§ 287 Abs. 2 Satz 1 InsO), sofern kein Fall des § 287 Abs. 2 Satz 2 InsO vorliegt.

Diese Frist von drei Jahren gilt aber nur für Verfahren, die nach dem 1. Oktober 2020 beantragt worden sind (Art. 103k Abs. 1 EGInsO).

Für Insolvenzverfahren, die vor dem 1. Oktober 2020 beantragt worden sind, gilt nach Art. 103k Abs. 2 EGInsO Folgendes:

Datum Insolvenzantragsstellung	Abtretungsfrist
zwischen dem 17.12.2019 und 16.01.2020	5 Jahre und 7 Monate
zwischen dem 17.01.2020 und 16.02.2020	5 Jahre und 6 Monate
zwischen dem 17.02.2020 und 16.03.2020	5 Jahre und 5 Monate
zwischen dem 17.03.2020 und 16.04.2020	5 Jahre und 4 Monate
zwischen dem 17.04.2020 und 16.05.2020	5 Jahre und 3 Monate
zwischen dem 17.05.2020 und 16.06.2020	5 Jahre und 2 Monate
zwischen dem 17.06.2020 und 16.07.2020	5 Jahre und 1 Monate
zwischen dem 17.07.2020 und 16.08.2020	5 Jahre

Während der Wohlverhaltensphase hat der Treuhänder die abgetretenen Beträge zu verwalten und an die Gläubiger auszuzahlen (§ 292 Abs. 1 InsO). Der Schuldner erhielt früher als eine Art „Motivationshilfe" von diesen Beträgen nach 4 Jahren 10 % und nach 5 Jahren 15 %. Diese Motivationshilfe gilt für neue Verfahren ab dem 1. Juli 2014 jedoch nicht mehr.

Ist die Wohlverhaltensperiode verstrichen und das Verfahren nicht vorzeitig beendet worden, so entscheidet das Insolvenzgericht (Rechtspfleger nach § 18 RPflG) nach Anhörung der Insolvenzgläubiger, des Treuhänders und des Schuldners über die Erteilung der Restschuldbefreiung (§ 300 Abs. 1 InsO). Hierüber ist aber ausnahmsweise nach § 300 Abs. 2 InsO schon vor Ablauf der Frist eine Entscheidung möglich.

Der Beschluss ist öffentlich bekannt zu machen (§ 300 Abs. 4 InsO).

Durch die Restschuldbefreiung wird der Schuldner von den restlichen Verbindlichkeiten gegenüber allen Insolvenzgläubigern befreit (§ 301 Abs. 1 InsO; Ausnahme: § 302 InsO), auch gegenüber denjenigen, die ihre Forderungen nicht angemeldet haben (§ 301 Abs. 1 Satz 2 InsO).

Die Forderungen der Insolvenzgläubiger erlöschen nicht etwa, sondern sind ab sofort nicht mehr durchsetzbar. Kommt es zur Zwangsvollstreckung kann sich der Schuldner dagegen mit der Klage nach § 767 ZPO wehren.

Unter Umständen kann jedoch die Restschuldbefreiung auch widerrufen werden (§ 303 InsO).

XIII. Besonderheiten beim Verbraucherinsolvenzverfahren

1. Betroffener Personenkreis

Das Verbraucherinsolvenzverfahren wurde für Personen geschaffen, die nicht selbstständig wirtschaftlich tätig sind oder waren. Damit kommt es vor allem auch für Arbeitslose, Rentner und andere sozial Schwache in Betracht.

Wer früher wirtschaftlich selbstständig tätig war, kann ebenfalls am Verbraucherinsolvenzverfahren teilnehmen, wenn er diese Tätigkeit inzwischen aufgegeben hat und seine Vermögensverhältnisse „überschaubar" sind (weniger als 20 Gläubiger) und keine Forderungen früherer Beschäftigter gegen ihn bestehen (§ 304 Abs. 2 InsO).

Für diejenigen, die vormals ein Unternehmen geführt haben, aber mehr als 20 verschiedene Gläubiger haben oder Forderungen aus Arbeitsverhältnissen bestehen, kommt das Verbraucherinsolvenzverfahren hingegen nicht in Betracht.

Merke:
Schuldner eines Verbraucherinsolvenzverfahrens können nur natürliche Personen sein (nicht juristische Personen oder Gesellschaften ohne Rechtspersönlichkeit), wenn sie keine oder nur eine geringfügige selbstständige wirtschaftliche Tätigkeit ausüben bzw. ausgeübt haben.

Das Verbraucherinsolvenzverfahren ist ein mehrstufiges Verfahren und endet, falls der Schuldner Restschuldbefreiung beantragt hat und diese bewilligt wurde, mit dem Ergebnis, dass der Schuldner nach Ablauf der Wohlverhaltensphase schuldenfrei wird.

Ist der Schuldner, der zum Personenkreis des § 304 InsO zählt, zahlungsunfähig geworden oder droht ihm Zahlungsunfähigkeit, kann er nach den folgenden Bestimmungen die Durchführung eines Verbraucherinsolvenzverfahrens beantragen.

2. Das außergerichtliche Schuldenbereinigungsverfahren

Voraussetzung für die Durchführung eines Verbraucherinsolvenzverfahren ist nach § 305 Abs. 1 Satz 1 InsO, dass vorher ein außergerichtliches Schuldenbereinigungsverfahren stattgefunden hat.

Diese Verfahren werden „von einer geeigneten Stelle" durchgeführt. Es sind dies die nach Landesrecht anerkannten Institutionen, entweder Rechtsanwälte, geeignete Steuerberater oder eine von den Kommunen, den Landkreisen oder sonstigen Wohlfahrtsorganisationen eingerichtete Schuldnerberatungsstelle.

Rechtsanwälte und Steuerberater rechnen ihre Kosten nach entsprechenden Gebührenordnungen ab. Erfüllt der Schuldner die Voraussetzungen für die Bewilligung der Beratungshilfe, erfolgt die Erstattung der Rechtsanwaltskosten auf Antrag durch die Staatskasse. Auch die Schuldnerberatungsstellen können Gebühren geltend machen, doch machen sie davon in der Regel keinen Gebrauch.

Diese Beratungsstelle erstellt mit dem Schuldner einen außergerichtlichen Schuldenbereinigungsplan. Der Plan muss die Einkommens- und Vermögensverhältnisse des Schuldners übersichtlich darstellen, Angaben dazu machen, inwieweit bereits Zwangsvollstreckungsmaßnahmen gegen den Schuldner begonnen haben und einen Vorschlag zur Schuldenbereinigung unterbreiten. Weiter muss der Schuldner gegenüber den Gläubigern darlegen, in welcher Höhe, in welcher Weise und wann ihre Forderungen jeweils bedient werden sollen.

Sinnvoll ist auch ein Alternativplan für den Fall unvorhergesehener Einflüsse, wie z.B. Krankheit, Arbeitslosigkeit u.a. Der fertig gestellte Plan wird den Gläubigern übersandt.

Aufgrund der oft unübersichtlichen Unterlagen bzw. der Vielzahl der Gläubiger, sind die geeigneten Stellen häufig überlastet, weshalb sich die Verfahren zur außergerichtlichen Schuldenbereinigung nicht selten länger als ein oder zwei Jahre hinziehen können.

Merke:
Beschränkungen oder eine Einstellung der Zwangsvollstreckung gibt es in diesem Zeitraum nicht.

Sind alle Gläubiger mit dem Schuldenbereinigungsplan einverstanden, wirkt dieser wie ein außergerichtlicher Vergleich.

Die Annahme des Schuldenbereinigungsplans schließt dann die Zwangsvollstreckung durch diese Gläubiger aus, da es sich bei dem Vergleich um eine vollstreckungshindernde Einrede handelt.

Gelingt die Einigung nicht, kann der Schuldner nun die Eröffnung des Verbraucherinsolvenzverfahrens beim zuständigen Gericht beantragen.

Der Schuldenbereinigungsversuch gilt im Übrigen nach § 305a InsO als gescheitert, wenn ein Gläubiger in der Verhandlungsphase die Zwangsvollstreckung betreibt, was ihm grundsätzlich in dieser Phase ja nicht verboten ist.

3. Antrag auf Eröffnung des Insolvenzverfahrens und Restschuldbefreiung

Der Schuldner kann nach dem Scheitern der außergerichtlichen Schuldenbereinigung beim zuständigen Insolvenzgericht einen Antrag auf Eröffnung des Verbraucherinsolvenzverfahrens stellen und gleichzeitig Restschuldbefreiung beantragen.

Dabei hat er einen weiteren Schuldenbereinigungsplan vorzulegen. Der Inhalt des Schuldenbereinigungsplanes ergibt sich aus § 305 Abs. 1 Nr. 4 InsO.

Nach § 305 Abs. 1 InsO hat er folgende weitere Unterlagen beizubringen:

- Bescheinigung über das Scheitern des außergerichtlichen Schuldenbereinigungsverfahrens (§ 305 Abs. 1 Nr. 1 InsO)
- Verzeichnis aller Gläubiger und Forderungen (§ 305 Abs. 1 Nr. 3 InsO)
- Einkommens- und Vermögensaufstellung (§ 305 Abs. 1 Nr. 3 InsO)
- Die Erklärung über die Richtigkeit der Angaben (§ 305 Abs. 1 Nr. 3 InsO).

Für die Abfassung der Erklärungen sind nach § 305 Abs. 5 InsO amtliche Formulare vorgeschrieben. Werden die Unterlagen nicht in der Frist des § 305 Abs. 3 InsO eingereicht, ist das Verfahren beendet (§ 305 Abs. 3 Satz 2 InsO).

4. Antrag auf Stundung der Verfahrenskosten

Gleichzeitig mit dem Antrag auf Eröffnung des Verfahrens kann der Schuldner die Stundung der Verfahrenskosten nach § 4a InsO beantragen.

Diese setzt voraus, dass der Schuldner Restschuldbefreiung beantragt hat und sein Vermögen zur Deckung der voraussichtlichen Kosten bis zur Restschuldbefreiung nicht ausreichen wird.

Sie ist ausgeschlossen, wenn ein Versagungsgrund nach § 290 InsO vorliegt.

Die Stundung muss für jeden Verfahrensabschnitt neu gewährt und kann an die Vermögensverhältnisse des Schuldners angepasst werden.

Liegen die erforderlichen Unterlagen vor, hat das Gericht nach § 306 Abs. 1 InsO eine Prognose zum eingereichten Schuldenbereinigungsplan zu erstellen und das Verbraucherinsolvenzverfahren ruht. Fällt die Prognose negativ aus, ordnet das Gericht das Insolvenzverfahren an.

5. Das gerichtliche Schuldenbereinigungsverfahren

Fällt die Prognose des Gerichts positiv aus, übersendet es den Gläubigern nach § 307 InsO den Schuldenbereinigungsplan zur Anhörung.

Es beginnt ein eigenständiges Verfahren, in dem es um die Annahme des eingereichten Schuldenbereinigungsplanes geht (§§ 307 bis 310 InsO). Die Eröffnung des Insolvenzverfahrens wird zunächst nicht weiterverfolgt.

Das Gericht kann auch schon in dieser Verfahrensphase Sicherungsmaßnahmen zum Schutze des Schuldnervermögens nach den §§ 306 Abs. 2 Satz 1, 21 InsO anordnen.

Erhebt keiner der Gläubiger Einwendungen gegen den Plan, gilt dieser als angenommen. Das Schweigen des Gläubigers wird nach § 307 Abs. 2 InsO als Zustimmung gewertet (Fiktion).

Die Annahme wird durch Beschluss festgestellt, welcher wie ein gerichtlicher Vergleich wirkt (§ 308 Abs. 1 InsO, § 794 Abs. 1 Nr. 1 ZPO).

Die Gläubiger könnten aus dem Beschluss vollstrecken, andererseits kann der Schuldner bei Vollstreckung über den „Vergleichs-“rahmen hinaus, diesen Beschluss als Vollstreckungshindernis nach § 775 Nr. 4 ZPO entgegenhalten.

Stimmen ein oder mehrere Gläubiger nicht zu, kann das Gericht nach § 309 Abs. 1 InsO deren Zustimmung ersetzen, wenn

- mehr als die Hälfte der Gläubiger zugestimmt haben und
- deren Ansprüche mehr als die Hälfte des Gesamtanspruchsvolumens abdecken sowie
- die nicht zustimmenden Gläubiger gegenüber anderen Gläubigern und
- im Vergleich zu einem durchgeführten Insolvenzverfahren mit Restschuldbefreiung nicht schlechter gestellt werden.

Der Schuldner braucht die Forderungen nach Annahme des Vergleichs nur noch so zu erfüllen, wie dies im Schuldenbereinigungsplan vorgesehen ist. Der Schuldenbereinigungsplan wirkt aber nur gegenüber den Gläubigern, die am Verfahren teilgenommen haben (sprich: die angehört wurden).

Das ruhende Insolvenzverfahren ist gem. § 308 Abs. 2 InsO beendet.

6. Die Eröffnung des Insolvenzverfahrens

Scheitert auch der gerichtliche Einigungsversuch oder ordnet das Gericht gleich die Fortsetzung des Verfahrens an, hat das Gericht nach § 311 InsO über die Eröffnung des Verfahrens zu entscheiden.

Die Entscheidung über die Eröffnung des sog. vereinfachten Verfahrens erfolgt durch Beschluss. Mit Erlass dieses Beschlusses kann das Gericht Sicherungsmaßnahmen nach § 21 InsO anordnen, insbesondere ein Vollstreckungsverbot aussprechen.

Im Übrigen gelten die bereits besprochenen Regelungen des Regelinsolvenzverfahrens.

XIV. Das Unternehmensstabilisierungs- und -restrukturierungsgesetz (StaRUG)

Mit der Fortentwicklung des Sanierungs- und Insolvenzrechts (SanInsFoG) wurde das Gesetz über den Stabilisierungs- und Restrukturierungsrahmen für Unternehmen eingeführt.

Notwendig wurde dies, um den Vorgaben, der in der EU gültigen Richtlinien zu entsprechen, da bereits europaweite vorinsolvenzliche Restrukturierungsverfahren vorgegeben sind.

Durch die Einführung soll auch die Möglichkeit geschaffen werden, dass gerade die von der Covid-19-Pandemie betroffenen Unternehmen, bei denen die Zahlungsunfähigkeit droht, nicht zwingend ein Insolvenzverfahren eröffnen müssen. Sind aber Überschuldung (§ 19 InsO) oder Zahlungsfähigkeit (§ 17 InsO) bereits eingetreten, scheidet die Anwendung des StaRUG aus.

Merke:
Das StaRUG ist nur anwendbar, solange die Zahlungsunfähigkeit lediglich droht.

Das Gesetz soll auch der Krisenfrüherkennung dienen, damit Geschäftsführer zeitnah Maßnahmen ergreifen können, ohne dass das krisengebeutelte Unternehmen in ein Insolvenzverfahren rutscht (§ 1 StaRUG).

Grundsätzlich sind alle Unternehmen betroffen, bei denen eine Zahlungsunfähigkeit droht. Sofern ein Geschäftsführer/Vertreter einer juristischen Person feststellt, dass innerhalb der kommenden zwei Jahre eine Zahlungsunfähigkeit droht, besteht aufgrund des Gesetzes die Möglichkeit auf eine Sanierung außerhalb eines Insolvenzverfahrens. Als mögliche Ursachen für eine drohende Zahlungsunfähigkeit können beispielsweise Auftrags- und Umsatzeinbrüche, steigende Kosten oder fehlende Neukundengewinnung genannt werden. Infolge dieser Anzeichen werden Kredite durch Banken nur schwer genehmigt.

Welche Forderungen von einem Restrukturierungsverfahren betroffen sein können und welche nicht, ist in den §§ 2 bis 4 StaRUG geregelt.

Grundvoraussetzung ist jedoch, dass die Aussicht auf eine Sanierung positiv verläuft.

Entscheidend für ein erfolgreiches Verfahren ist, dass der Unternehmer eine belastbare finanzielle Planung und nachvollziehbare geeignete Wege für eine Restrukturierung des Unternehmens aufstellt und plant (vgl. Abschnitt 2 StaRUG). Hier ist die Einbeziehung der Gläubiger sehr wichtig, da der Restrukturierungsplan von der Mehrheit der Gläubiger (75 %) angenommen werden muss.

Das Unternehmen zeigt beim örtlich zuständigen Restrukturierungsgericht, das StaRUG-Verfahren an, welches das Verfahren einleitet und dem Unternehmen einen Restrukturierungsbeauftragten (§§ 73 ff. StaRUG) zur Seite stellt. Gemäß § 35 StaRUG handelt es sich in Bayern hierbei um die Amtsgerichte mit Sitz am Oberlandesgericht, welche in Bayern München, Nürnberg und Bamberg sind.

Der vom Gericht bestellte Restrukturierungsbeauftragte hat die Aufgabe, das Verfahren zu überwachen, das Unternehmen sowie die Gläubiger während des Verfahrens zu unterstützen. Für das Gericht nimmt er eine gutachterliche Funktion während des Prozesses wahr.

Im Gegensatz zum Insolvenzverfahren wird die Firma durch den Geschäftsinhaber/Geschäftsführer selbst weitergeführt und geleitet.

Das Unternehmen kann beim Restrukturierungsgericht einen Antrag auf Schutz vor Vollstreckung und Verwertung (sog. Stabilisierungsanordnung gemäß § 49 StaRUG) stellen, um liquide Mittel in der Firma belassen zu können. Diese ist zwischen 3 und 8 Monaten gültig und kann sich auf bestimmte oder auch alle Gläubiger erstrecken.

Das Ziel ist die Sanierung des Unternehmens anhand des Restrukturierungsplans.

PRO form

Zutreffendes ist angekreuzt ☒ oder ausgefüllt!

Überwachung Insolvenzverfahren (Checkliste)

Terminsache – Anmeldung bis: 19.04.2022

Angaben über den Schuldner:

Name: Pleitemann
Vorname: Karl
Geburtsdatum/HR: 16.02.1977
Wohnanschrift: Hatnix-Str. 35, 83491 Watzberg
ggf. Firmenanschrift:

Personenkonto/Finanzadresse vorhanden? ☒ Ja, PK-Nr./FAD: 50101 ☐ Nein

Angaben zum Insolvenzverfahren:

Bekanntgabe am (Datum) 17.03.2022 durch Insolvenzverwalter
Posteingang Kasse/Vollstreckungsbehörde: (Datum) 21.03.2022
Zuständiges Amtsgericht (AG): Kreisstadt
Geschäftsnummer beim AG: 3 IN 0010/22
Eröffnung des Verfahrens am (Datum) 14.03.2022
Beantragt durch: ☒ Schuldner selbst ☐
Restschuldbefreiung beantragt: ☒ Ja ☐ Nein
Grund der Insolvenz: Zahlungsunfähigkeit
Schriftliches Verfahren: ☒ Ja ☐ Nein

Angaben zum Insolvenzverwalter:

Herr/Frau (Titel/RA/Insolvenzverwalter, Vorname, Name) A. B. Masse
Straße, Hausnummer: Königstr. 9
PLZ, Ort: 88880 Kreisstadt
Aktenzeichen beim Insolvenzverwalter (Az.):

Seite 1 von 2

Interner Verfahrensablauf:

Mitteilung an Fachbereiche/-ämter:	Rückmeldung durch Fachbereiche/-ämter:
☒ Hauptamt	☒ Hauptamt
☒ Ordnungsamt	☒ Ordnungsamt
☒ Steueramt/Veranlagung	☒ Steueramt/Veranlagung
☒ Liegenschaften	☒ Liegenschaften vom 22.03.2022
☐	☐
☐	☐

Forderungen vorhanden: ☒ Ja ☐ Nein
Gesamtsumme der Forderungen: ______ EUR – siehe ggf. separate Aufstellung –
Anmeldung der Forderungen zum Verfahren: ☒ Ja ☐ Nein
Anmeldung beim Insolvenzverwalter am (Datum) 30.03.2022
Niederschlagung der Forderung am (Datum) 24.05.2022 befristet bis: (Datum)
Genehmigt durch: (Entscheidungsgremium) GR am (Datum) 19.05.2022
Umschreibung PK/FAD auf Insolvenzverwalter – erledigt am (Datum) 21.03.2022
durch: Steueramt
Mahnsperre und Aufrechnungssperre erfasst – erledigt am (Datum) 21.03.2022
durch: Kasse
Niederschlagung gebucht – erledigt am (Datum) 24.05.2022
durch: Steueramt

Tabellenauszug angemeldete Forderung liegt vor: ☐ Ja, vom (Datum)

Überwachung des Insolvenzverlaufs:

WV: 14.07.2022 w/Tabellenauszug

Seite 2 von 2

Behörde:
Stadt Watzberg
Musterplatz 2
83491 Watzberg

Ort:	Datum:
Watzberg	07.01.2025
Sachbearbeiter(in): Molis, Justus	Zimmer-Nr.: 343
Telefon (Durchwahl): 08659/876-133	Telefax: -/333
E-Mail: justus.molis@stadt-watzberg.de	

Stadt Watzberg, Musterplatz 2, 83491 Watzberg

An:

Insolvenzverwalter
Herrn I. Bringtnix
Hauptstr. 75
83491 Watzberg

Zutreffendes ist angekreuzt ☒ oder ausgefüllt!

Bankverbindung:

Name der Bank: Stadtsparkasse Watzberg
IBAN: DE10123456780123456789 BIC:

Name der Bank: Volksbank Watzberg
IBAN: DE98765432109876543210 BIC:

Buchungs-/Kassen-/Geschäftszeichen/Debitor: **(Bei Zahlung bitte angeben.)** 50101.890.789.0

Forderungsanmeldung im Insolvenzverfahren

Insolvenzschuldner(in) (Name o. Firma und Anschrift, ggf. HR-Nr.)		Geburtsdatum
Herr Karl Pleitemann Hatnix-Str. 35 , 83491 Watzberg		16.02.1977
Bezeichnung des Insolvenzgerichts	Beschluss vom	Geschäftszeichen
Amtsgericht Kreisstadt	14.12.2024	3 IN 0098/24

Sehr geehrte Damen und Herren,

folgende Forderung(en) wird/werden hiermit gemäß § 174 Insolvenzordnung (InsO) unter Beifügung der entsprechenden Nachweise zur Eintragung in die Tabelle

☒ angemeldet: ☐ nachgemeldet:

A. ☒ Insolvenzforderung(en) gemäß § 38 InsO in Höhe von insgesamt 12.456,50 EUR

Die Forderung(en) ist/sind in der Anlage Nr. 1, von lfd. Nr. 1 bis lfd. Nr. - einzeln aufgeführt.

B. ☐ Nachrangige Insolvenzforderungen gemäß § 39 InsO aufgrund der besonderen Aufforderung

vom ______ in Höhe von insgesamt ______ EUR

Die Forderung(en) ist/sind in der Anlage Nr. ______, von lfd. Nr. ______ bis lfd. Nr. ______ einzeln aufgeführt.

C. ☒ Zugleich wird das Recht auf abgesonderte Befriedigung für einen Betrag von insgesamt 11.841,20 EUR

wegen der in der Anlage Nr. ______, von lfd. Nr. ______ bis lfd. Nr. ______ genannten Forderung(en) geltend gemacht.

Die Anmeldung zur Tabelle bezieht sich insoweit auf die Ausfallforderung(en).

☐ Folgende Forderung(en) ist/sind tituliert i. S. d. § 179 InsO:
Nr.(n):

☐ Folgende Forderung(en) gilt/gelten als fällig i. S. d. § 41 InsO:
Nr.(n):

Weitere Bemerkungen
Für die Forderung - C - ist eine Zwangssicherungshypothek im Grundbuch von Watzberg, Blatt 1735, in Abt. III lfd. Nr. 2 eingetragen.

Mit freundlichen Grüßen

Unterschrift

Anlage(n):
Gewerbesteuerbescheid 2022
Einzelaufstellung

Seite 1 von 3

Einzelaufstellung zur Forderungsanmeldung vom 07.01.2025

Insolvenzgericht: AG Kreisstadt

Aktenzeichen des Verfahrens: 3 IN 0098/24

Lfd. Nr.	Forderung	Betrag €
1	Gewerbesteuer, Veranlagung 2022	€
	Bescheid vom 10.10.2023, Fälligkeit 13.10.2023	10.807,00 €
		€
	Säumniszuschläge, Verzugszinsen	1.512,00 €
	Mahngebühren, Vollstreckungskosten	137,50 €
	Summe	12.456,50 €
	Forderung	**Betrag €**
		€
		€
		€
	Säumniszuschläge, Verzugszinsen	€
	Mahngebühren, Vollstreckungskosten	€
	Summe	€
	Forderung	**Betrag €**
		€
		€
		€
	Säumniszuschläge, Verzugszinsen	€
	Mahngebühren, Vollstreckungskosten	€
	Summe	€
	Forderung	**Betrag €**
		€
		€
		€
	Säumniszuschläge, Verzugszinsen	€
	Mahngebühren, Vollstreckungskosten	€
	Summe	€
	Forderung	**Betrag €**
		€
		€
		€
	Säumniszuschläge, Verzugszinsen	€
	Mahngebühren, Vollstreckungskosten	€
	Summe	€
	Gesamtbetrag	12.456,50 €

Seite 2 von 3

Abgesonderte Befriedigung unter gleichzeitiger Anmeldung des Ausfalls wird beansprucht

☒ Ja

☐ Nein

Die angemeldete Forderung soll von der Restschuldbefreiung gemäß § 302 InsO aus folgendem Grund ausgenommen sein:

☐ Ja, die Verbindlichkeiten der Schuldnerin/des Schuldners resultieren

- ☐ aus einer vorsätzlich begangenen unerlaubten Handlung;
- ☐ aus rückständigem gesetzlichem Unterhalt, den die Schuldnerin/der Schuldner vorsätzlich pflichtwidrig nicht gewährt hat;
- ☐ aus einem Steuerschuldverhältnis, da die Schuldnerin/der Schuldner in diesem Zusammenhang wegen einer Steuerstraftat nach den §§ 370, 373 oder 374 der Abgabenordnung rechtskräftig verurteilt worden ist.

Der Rechtsgrund, aus dem sich ergibt, dass es sich nach der Einschätzung der anmeldenden Gläubigerin oder des anmeldenden Gläubigers um eine der vorgenannten Forderungen des § 174 Abs. 2 InsO handelt, ist in der Anlage genannt.

☒ Nein

Watzberg	07.01.2025	
Ort	Datum	Unterschrift

Seite 3 von 3

Sechster Teil: Datenschutz, Datenschutzgrundverordnung und Vollstreckung kommunaler Forderungen

Die Europäische Datenschutzgrundverordnung (DSGVO) trat am 24. Mai 2016 in Kraft und gilt ab dem 25. Mai 2018 (Art. 99 Abs. 2 DSGVO). Gesetzeshierarchisch ist die Europäische Datenschutzgrundverordnung vorrangig vor Bundes- und Landesdatenschutz anzusiedeln. Diese Verordnung regelt eindeutig, welche Daten von wem, wie erhoben und wie weiterverarbeitet werden dürfen. Die DSGVO wirkt sich natürlich auch auf die Verwaltung aus, wenn personenbezogene Daten verarbeitet werden. Grundsätzlich ist die Verwaltung verpflichtet, Bürger/innen zu informieren, warum und bei wem sie die personenbezogenen Daten erhebt und wie sie diese verwendet. Diese Pflicht besteht nicht, wenn auf eine (telefonische) Anfrage eine direkte Antwort erfolgt. In einem solchen Falle empfiehlt sich der Hinweis, dass die gegebenen Daten für die weitere Bearbeitung aufgenommen werden (z. B. die Mobilnummer oder E-Mail-Adresse des Schuldners für etwaige Rückfragen).

Der Vollständigkeit halber wird hier auf Art. 30 DSGVO verwiesen, welcher besagt, dass ein schriftliches Verzeichnis von Verarbeitungstätigkeiten (VVT) geführt werden muss. Dies beinhaltet u.a. den Verantwortlichen sowie dessen Vertreter mit sämtlichen Verarbeitungstätigkeiten wie beispielsweise Zweck, Rechtsgrundlage, Herkunft, Speicherung, Aufklärung zu Betroffenenrechten etc.

In der Vollstreckungspraxis ist die Verarbeitung personenbezogener Daten grundsätzlich zulässig, sofern diese nachweislich den Vorschriften des Art. 5 Abs. 1 DSGVO entsprechen:

- „Rechtmäßigkeit, Verarbeitung nach Treu und Glauben, Transparenz"
- „Zweckbindung" – nur für eindeutige und festgelegte Zwecke
- „Datenminimierung" – auf ein notwendiges Maß beschränkte Datenerhebung
- „Richtigkeit" – in sachlicher und zeitlicher Aktualität
- „Speicherbegrenzung" – Speicherung der Daten nur bis Zweckerreichung
- „Integrität und Vertraulichkeit" – Schutz vor unbefugter unsachgemäßer Verarbeitung sowie Verlust oder Schädigung durch technische/organisatorische Maßnahmen.

Oft werden Auskünfte und Informationen im Rahmen der Vollstreckung eingeholt. Der Bundesgesetzgeber hat mit dem Gesetz zur Verbesserung der Sachaufklärung in der Verwaltungsvollstreckung vom 30. Juni 2017 das (Bundes-)Vollstreckungsgesetz in der Weise geändert, dass im Vollstreckungsverfahren Ermittlungen beim Ausländerzentralregister, bei Trägern der gesetzlichen Rentenversicherung und beim Kraftfahrt-Bundesamt angestellt werden können. Gleichzeitig erfolgte eine Änderung des § 93 der Abgabenordnung, womit die Vollstreckungsbehörden zur Durchsetzung öffentlich-rechtlicher Forderungen Auskünfte beim Bundeszentralamt für Steuern (BZSt) einholen können - die sog. Kontenabfrage.

Es ist jedoch zu beachten, dass diese erst erfolgen dürfen, sofern der Vollstreckungsschuldner seiner Pflicht, eine Vermögensauskunft zu erteilen, nicht nachgekommen ist oder sofern bei einer Vollstreckung in Vermögensgegenstände, die bei einer Vermögensauskunft angegebenen Vermögensgegenstände für eine vollständige Befriedigung nicht ausreichen (§ 93 Abs. 8 Satz 2 Nr. 1 und 2 AO).

Der Hinweis auf die Möglichkeit einer Kontenabfrage, kann bereits auf dem Realsteuerbescheid mit aufgenommen werden.

Die Kontenabfrage beim Bundeszentralamt für Steuern (BZSt) kann mittlerweile auch für andere vollstreckbare Forderungen, nicht nur ausschließlich bei Realsteuern, in Anspruch genommen werden (siehe § 93 Abs. 7 und 8 AO i. V. m. § 93b Abs. 1 AO). Um eine Anfrage beim Bundeszentralamt für Steuern (BZSt) durchführen zu können, ist vorab ein „Antrag auf Zulassung zum Verfahren" zu stellen. Grundsätzlich sind Anfragen über ein eigenes Portal mittels Verifizierung der zugeteilten Bedarfsträgerkennung und Benutzeranmeldung zu stellen. Nur noch in Ausnahmefällen werden nach vorheriger Rücksprache mit dem Fachbereich des Bundeszentralamts für Steuern schriftliche Anfragen gestattet. Hierzu sind die Formulare des BZSt zu nutzen.

Siebenter Teil: Erläuterungen mit Formularbeispielen

A. Öffentlich-rechtliche Forderungen

I. Mahnung

1. Erläuterungen zur Zahlungserinnerung und zum SEPA-Lastschriftmandat

In vielen Kommunen wird bei nicht erfolgreicher SEPA-Lastschrifteinlösung eine sogenannte „Zahlungserinnerung" verschickt. Für eine derartige Zahlungserinnerung gibt es KEINE gesetzliche Verpflichtung, dies erfolgt aus reiner „Bürgerfreundlichkeit". Der Versand einer Zahlungserinnerung wird damit begründet, dass der Zahlungspflichtige nochmals darüber informiert wird, dass der zur Zahlung fällige Betrag mittels dem erteilten SEPA-Lastschriftmandat durch sein Kreditinstitut nicht beglichen wurde und durch die Nichteinlösung zusätzliche Gebühren durch sein Kreditinstitut entstanden sind. Diese sogenannten Rücklastschriftgebühren sind durch den Zahlungspflichtigen zu erstatten.

In der Regel wird gleichzeitig mit der Zahlungserinnerung darauf hingewiesen, dass das Mandat gelöscht wurde und kein erneuter Einzug für diese Forderung erfolgt.

Grundsätzlich empfiehlt es sich, zusammen mit der Mahnung ein neues/aktuelles SEPA-Lastschriftmandat einzuholen.

Behörde:	Ort:	Datum:
Stadt Watzberg Musterplatz 2 83491 Watzberg	Watzberg	21.11.2024
	Sachbearbeiter(in): Molis, Justus	Zimmer-Nr.: 343
	Telefon (Durchwahl): 08659/876-133	Telefax: -/333
	E-Mail: justus.molis@stadt-watzberg.de	

Stadt Watzberg, Musterplatz 2, 83491 Watzberg

An:

Frau
Frieda Debita
Schuldnerstr. 23
83491 Watzberg

Zutreffendes ist angekreuzt ☒ oder ausgefüllt!

Bankverbindung:

Name der Bank: Stadtsparkasse Watzberg	
IBAN: DE10123456780123456789	BIC:
Name der Bank: Volksbank Watzberg	
IBAN: DE98765432109876543210	BIC:
Geschäftszeichen: 21/JM	Kassen-/Buchungszeichen: FAD 123456.001

Falls Zustellung an andere Person:
Name und Anschrift des Pflichtigen

Zahlungserinnerung

Sehr geehrte Frau Debita

unter oben genanntem Kassen-Buchungszeichen besteht/bestehen noch folgende offene(n) Forderung(en):

Buchungszeichen	Forderungsbezeichnung	fällig seit	Betrag EUR
123456.001	Grundsteuer B, ö-r. Ford. Obj. Schuldnerstr. 23	15.11.2024	126,50
	Rücklastschriftgebühren	18.11.2024	2,80
		Gesamtbetrag:	129,30

☒ Die Forderung(en) konnte(n) nicht mittels dem von Ihnen erteilten SEPA-Lastschriftmandat eingezogen werden wegen:
☐ Widerspruch ☐ sonstige Gründe ☒ Konto aufgelöst

☒ Das von Ihnen erteilte SEPA-Lastschriftmandat wurde wegen Rücklastschrift gelöscht/deaktiviert.

☒ Durch die nicht eingelöste SEPA-Lastschrift sind zusätzliche Gebühren durch Ihr Kreditinstitut angefallen – die Gebühren sind von Ihnen zu erstatten.

☒ Wir bitten um Überweisung des Gesamtbetrags ☒ innerhalb einer Woche ☐ bis zum
unter Angabe des Kassen-/Buchungszeichens auf eines der oben genannten Konten.

Sollten Sie die Zahlung nicht fristgerecht leisten, werden wir weitere rechtliche Schritte einleiten. Die damit verbundenen zusätzlichen Kosten gehen zu Ihren Lasten.

Mit freundlichen Grüßen

Molis
Unterschrift

Absender:	Sachbearbeiter(in):	Zimmer-Nr.:
Frieda Debita Schuldnerstr. 23 83491 Watzberg	Molis, Justus	343
	Telefon (Durchwahl): 08659/876-133	Telefax: -/333
	E-Mail: justus.molis@stadt-watzberg.de	

An:

Stadtkasse/Gemeindekasse/Kreiskasse
Watzberg
Musterplatz 2
83491 Watzberg

Gläubiger-Identifikationsnr.:
DE04GDE09876543210

Mandatsreferenz:

SEPA-Lastschriftmandat

Ich/Wir ermächtige(n) die Stadt Watzberg, Zahlungen von meinem/ unserem Konto mittels SEPA-Lastschrift einzuziehen. Zugleich weise(n) ich/wir mein/unser Kreditinstitut an, die von der Stadt Watzberg auf mein/unser Konto gezogenen Lastschriften einzulösen.

Hinweis: Ich kann/Wir können innerhalb von acht Wochen, beginnend mit dem Belastungsdatum, die Erstattung des belasteten Betrages verlangen. Es gelten dabei die mit dem Kreditinstitut vereinbarten Bedingungen.

Information:
Die Lastschriften werden zu den Fälligkeitszeitpunkten bewirkt, die in den Bescheiden, Rechnungen und Verträgen ausdrücklich genannt sind. Dort werden auch die genauen Einziehungsbeträge genannt.
Fällt der Termin auf ein Wochenende bzw. einen Feiertag wird am darauf folgenden Werktag abgebucht.

Kontoinhaber (Vorname und Name): Frieda Debita

Straße und Hausnummer: Schuldnerstr. 23

Postleitzahl und Ort: 83491 Watzberg

Kreditinstitut: Kreissparkasse Watzberg

IBAN: DE 98 7025 0150 0000 0013 00

Datum, Ort: Watzberg

Unterschrift: - original Unterschrift -

2. Erläuterungen zur Mahnung mit Merkblatt

Eine besondere Vollstreckungsvoraussetzung nach Art. 23 VwZVG ist u. a., dass der Leistungspflichtige nach Eintritt der Fälligkeit durch einen verschlossenen Brief ergebnislos aufgefordert worden ist, den darin aufgeführten Gesamtbetrag innerhalb einer Frist von mindestens einer Woche zu zahlen. In bestimmten Fällen empfiehlt es sich, die eine Mahnung per Postzustellung zu übersenden, da diese die Ernsthaftigkeit des Zahlungsverzugs verdeutlicht und in den meisten Fällen doch zur Zahlung führt.

Daneben gibt es noch die öffentliche Bekanntmachung. Diese empfiehlt sich nur dann, wenn pauschal alle rückständigen Steuerpflichtigen, bei periodisch wiederkehrenden Forderungen, wie Grund- und Vorauszahlungen für Gewerbesteuer, angemahnt werden sollen.

Die Mahnung ist noch keine Vollstreckungsmaßnahme. Sie braucht deshalb nicht von der Vollstreckungsbehörde erlassen zu werden. Vollstreckungsbehörde ist die Stelle, die die Vollstreckung wegen Geldforderungen in eigener Regie nach dem VwZVG durchführt, bzw. die Stelle, die die Vorschriften der ZPO befolgen soll. Die Mahnung kann demnach auch vom Fachamt bzw. der Gläubigerin ausgehen.

Die Adressierung ist grundsätzlich gleichlautend wie der Verwaltungsakt. Eine Ausnahme besteht dann, wenn z. B. zwischen Erlass des Verwaltungsakts, mit dem die ausstehende Geldforderung angefordert wurde, und dem Erlass der Mahnung ein Zustellbevollmächtigter eingeschaltet wurde.

Im letztgenannten Falle wird die Mahnung dem Bevollmächtigten zugeschickt. Der Pflichtige ist jedoch in der Mahnung mit aufzuführen und bleibt zur Zahlung verpflichtet.

Es empfiehlt sich, das Buchungs- und Kassenzeichen anzugeben, damit der Pflichtige eine Prüfung der Mahnung mit seinen Unterlagen vornehmen kann. Ist der Schuldner selbständig tätig, können betriebliche Forderungen gleichzeitig mit Forderungen im Privatbereich angemahnt werden.

Neben der (öffentlich-rechtlichen) Hauptforderung werden Mahngebühren in der Mahnung aufgeführt.

Die Höhe der Mahngebühr richtet sich nach dem Kostengesetz i. V. m. Art. 41 Abs. 1 VwZVG sowie der Anlage zum Kostengesetz und der örtlichen Satzung. Nach lfd. Nr. 1.I.7 Kostenverzeichnis beträgt die Gebühr für die Anmahnung rückständiger Beträge 5 bis 150 Euro.

Bei Forderungen nach dem KAG und der AO werden die bisher verwirkten Säumniszuschläge in der Mahnung angefordert. Diese betragen 1 v. H. für die rückständige (Haupt-)Forderung, abgerundet auf den nächsten durch fünfzig Euro teilbaren Betrag. Rechtsgrundlage dafür ist § 240 AO i. V. m. dem KAG. Siehe wegen der Berechnung auch die Erläuterungen zum Säumniszuschlagsbescheid. Daneben regeln Spezialgesetze den Ansatz von Säumniszuschlägen bei Zahlungsverzug.

Es gibt jedoch auch öffentlich-rechtliche Forderungen, für die keine Säumniszuschläge zum Ansatz kommen (z. B. Bußgeldforderungen, Zwangsgelder).

Die Anmahnung der rückständigen Hauptforderung ist kein Verwaltungsakt, da in einem solchen Falle der Pflichtige nicht weiter beschwert wird. Er hatte bei der Geltendmachung der Forderung (durch Verwaltungsakt) die Möglichkeit, durch Widerspruch bzw. Klageerhebung seine Rechte zu wahren.

Sind in der Mahnung Mahngebühren und evtl. Säumniszuschläge enthalten, wird der Pflichtige belastet. Ihm muss die Möglichkeit eingeräumt werden, gegen die Festsetzung dieser Nebenforderungen vorgehen zu können. Um Rechtssicherheit herbeizuführen, bietet es sich an, eine Rechtsbehelfsbelehrung bezüglich der Nebenforderungen aufzunehmen.

In der Mahnung wird darauf hingewiesen, dass die zwangsweise Einziehung des rückständigen Betrages die Folge sein kann, falls der Pflichtige der Zahlungsaufforderung nicht nachkommt. Zusätzlich sollte bereits in der Mahnung ein Hinweis enthalten sein, dass ein Kontenabruf beim Bundeszentralamt für Steuern gem. § 93 Abs. 7 und 8 AO i. V. m. § 93b Abs. 1 AO durchgeführt werden kann, sofern die Forderung nicht beglichen wird.

Im **Beispielsfall** auf der rechten Seite werden die **Säumniszuschläge** wie folgt berechnet: Für Gewerbesteuer 1 angefangener Monat = 1 v. H. aus 10.800 Euro = 108 Euro für 1 Monat = Fälligkeit 24.11., Berechnung ab 25.11. bis 24.12.2022.

Behörde:
Stadt Müllen
Yanti-Str. 1-5
99998 Müllen

Ort:	Datum:
Müllen	26.02.2025
Sachbearbeiter(in): Herr Kadi	Zimmer-Nr.: 343
Telefon (Durchwahl): 09991/987-654	Telefax: 09991/987-655
E-Mail:	

Stadt Müllen, Yanti-Str. 1-5, 99998 Müllen

An:

Herrn
Wolfgang Schuldig
Xantistr. 99
99998 Müllen

Bankverbindung:

Name der Bank:	
Kreissparkasse Mühlendorf	
IBAN: DE10123456780123456789	BIC:
Name der Bank: Volksbank Müllen	
IBAN: DE99543210001234567889	BIC:
Geschäftszeichen: 20-5	Kassen-/Buchungszeichen: 50101.890.789.0

Falls Zustellung an andere Person:
Name und Anschrift des Pflichtigen

Mahnung nach Art. 23 Bayerisches Verwaltungszustellungs- und Vollstreckungsgesetz (VwZVG)

Sehr geehrter Herr Schuldig,

die nachfolgend aufgeführten Forderungen haben Sie noch nicht beglichen:

Buchungszeichen	Forderungsart	fällig seit	Betrag EUR
50101.890.789.0	Gewerbesteuer VA 2023 lt. Bescheid vom 07.01.2025	13.02.2025	10.807,00
	Mahngebühren		5,00
	Säumniszuschläge ab 14.02.2025		108,00
		Gesamtbetrag:	10.920,00

Sie werden aufgefordert, den ausstehenden Gesamtbetrag **innerhalb einer Woche** unter Angabe des Kassen-/Buchungszeichens auf eines der oben genannten Konten zu überweisen.

Hinweis:
Angemahnt wurden alle Beträge, die zum heutigen Buchungsdatum noch nicht gebucht waren. Die berechneten **Säumniszuschläge** entstehen nach § 240 Abgabenordnung (AO) bzw. nach Art. 10 i. V. m. Art. 13 Kommunalabgabengesetz (KAG), wenn die Forderung bei Fälligkeit nicht eingegangen ist; sie müssen daher auch dann entrichtet werden, wenn die Zahlung noch vor der zusätzlich gegebenen Frist geleistet wurde.
Sollte der offene Betrag bis zur genannten Frist nicht bei uns eingehen, weisen wir bereits jetzt darauf hin, dass wir zur Durchsetzung unserer Forderungen einen Kontenabruf beim Bundeszentralamt für Steuern veranlassen werden (§§ 93 ff. AO).

Vorsorglich weisen wir Sie darauf hin, dass weitere Kosten anfallen, wenn die Zwangsvollstreckung eingeleitet werden muss.

Mit freundlichen Grüßen

Unterschrift

Seite 1 von 2

Information zur Mahnung

Die umseitige Mahnung erfolgt, weil wir noch Forderungen gegen Sie haben, die bisher nicht beglichen wurden. Sie haben jetzt noch die Möglichkeit, die Forderung in den nächsten Tagen zu bezahlen. Tun Sie dies nicht, werden wir in unserer Funktion als Vollstreckungsbehörde die Forderung zwangsweise einziehen. Dies ist für uns ebenso unangenehm wie für Sie.

Auf diesem Wege möchten wir Sie auf einige unserer gesetzlichen Möglichkeiten hinweisen.

Wir können durch den Gerichtsvollzieher bzw. durch einen eigenen Vollstreckungsaußendienst oder im Wege der Amtshilfe die Forderung zwangsweise einziehen. Hierzu haben wir auch die Möglichkeit, bewegliche Sachen, z. B. einen in Ihrem Eigentum stehenden Pkw, zu pfänden und zu versteigern.

Daneben haben wir auch weitere Möglichkeiten:

Sofern uns bei der Vollstreckung unserer Forderung keine Anhaltspunkte für eine erfolgversprechende Forderungspfändung – etwa Pfändung Ihres Girokontos – vorliegen, sind wir auch berechtigt, von Ihnen eine Vermögensauskunft abzunehmen bzw. durch einen Gerichtsvollzieher abnehmen zu lassen.

Sollten Sie sich weigern, die Vermögensauskunft abzugeben, oder zahlen Sie die Forderung nicht innerhalb eines Monats nach der Abgabe des Vermögensverzeichnisses, erfolgt ggf. unmittelbar die Eintragung in das Schuldnerverzeichnis. Diese Eintragungen werden z. B. regelmäßig von der SCHUFA abgefragt. Eine Eintragung in das Schuldnerverzeichnis zieht daher in der Regel, u. a. den Verlust der Kreditwürdigkeit nach sich. Dies bedeutet eine erhebliche Einschränkung für den jeweiligen Schuldner, werden doch Käufe auf Rechnung, Ratenfinanzierungen usw. dadurch meistens unmöglich.

Weiterhin haben wir die Möglichkeit, auch über Dritte Auskünfte über Sie einzuholen, soweit diese für Vollstreckungsmaßnahmen hilfreich erscheinen. Beispielsweise können wir Energieversorgungsunternehmen oder Ihren Vermieter nach Ihrer Bankverbindung befragen, oder auch die Rentenversicherung nach Ihrem Arbeitgeber, um hierdurch Vollstreckungsmöglichkeiten in Erfahrung zu bringen. Bei Grund- und Gewerbesteuer können wir auch über das Bundeszentralamt für Steuern Ihre Bankverbindungen erfragen. Gleiches gilt bei sonstigen öffentlich-rechtlichen Forderungen im Rahmen des oben erwähnten Verfahrens zur Abgabe der Vermögensauskunft.

Das muss nicht sein!

Bezahlen Sie unsere Forderungen doch so pünktlich, dass Ihnen und uns diese unangenehmen Erfahrungen erspart bleiben.

Sie können natürlich bei regelmäßig wiederkehrenden Forderungen auch im Lastschrifteinzugsverfahren teilnehmen. Dann wird diese Forderung – bei wiederkehrenden Forderungen wie z. B. der Grundsteuer auch die zukünftigen Fälligkeiten – von uns bei Ihnen abgebucht. Sie müssen dann nur noch kontrollieren, ob unsere Abbuchung erfolgt ist.

Seite 2 von 2

3. Erläuterungen zur nochmaligen Zahlungsaufforderung und zur Ankündigung der Zwangsvollstreckung

Nach den gesetzlichen Bestimmungen ist eine nochmalige Zahlungsaufforderung vor Ergreifung von Vollstreckungsmaßnahmen **nicht erforderlich**; sie ist also keine Vollstreckungsvoraussetzung nach Art. 19 und 23 VwZVG.

Es handelt sich demnach um keine sog. zweite Mahnung, denn die Rechtswirkungen einer Mahnung sind mit Übersendung des vorausgegangenen Mahnschreibens bereits eingetreten.

Aus diesem Grunde können auch keine weiteren Mahngebühren mehr erhoben, sondern nur die bereits festgesetzten erneut angefordert werden.

Obwohl also die nochmalige Zahlungsaufforderung nicht notwendig ist, wird bei manchen Behörden aus Gründen der Bürgerfreundlichkeit, dem Schuldner ein zweites Mal die noch offenstehenden Forderungen mitgeteilt und erneut zur Zahlung angehalten.

Zudem ist die Ansicht weit verbreitet, dass die Behörde erst eine sog. zweite oder gar dritte Mahnung erlassen muss, bevor eine Vollstreckung beginnen kann. Dies führt dann in vielen Fällen dazu, dass die Zahlung auf Grund der zweiten Aufforderung erst geleistet wird.

Auf eine bevorstehende Zwangsvollstreckung kann immer ausdrücklich mittels einer sog. „Ankündigung der Zwangsvollstreckung" hingewiesen werden. Es ist empfehlenswert, diese mittels Postzustellungsurkunde dem Schuldner zustellen zu lassen. Dem Zahlungspflichtigen wird dadurch zum Ausdruck gebracht, dass es jetzt tatsächlich ernst wird und so ein mehr oder weniger großer moralischer Druck auf ihm lastet.

Manche Behörden übermitteln dem Schuldner eine Ankündigung der Zwangsvollstreckung als „allerletzte Warnung", nachdem zuvor durch Mahnung und nochmaliger Zahlungsaufforderung die Zahlungsfrist schon zweimal verlängert wurde.

Um die Wirkung der Ankündigung zu wahren, sollte nach ergebnislosem Ablauf des festgesetzten Zahlungstages die Zwangsvollstreckung auch eingeleitet und durchgeführt werden.

Es muss beachtet werden, dass durch die Verlängerung der Zahlungsfrist ggf. ein neuer Säumniszuschlag verwirkt wurde. Ob dies im Sinne des Zahlungspflichtigen ist, muss abgewogen werden, insbesondere wegen der Höhe der Säumniszuschläge (12 % jährlich).

Grundsätzlich ist darauf zu achten, dass Einnahmen rechtzeitig und vollständig eingezogen werden (§ 25 KommHV-Kameralistik/§ 25 KommHV-Doppik). Gehen die Einnahmen nicht rechtzeitig ein, hat die Kasse unverzüglich die Vollstreckung einzuleiten (§ 52 KommHV-Kameralistik/§ 48 KommHV-Doppik). Jede Zahlungserinnerung und zusätzliche Mahnung stellt somit einen Zahlungsaufschub unter Berechnung von Säumniszuschlägen dar.

Behörde:	Ort:	Datum:
Stadt Müllen Yanti-Str. 1-5 99998 Müllen	Müllen	17.03.2025
	Sachbearbeiter(in): Herr Kadi	Zimmer-Nr.: 343
	Telefon (Durchwahl): 09991/987-654	Telefax: 09991/987-655
	E-Mail:	

Stadt Müllen, Yanti-Str. 1-5, 99998 Müllen

An:

Herrn
Wolfgang Schuldig
Xantistr. 99
99998 Müllen

Zutreffendes ist angekreuzt ☒ oder ausgefüllt!

Bankverbindung:

Name der Bank	IBAN	BIC
Kreissparkasse Mühlendorf	DE10123456780123456789	
Volksbank Müllen	DE9954321000123456789	

Geschäftszeichen: 20-5

Kassen-/Buchungszeichen: 50101.890.789.0

Falls Zustellung an andere Person:
Name und Anschrift des Pflichtigen

Nochmalige Zahlungsaufforderung

Sehr geehrter Herr Schuldig

die nachstehende(n) Forderung(en) wurden trotz Mahnung noch nicht bezahlt:

Buchungszeichen	Forderungsbezeichnung	fällig seit	Betrag EUR
50101.890.789.0	Grundsteuer VA 2023		
	lt. Bescheid vom 07.01.2025	13.02.2025	10.807,00
	Mahngebühr		5,00
	Säumniszuschläge ab 14.02.2025		216,00
		Gesamtbetrag:	11.028,00

Wir fordern Sie nochmals auf, den Gesamtbetrag innerhalb einer Woche unter Angabe des Kassen-/Buchungszeichens auf eines der oben aufgeführten Konten zu überweisen. Eine Zahlung gilt erst dann als wirksam geleistet, wenn der Überweisungs- oder Einzahlungsbetrag auf dem Konto gutgeschrieben ist.

Hinweis:
Angemahnt wurden alle Beträge, die zum heutigen Buchungsdatum noch nicht gebucht waren. Die berechneten **Säumniszuschläge** entstehen nach § 240 Abgabenordnung (AO) bzw. nach Art. 10 i. V. m. Art. 13 Kommunalabgabengesetz (KAG), wenn die Forderung bei Fälligkeit nicht eingegangen ist; sie müssen daher auch dann entrichtet werden, wenn die Zahlung noch vor der zusätzlich gegebenen Frist geleistet wurde.
Sollte der offene Betrag bis zur genannten Frist nicht bei uns eingehen, weisen wir bereits jetzt darauf hin, dass wir zur Durchsetzung unserer Forderungen einen Kontenabruf beim Bundeszentralamt für Steuern veranlassen werden (§§ 93 ff. AO).

Vorsorglich weisen wir Sie darauf hin, dass weitere Kosten anfallen, wenn die Zwangsvollstreckung eingeleitet werden muss.

Mit freundlichen Grüßen

Unterschrift

Behörde:	Ort:	Datum:
Stadt Müllen Yanti-Str. 1-5 99998 Müllen	Müllen	27.03.2025
	Sachbearbeiter(in): Herr Kadi	Zimmer-Nr.: 343
	Telefon (Durchwahl): 09991/987-654	Telefax: 09991/987-655
	E-Mail:	

Stadt Müllen, Yanti-Str. 1-5, 99998 Müllen

An:

Herrn
Wolfgang Schuldig
Xantistr. 99
99998 Müllen

Zutreffendes ist angekreuzt ☒ oder ausgefüllt!

Bankverbindung:

Name der Bank	IBAN	BIC
Kreissparkasse Mühlendorf	DE10123456780123456789	
Volksbank Müllen	DE99543210000123456789	

Geschäftszeichen: 20-5
Kassen-/Buchungszeichen: 50101.890.789.0

Ankündigung der Zwangsvollstreckung

Sehr geehrter Herr Schuldig

die nachstehend aufgeführte(n) Forderung(en) wurde(n) trotz Mahnung bis heute nicht bezahlt.

Angemahnt wurden alle Beträge, die zum heutigen Buchungsdatum noch nicht gebucht waren. Die berechneten **Säumniszuschläge** entstehen nach § 240 Abgabenordnung (AO) bzw. nach Art. 10 i. V. m. Art. 13 Kommunalabgabengesetz (KAG), wenn die Forderung bei Fälligkeit nicht eingegangen ist; sie müssen daher auch dann entrichtet werden, wenn die Zahlung noch vor der zusätzlich gegebenen Frist geleistet wurde.

Sollte der offene Betrag bis zur genannten Frist nicht bei uns eingehen, weisen wir bereits jetzt darauf hin, dass wir zur Durchsetzung unserer Forderungen einen Kontenabruf beim Bundeszentralamt für Steuern veranlassen werden (§§ 93 ff. AO).

Aufgrund gesetzlicher Vorschriften sind wir verpflichtet, die geschuldeten Beträge durch Zwangsvollstreckung bzw. Beitreibung zu erheben.

Die Zwangsvollstreckung/Beitreibung und die damit verbundenen Kosten, die zu Ihren Lasten gehen, können vermieden werden, wenn Sie den unten genannten Gesamtbetrag **bis spätestens** 08.04.2025 begleichen.

Nach erfolglosem Ablauf dieser Frist werden Vollstreckungsmaßnahmen eingeleitet.

Bezeichnung der Forderung (ggf. Kassen-/Buchungszeichen)	fällig seit	Betrag EUR
Gewerbesteuer VA 2023		
lt. Bescheid vom 07.01.2025	13.02.2025	10.807,00
Mahngebühren		5,00
Säumniszuschläge		216,00
Stundungszinsen		
	Zu zahlender Gesamtbetrag:	11.028,00

☒ Es wird Ihnen noch Gelegenheit gegeben, bis zum 04.04.2025 einen begründeten Vollstreckungsaufschub im Sinne von § 258 AO zu beantragen.

Mit freundlichen Grüßen

Unterschrift

Sollten Sie den angeforderten Betrag ganz oder teilweise schon bezahlt haben, ist diese Zwangsvollstreckungsankündigung insoweit hinfällig!

4. Erläuterungen zum Säumniszuschlagsbescheid

Wird eine Abgabe nicht bis zum Ablauf des Fälligkeitstages entrichtet, so ist für jeden angefangenen Monat der Säumnis ein Säumniszuschlag von eins vom Hundert des abgerundeten Steuerbetrags zu entrichten; abzurunden ist auf den nächsten durch fünfzig Euro teilbaren Betrag. § 240 AO ist über § 1 AO für Realsteuern über Art. 13 KAG für die (meisten) öffentlich-rechtlichen Abgaben anzuwenden.

Grundsätzlich brauchen Säumniszuschläge im Gegensatz zu Zinsen nicht festgesetzt zu werden. Wenn der gesetzliche Tatbestand vorliegt, sind Säumniszuschläge kraft Gesetzes verwirkt. Eigentlich sind Säumniszuschläge ein Druckmittel zur Durchsetzung von fälligen Abgaben. Der Pflichtige soll durch die Säumniszuschläge zur pünktlichen Zahlung angehalten werden. Es ist zu beachten, dass das Bundesverfassungsgericht mit Beschluss vom 08.07.2021 (Az. 1 BvR 2237/14, 1 BvR 2422/17) nur die Verfassungswidrigkeit der Vollverzinsung von Steuerforderungen und Erstattungen gem. § 233a i.V.m § 238 Abs. 1 Satz 1 AO erklärt hat. Die Entscheidung des Bundesverfassungsgerichts ist somit nicht auf die Berechnung von Säumniszuschlägen gem. § 240 AO übertragbar, da es sich hierbei um unterschiedliche Sachverhalte handelt (kein Verstoß gegen Art. 3 Abs. 1 GG). Ein aktuelles Urteil über die Verfassungsmäßigkeit von Säumniszuschlägen ist dem Urteil des Niedersächsischen Finanzgerichts vom 21.12.2022 (Az. 4 K 209/20) zu entnehmen.

Säumniszuschläge sind nicht akzessorisch mit der Hauptforderung. Wird also der ursprünglich rückständige Steueranspruch rückwirkend reduziert, so hat dies auf die bisher verwirkten Säumniszuschläge keine Auswirkung. Ist der Pflichtige jedoch zahlungsunfähig, kann die Geltendmachung von Säumniszuschlägen gegen das Übermaßverbot verstoßen. Durch die Säumniszuschläge wird ein zahlungsunfähiger Schuldner nicht zahlungsfähig.

In Fällen, in denen die Säumniszuschläge gesondert (ohne die Hauptforderung) durchgesetzt werden, ist es notwendig, dass zuvor ein Leistungsgebot (§ 254 Abs. 2 AO) in Form eines Verwaltungsakts ergeht, siehe dazu Tipke/Kruse, Komm. Anm. 21 zu § 240 AO. Dafür ist hauptsächlich der vorliegende Vordruck gedacht.

Der Bescheid ist an den Steuerpflichtigen zu richten. Ist der Steuerpflichtige eine Mehrheit von Personen und liegt keine besondere Vollmacht vor, so ist jedem der Beteiligten eine Ausfertigung des Bescheids zu übersenden. Liegt dagegen eine Vollmacht vor, reicht die Übersendung der Bescheide an den Bevollmächtigten; dabei sollen so viele Abschriften beigefügt werden, wie Beteiligte vorhanden sind.

Schuldner der Säumniszuschläge ist derjenige, der die Steuer nicht bis zum Ablauf des Fälligkeitstages entrichtet hat, also den Tatbestand des § 240 AO erfüllt hat.

Die Berechnung ist für jede Forderungsart und Fälligkeit gesondert durchzuführen. Dabei ist der rückständige Abgabenbetrag auf den nächsten durch fünfzig Euro teilbaren Betrag abzurunden. Werden 5 x 199 Euro mit verschiedenen Fälligkeiten geschuldet, so sind Säumniszuschläge 5 x aus 150 Euro zu berechnen. Der Lauf der Säumniszuschläge beginnt mit dem Ablauf des Fälligkeitstages. Eine vorhergehende Mahnung ist nicht erforderlich. Bei Säumniszuschlägen ist zu beachten, dass diese für jeden angefangenen Monat anfallen. (Bei Zinsen sind nur volle Monate zu berücksichtigen.)

Bei Barzahlung muss der Betrag bei der Stadt- bzw. der Gemeindekasse spätestens am Fälligkeitstag eingezahlt werden, damit die Zahlung als pünktlich entrichtet gilt (§ 224 Abs. 2 Nr. 1 AO). Bei Scheckzahlung liegt eine rechtzeitige Zahlung nur dann vor, wenn der Scheck mindestens drei Tage vor Fälligkeit der Kasse vorliegt, jedoch sind Schecks zur Zahlung von Steuerverbindlichkeiten nicht mehr gängige Praxis.

Die sog. Schonfrist – sie beträgt drei Tage – gilt nur noch, wenn der Schuldner seine Steuern per Überweisung zahlt. Bei Überweisungen gilt nach § 224 Abs. 2 Nr. 2 AO eine Zahlung als wirksam entrichtet, wenn bei Überweisung oder Einzahlung auf das Konto des Gläubigers der Betrag dort gutgeschrieben ist.

Wie bei jedem Leistungsgebot ist, wenn sich die Fälligkeit nicht aus dem Gesetz ergibt, gleichzeitig zu bestimmen, wann die festgesetzten Säumniszuschläge zu zahlen sind. Zur Rechtssicherheit muss eine Rechtsbehelfsbelehrung angebracht werden. Der Bescheid ist zu unterschreiben, und ein Dienstsiegel sollte angebracht werden.

CertiFORM

Behörde: Stadt Watzberg Musterplatz 2 83491 Watzberg	

Ort: Watzberg	Datum: 02.12.2024
Sachbearbeiter(in): Molis, Justus	Zimmer-Nr.: 343
Telefon (Durchwahl): 08659/876-133	Telefax: -333
E-Mail: justus.molis@stadt-watzberg.de	

An:

Frau
Frieda Debita
Schuldnerstr. 23
83491 Watzberg

Zutreffendes ist angekreuzt ☒ oder ausgefüllt!

Bankverbindung: Name der Bank: Stadtsparkasse Watzberg	
IBAN: DE10123456780123456789	BIC:
Name der Bank: Volksbank Watzberg	
IBAN: DE98765432109876543210	BIC:
Geschäftszeichen: 21/JM	Kassen-/Buchungszeichen: FAD 123456.001 ff

Bescheid über die Festsetzung von Säumniszuschlägen

Wird eine Steuer/Abgabe nicht bis zum Ablauf des Fälligkeitstages entrichtet, sind nach § 240 Abgabenordnung (AO) i. V. m. § 1 Abs. 2 AO bzw. Art. 13 Kommunalabgabengesetz (KAG) für rückständige Steuern/Abgaben Säumniszuschläge zu erheben. Diese betragen für jeden angefangenen Monat der Säumnis 1 % des auf volle fünfzig Euro nach unten abgerundeten rückständigen Betrags.

Bei den nachfolgend bezeichneten öffentlich-rechtlichen Forderungen sind wegen verspäteter Zahlung Säumniszuschläge angefallen, die hiermit wie folgt festgesetzt werden:

Forderungsart (ggf. Kassen-/Buchungszeichen)	Rückständiger Betrag EUR	Abgerundeter Betrag EUR	Zeitraum für die Berechnung	Monate	Säumniszuschlag EUR
Grundsteuer B 123456.001	126,50	100,00	16.05.-02.12.2024	7	7,00
Abfallgebühren 123456.002	86,00	50,00	16.05.-02.12.2024	7	3,50
Hundesteuer	60,00	50,00	02.07.-02.12.2024	5	2,50
Grundsteuer B 123456.001	126,50	100,00	16.08.-02.12.2024	4	4,00
Abfallgebühren 123456.002	86,00	50,00	16.08.-02.12.2024	4	2,00
			Summe der Säumniszuschläge:		19,00

Es wird gebeten, die Säumniszuschläge **innerhalb eines Monats** nach Zugang dieses Bescheids unter Angabe des Kassen-/Buchungszeichens auf eines der oben angegebenen Konten zu überweisen.

Die Rechtsbehelfsbelehrung sowie die Hinweise hierzu auf Seite 2 sind Bestandteil dieses Bescheids.

Stadt Watzberg

(Dienstsiegel)

Molis
Unterschrift

Seite 1 von 2

Rechtsbehelfsbelehrung

Gegen diesen Bescheid kann **innerhalb eines Monats nach seiner Bekanntgabe** entweder Widerspruch eingelegt (siehe 1.) oder unmittelbar **Klage** erhoben (siehe 2.) werden.

1. Wenn Widerspruch eingelegt wird

ist der Widerspruch

in schriftlicher Form bei: Stadt Watzberg
Musterplatz 2
83491 Watzberg

in elektronischer Form über:

einzulegen.

2. Wenn unmittelbar Klage erhoben wird

ist die Klage bei dem

Bayer. Verwaltungsgericht München
Postfach 20 05 43, 80005 München
Bayerstraße 30, 80335 München

zu erheben.

Hinweise zur Rechtsbehelfsbelehrung

Die Einlegung des Rechtsbehelfs ist schriftlich, zur Niederschrift oder elektronisch in einer für den Schriftformersatz zugelassenen Form möglich. Die Einlegung eines Rechtsbehelfs per einfacher E-Mail ist nicht zugelassen und entfaltet keine rechtlichen Wirkungen!

Ab 01.01.2022 muss der in § 55d VwGO genannte Personenkreis Klagen grundsätzlich elektronisch einreichen.

[Sofern kein Fall des § 188 VwGO vorliegt:] Kraft Bundesrecht wird in Prozessverfahren vor den Verwaltungsgerichten infolge der Klageerhebung eine Verfahrensgebühr fällig.

Durch die Einlegung eines Rechtsbehelfs wird die Wirksamkeit dieses Bescheides nicht gehemmt, insbesondere ist die Einziehung der angegebenen Abgabe nicht aufgehalten.

Seite 2 von 2

II. Vollstreckung

(1) Innendienst

1. Erläuterungen zum Ausstandsverzeichnis

Das Vollstreckungsverfahren wird eingeleitet durch eine förmliche Anordnung der Vollstreckung. Die Berechtigung, eine Vollstreckungsanordnung zu erteilen, ergibt sich für eine Kommune aus Art. 26 Abs. 1 VwZVG; sie ist insoweit Anordnungsbehörde.

Die Anordnung kann bei nichtstaatlichen Geldforderungen auf zweierlei Weise erfolgen (Art. 24 Abs. 1 Nr. 2 VwZVG):

a) Die Behörde erstellt ein sogenanntes Ausstandsverzeichnis (d. h. die Forderungen, die man an einen bestimmten Schuldner hat, werden in einer Liste zusammengefasst und betragsmäßig festgehalten) und setzt auf eine Ausfertigung dieses Verzeichnisses die Klausel: „Diese Ausfertigung ist vollstreckbar."

b) Die Behörde kann die genannte Klausel auch auf eine Ausfertigung des jeweiligen Leistungsbescheids (bzw. Bußgeldbescheids oder öffentlich-rechtlichen Vertrags) anbringen.

In beiden Fällen ist noch die Unterschrift der zur Anordnung befugten Amtsperson sowie das Anbringen des Dienstsiegels erforderlich; diese Anforderungen entfallen nur bei maschinell erstellten Anordnungen (vgl. Art. 24 Abs. 3 VwZVG).

In allen Fällen ist darauf zu achten, dass die allgemeinen und besonderen Vollstreckungsvoraussetzungen gemäß Art. 19 und Art. 23 VwZVG vorliegen. Mit Erteilung der Vollstreckungsanordnung nach Art. 24 Abs. 2 VwZVG wird durch die Anordnungsbehörde oder die für sie zuständige Kasse bzw. Zahlstelle bestätigt, dass die in den Art. 19 und 23 VwZVG aufgeführten und notwendigen Voraussetzungen gegeben und geprüft wurden.

Das Ausstandsverzeichnis wird als Aufstellung aller offenen und vollstreckbaren Forderungen mit gleichzeitiger Bestätigung der Vollstreckbarkeit verwendet. In der Praxis bildete es den Antrag für weitere Vollstreckungsanträge wie z. B. den Zwangsvollstreckungsantrag an den eigenen Vollstreckungsbediensteten oder an den Gerichtsvollzieher.

Das Ausstandsverzeichnis wird seit dem Inkrafttreten des Gesetzes zur Sachaufklärung in der Zwangsvollstreckung, das heißt seit dem 1.1.2013, nicht mehr als reines Vollstreckungsersuchen an den Gerichtsvollzieher verwendet. Seit der Anwendung des Gesetzes zur Sachaufklärung, insbesondere der §§ 802a ff. ZPO ist die Verordnung über das Formular für den Vollstreckungsauftrag an den Gerichtsvollzieher (Gerichtsvollzieherformular-Verordnung – GVFG) zu beachten (siehe dazu Seite 57).

Ähnlich verhält es sich bei Amtshilfeersuchen. Wird z. B. ein Amtshilfeersuchen an eine Kommune nach Sachsen gerichtet, so ist § 4 SächsVwVG zu beachten. Das Ausstandsverzeichnis kann als Bestätigung der Vollstreckbarkeit der im Amtshilfeersuchen aufgeführten Forderungen dienlich sein.

Wird ein Amtshilfeersuchen an eine andere Kommune gerichtet, die ausschließlich nach dessen Landesrecht die Vermögensauskunft/Eidesstattliche Versicherung selbst abnimmt, also kein Wahlrecht über den Gerichtsvollzieher hat, ist anzugeben, ob „nur" die Zwangsvollstreckung in bewegliche Sachen erfolgen soll, oder ob das Verfahren nach den §§ 802a ff. ZPO erwünscht ist.

Dafür ist jedoch schon vom Sinn und Zweck des Ausstandsverzeichnisses her, dieses nicht geeignet. Wie oben erwähnt, soll es die Vollstreckbarkeit bescheinigen und kann keinen förmlichen Antrag ersetzen.

Mit dem Ausstandsverzeichnis wird auf die weiter geltend zu machenden **Säumniszuschläge** hingewiesen. Säumniszuschläge sind für jede Forderungsart und Fälligkeit gesondert zu berechnen, hier also gemäß § 240 AO für jeden angefangenen Monat der Säumnis 1 v.H. des auf den nächsten fünfzig teilbaren abgerundeten rückständigen Kanalherstellungs- bzw. Hundesteuerbeitrag. Der Vollständigkeit halber wird noch darauf hingewiesen, dass Säumniszuschläge gemäß § 240 Abs. 2 Abgabenordnung **nicht für steuerliche Nebenleistungen entstehen**, was bedeutet, dass beispielsweise für Verzugszinsen auch keine Säumniszuschläge berechnet werden dürfen.

Seit Mai 2023 herrscht allgemein Unsicherheit in der Handhabung des vollstreckbaren Ausstandsverzeichnisses – Zustellung an den Schuldner: Ja oder Nein?

Es wird hiermit nochmals verdeutlicht, dass das Vollstreckbare Ausstandsverzeichnis eine Forderungsaufstellung mit Weiterberechnung der Säumniszuschläge darstellt und eine Titelersatzfunktion hat. Der eigentliche Titel ist der bestandskräftige Leistungsbescheid.

Der Vollständigkeit halber möchten wir hier auf das im Vorwort erwähnte Gesetz zur Änderung des Bayerischen Verwaltungsverfahrensgesetzes und weiterer Rechtsvorschriften (BayGVBl. Nr. 24/2024 S. 599) hinweisen, das am 1. Januar 2025 in Kraft getreten ist.

Behörde:	
Stadt Watzberg Musterplatz 2 83491 Watzberg	

Ort:	Datum:
Watzberg	20.01.2025
Sachbearbeiter(in):	Zimmer-Nr.:
Molis, Justus	343
Telefon (Durchwahl):	Telefax:
08659/876-133	-333
E-Mail:	
justus.molis@stadt-watzberg.de	

Bankverbindung:	
Name der Bank:	
Stadtsparkasse Watzberg	
IBAN:	BIC:
DE10123456780123456789	
Name der Bank:	
Volksbank Watzberg	
IBAN:	BIC:
DE98765432109876543210	
Geschäftszeichen:	Kassen-/Buchungszeichen:
21/JM	50101.890.789.0

Ausstandsverzeichnis

nach Art. 24 Bayerisches Verwaltungszustellungs- und Vollstreckungsgesetz (VwZVG)

Die nachstehenden öffentlich-rechtlichen Geldforderungen sind trotz Mahnung nicht bezahlt worden:

Schuldner/Schuldnerin (Name, Geburtsdatum, Anschrift)
Herr Karl Pleitemann, 16.02.1977
Hatnix-Str. 35
83491 Watzberg

Lfd. Nr.	Bezeichnung der Haupt-/Nebenforderung	Betrag EUR	fällig seit	gemahnt am
1	Kinderbetreuungsgeb. für Oktober	80,00	01.10.2024	09.10.2024
2	Kinderbetreuungsgeb. für November	80,00	04.11.2024	14.11.2024
3	Hundesteuer 2024	40,00	04.11.2024	14.11.2024
	Mahngebühren	5,00		
	Säumniszuschläge	3,50		
	Zu vollstreckender Betrag:	208,50		

☒ Hinzu kommen weitere Säumniszuschläge in Höhe von 1 % pro angefangener Monat

ab 02.02.2025 aus 50,00 EUR

ab 05.02.2025 aus 50,00 EUR

ab ____ aus ____ EUR

Es wird bestätigt, dass die allgemeinen und besonderen Vollstreckungsvoraussetzungen nach Art. 19 und 23 VwZVG vorliegen.

Diese Ausfertigung ist vollstreckbar (Art. 24 Abs. 1 Nr. 2 und Art. 26 Abs. 1 VwZVG).

(Dienstsiegel)

Unterschrift

2. Vollstreckungsauftrag an den Gerichtsvollzieher

Unterhält eine Kommune keinen eigenen Vollstreckungsaußendienst, dann muss sie die gewünschte Sachpfändung durch den zuständigen Gerichtsvollzieher bewirken lassen (Art. 26 Abs. 3 VwZVG).

Der Gerichtsvollzieher ist ein Organ der Rechtspflege und wird als selbstständiges Organ in der Zwangsvollstreckung in dem ihm zugewiesenen Amtsbezirks hoheitlich tätig. Ein Gerichtsvollzieher ist u.a. zuständig für die Zustellung von Urkunden und Titeln sowie für die Durchführung der Mobiliarvollstreckung. Darunter ist die Pfändung beweglicher Sachen wie beispielsweise Schmuck oder Fahrzeuge und deren Verwertung (z.B. freier Verkauf oder Versteigerung mittels Auktionen) zu verstehen. Ebenso fällt in das Aufgabengebiet eines Gerichtsvollziehers die Abnahme der Vermögensauskunft nach den Vorschriften der §§ 802a ff. ZPO. Der Gerichtsvollzieher ordnet auch die Eintragung in das Schuldnerverzeichnis an (§ 882c ZPO), sofern sich der Schuldner weigert, die Vermögensauskunft abzugeben, wenn weitere Vollstreckungsmaßnahmen nach Abgabe der Vermögensauskunft ergebnislos verlaufen würden oder wenn der Schuldner nicht innerhalb eines Monats nachweist, dass der Gläubiger befriedigt wurde.

Über das Justizportal des Bundes und der Länder besteht die Möglichkeit auf das Vollstreckungsportal (www.vollstreckungsportal.de) zu gelangen. In Bayern hat das zentrale Vollstreckungsgericht seinen Sitz in Hof; dort werden die Schuldnerverzeichnisse und Vermögensauskünfte zentral geführt. Durch die Einsicht beim Zentralen Vollstreckungsgericht – für Bayern in Hof – kann vor Beauftragung eines Gerichtsvollziehers geprüft werden, ob ein Schuldner bereits die Vermögensauskunft abgegeben hat oder ein Eintrag im Schuldnerverzeichnis besteht. Da die Einsichtnahme nur noch online über das Vollstreckungsportal erfolgt, ist eine vorherige Registrierung der Vollstreckungsbehörde notwendig.

Um einen Gerichtsvollzieher richtig zu beauftragen, sind entsprechende Formvorschriften zu beachten:

Am 21.12.2022 wurde im Bundesgesetzblatt Teil I Nr. 52, Seite 2368 ff. die Verordnung über Formulare für die Zwangsvollstreckung (Zwangsvollstreckungsformular-Verordnung – ZVFV) veröffentlicht. Demnach sind die neu überarbeiteten Formulare verbindlich zu verwenden (§ 753 Abs. 1 ZPO i. V. m. § 2 Abs. 1 Nr. 1 ZVFV).

Es gibt jedoch eine Übergangsfrist nach § 6 ZVFV:

Für die Beauftragung eines Gerichtsvollziehers zur Vollstreckung von privatrechtlichen Forderungen können die bisherigen Gerichtsvollzieheraufträge bis längstens 30.11.2023 verwendet werden. Soll zur Durchsetzung öffentlich-rechtlicher Forderungen ein Gerichtsvollzieher beauftragt werden, kann das bisherige Formular auf den Folgeseiten bis längstens 31.05.2024 verwendet werden.

Es ist zu beachten, dass für Behörden seit 01.01.2022 die Beauftragung eines Gerichtsvollziehers nur noch auf elektronischem Wege möglich ist (Nutzung des elektronischen Rechtsverkehrs – eRV –; § 130d ZPO). Hierzu ist die Einrichtung eines entsprechenden Behördenpostfachs (beBPo) notwendig. Dies gilt auch für die Kommunikation mit den Gerichtsvollziehern gemäß § 753 Abs. 5 ZPO.

Derzeit gestaltet sich der Ablauf so, dass die Behörde den „Vollstreckungsauftrag an den Gerichtsvollzieher wegen öffentlich-rechtlicher Forderungen" zusammen mit dem vollstreckbaren Ausstandsverzeichnis über das Behördenpostfach an das zuständige Amtsgericht – Gerichtsvollzieherverteilerstelle – in elektronischer Form übermittelt. Die übermittelten Unterlagen (Auftrag und vollstreckbares Ausstandsverzeichnis) sind zusätzlich als Original-Dokumente an die Gerichtsvollzieherverteilersteller per Post zu übersenden. Erst dann wird der Gerichtsvollzieher tätig werden.

Praxistipp:
Es ist zweckmäßig, mit dem Versand der Original-Unterlagen so lange zu warten, bis der zuständige Gerichtsvollzieher Sie zur Übersendung der Unterlagen auffordert. Dies hat den Vorteil, dass die Unterlagen unter Angabe der zugeteilten Vorgangsnummer direkt an den Gerichtsvollzieher übersandt werden können.

Das umseitige Formular ist auf die gängigsten Vollstreckungsmaßnahmen einer Kommune vereinfacht zusammengefasst: gütliche Erledigung, Vollstreckungsmaßnahmen, Möglichkeiten zur Einholung der Vermögensauskunft nebst Vermögensverzeichnis, Beantragung eines Haftbefehls und sonstiger Ermittlungsersuchen.

Es ist darauf zu achten, dass nur diese Maßnahmen beantragt werden, die für den speziellen Vollstreckungsfall notwendig sind, um unnötige Gerichtsvollzieherkosten zu sparen.

Die Pfändung beweglicher Sachen ist weiterhin eine markante Aufgabe des Gerichtsvollziehers und wird es auch bleiben.

Der Gerichtsvollzieher kann, sollte es nicht zu einer gütlichen Einigung kommen, schon zu Beginn des Verfahrens eine Vermögensauskunft vom Schuldner fordern, die dieser an Eides statt zu versichern hat. In diesem Zusammenhang ist auch weiterhin der Antrag auf Erlass eines Haftbefehls möglich.

Zur Beschleunigung des Verfahrens ist geregelt, dass der Gerichtsvollzieher auf Antrag selbst Ermittlungen nach § 755 ZPO über den Aufenthalt des Schuldners anstellt, bei der Rentenversicherung weitere Vermögenswerte (z. B. Arbeitgeber usw.) nachfragt und die sonstigen Möglichkeiten nach § 802l ZPO nutzt.

Das Verfahren nach den §§ 802c ff. ZPO wird auf Seite 28 erläutert.

CertiFORM

Behörde:	Ort:	Datum:
Stadt Watzberg Musterplatz 2 83491 Watzberg	Watzberg	20.01.2025
	Sachbearbeiter(in): Molis, Justus	Zimmer-Nr.: 343
	Telefon (Durchwahl): 08659/876-133	Telefax: -/333
	E-Mail: justus.molis@stadt-watzberg.de	

Stadt Watzberg, Musterplatz 2, 83491 Watzberg

Zutreffendes ist angekreuzt ☒ oder ausgefüllt!

An die
Verteilerstelle für Gerichtsvollzieher
beim Amtsgericht

Bankverbindung:

Name der Bank: Stadtsparkasse Watzberg	
IBAN: DE10123456780123456789	BIC:
Name der Bank: Volksbank Watzberg	
IBAN: DE98765432109876543210	BIC:
Geschäftszeichen: 21/JM	Kassen-/Buchungszeichen: 50101.890.789.0

Sehr geehrte Damen und Herren,

die Stadt Watzberg

hat gegen

Karl Pleitemann — 16.02.1977
Name, Vorname bzw. Firmenbezeichnung (HR) — Geburtsdatum bzw. HR-Nr.

Hatnix-Str. 35 , 83491 Watzberg
Straße, Hausnummer und Wohnsitz bzw. Firmensitz

die in Anlage 1 aufgeführten **öffentlich-rechtlichen, vollstreckbaren** Forderungen mit insgesamt

208,50 Euro.

Wir beantragen,

1. ☐ **Gütliche Erledigung**

☐ Mit einer gütlichen Erledigung im Rahmen des § 802b Abs. 2 ZPO sind wir einverstanden.
Wir bitten jedoch um eine entsprechende Nachricht.

☐ Die gütliche Erledigung sollte den Zeitraum von ______ Monaten nicht übersteigen.

☒ Mit einer Zahlungsvereinbarung nach § 802b Abs. 2 Satz 1 ZPO sind wir **nicht** einverstanden.

2. ☐ **Pfändung/Verwertung**

☐ Pfändung und Verwertung körperlicher Sachen

☐ Pfändung und Verwertung nach Abgabe der Vermögensauskunft

☐ Taschenpfändung

☐ Einziehung der Gelder durch Überweisung auf das o. g. Konto unter Angabe des Buchungszeichens.

☐ Mit der Erteilung einer Fruchtlosigkeitsbescheinigung nach § 32 GVGA sind wir **nicht** einverstanden.

Seite 1 von 2

3. ☒ **Vermögensauskunft**

☒ nach § 802c, § 802f ZPO (ohne vorherigen Pfändungsversuch)

☐ nach § 807 Abs. 1 ZPO (nach vorherigem Pfändungsversuch vor Ort)

☐ erneute Vermögensauskunft nach § 802d ZPO

Umstände, die zu einer wesentlichen Veränderung des Schuldnervermögens geführt haben; mit Nachweis Anlage 2

☒ Um Übersendung des Vermögensverzeichnisses wird gebeten.

4. ☒ **Haftbefehl**

☒ Bleibt der Schuldner unentschuldigt fern oder verweigert er, die Vermögensauskunft zu erteilen, **wird Erlass des Haftbefehls nach § 802g ZPO** beantragt.

☒ Nach Erlass des Haftbefehls wird

☐ um Zusendung an die Gläubiger gebeten

☒ um Weiterleitung an den Gerichtsvollzieher gebeten, der mit der Verhaftung beauftragt wird.

5. ☐ **Ermittlungen/Weiterleitungen**

☐ Bei den Voraussetzungen des § 755 ZPO wird der Gerichtsvollzieher ermächtigt, den Wohnsitz oder gewöhnlichen Aufenthaltsort des Schuldners zu ermitteln.

☐ Sollte der Verpflichtete aus Ihrem zuständigen Bezirk verzogen sein, so wird jetzt schon beantragt, unser Ersuchen/unseren Antrag an den jetzt zuständigen Gerichtsvollzieher weiterzuleiten und uns eine Abgabennachricht zu übersenden.

☐ Die Einholung von Auskünften Dritter gemäß § 802l ZPO wird beantragt.

6. ☐ **Sonstiges**

☐

☐

☐

Unterschrift

Anlage(n):
Anl. 1 Vollstreckungstitel

Seite 2 von 2

3. Erläuterungen zur Pfändungs- und Überweisungsverfügung

Die Pfändungs- und Überweisungsverfügung ist ein Vollstreckungsmittel, um an Forderungen und sonstige Vermögensrechte heranzukommen, die der Schuldner seinerseits gegenüber einem Dritten hat. Dieser Dritte kann z. B. der Arbeitgeber des Schuldners sein, die Bank, bei der der Schuldner ein Konto oder Wertpapierdepot unterhält, das Finanzamt, wenn der Schuldner Ansprüche wegen Steuererstattung o. Ä. hat, oder jeder andere Verpflichtete, der dem Schuldner eine Zahlung schuldet. Dieser Dritte wird im Vollstreckungsverfahren als Drittschuldner bezeichnet.

Die Pfändung einer Forderung setzt einen im Zeitpunkt der Pfändung in der Person des Schuldners bestehenden Anspruch gegen den Drittschuldner voraus; ist dies nicht der Fall, ist sie schlechthin nichtig. Das gilt auch, wenn der Anspruch auf Versicherungsleistung im Zeitpunkt der Pfändung zur Sicherheit abgetreten war und später zurückabgetreten werden soll (BGH, Urt. vom 12.12.2001, Az. IV ZR 47/01, EBE/BGH 2002, 36).

Mit der Pfändungsverfügung werden die dem Schuldner zustehenden Forderungsrechte oder sonstige Vermögensrechte – nicht gepfändet werden können z. B. vom Schuldner bereits abgetretene Forderungen – in Beschlag genommen. Diese sogenannte Verstrickung ist durch § 136 StGB strafrechtlich geschützt.

Durch die zusätzliche Überweisungsverfügung wird die gepfändete Forderung zur Einziehung auf den Vollstreckungsgläubiger übertragen. Dieser ist dadurch ermächtigt, die Forderung im eigenen Namen geltend zu machen. Die Einziehung bewirkt aber noch keinen Vermögensübergang, so dass die Zahlungspflicht des Schuldners weiterhin bestehen bleibt. Nur dann, wenn der Drittschuldner auch tatsächlich leistet, erlischt die Forderung des Vollstreckungsgläubigers in Höhe der gezahlten Beträge.

Nach Art. 26 Abs. 5 VwZVG kann eine kommunale Vollstreckungsbehörde Geldforderungen und andere Vermögensrechte, die nicht Gegenstand der Zwangsvollstreckung in das unbewegliche Vermögen sind, selbst pfänden und einziehen. Der Rechtsweg richtet sich nach der VwGO und nicht nach der ZPO, siehe Art. 26 Abs. 7 VwZVG.

Wie sich aus dem Verwaltungsverfahrensgesetz und auch aus der AO ergibt, ist ein Verwaltungsakt eine Verfügung (und kein Beschluss). Eine Behörde beschließt nicht, sondern verfügt, weshalb es sich bei dem Verwaltungsakt der Vollstreckungsbehörde um eine Pfändungs- und Einziehungsverfügung handelt (und nicht um einen Pfändungs- und Einziehungsbeschluss).

Die Rechtsbehelfsfrist beginnt bei richtiger und ausreichender Rechtsbehelfsbelehrung. Für den Beginn ist der Zugang des Verwaltungsakts maßgebend.

Vor Erlass einer Pfändungs- und Überweisungsverfügung hat die Vollstreckungsbehörde sicherzustellen, dass auch die erforderliche Vollstreckungsgrundlage (vollstreckbares Ausstandsverzeichnis oder die Ausfertigung des Leistungsbescheids jeweils mit der Vollstreckungsklausel) vorliegt. Diese Unterlage ist zu den Akten zu nehmen.

In der praktischen Arbeit der Vollstreckungsbehörde ist es oft ein Problem, in Erfahrung zu bringen, welche Einkommensquellen der Schuldner hat. Die erforderlichen Kenntnisse kann die Abnahme der Vermögensauskunft ergeben. Daneben besteht die Möglichkeit, bei einem Sozialleistungsträger (z. B. Krankenkasse) den Namen und die Anschrift des Arbeitgebers gemäß § 74a Abs. 1 SGB X zu erfragen.

Adressat und Zustellung der Verfügung

Adressat der Pfändungs- und Überweisungsverfügung ist der Drittschuldner.

Nach Art. 26 Abs. 5 VwZVG ist die Pfändung und Einziehung durch eigene Verfügung auch dann möglich, wenn Schuldner und Drittschuldner außerhalb Bayerns ihren gewöhnlichen Aufenthalt oder Sitz haben, sofern das andere Landesrecht dies zulässt. Eine bayerische Kommune kann also in allen übrigen Bundesländern auf Grund der dort geltenden Vorschriften die länderübergreifende Forderungspfändung vornehmen.

Für die Wirksamkeit der Pfändungs- und Überweisungsverfügung ist es notwendig, dass die Verfügung dem Drittschuldner förmlich zugestellt wird, wobei sich das Zustellungsverfahren nach dem VwZVG richtet. Eine Heilung von Zustellungsmängeln ist zwar möglich, die Wirkung tritt jedoch erst mit der späteren mangelfreien Zustellung ein.

Vollstreckbare Ansprüche

Zu den der Pfändungs- und Überweisungsverfügung zu Grunde liegenden vollstreckbaren Ansprüchen zählen die Hauptforderung(en) und die Nebenforderungen (Säumniszuschläge, Mahngebühren) sowie die Kosten der Vollstreckung.

Der Vordruck Pfändungs- und Überweisungsverfügung ist ein 16-seitiger Formularsatz. Die Seiten 1 bis 5 sind die Urschrift und ist zu den Akten zu nehmen (vgl. Seite 82 ff.). Die Seiten 11 bis 15 sind dem Drittschuldner zuzustellen (vgl. Seite 87 f.). Erst nach erfolgter Zustellung an den Drittschuldner sind die Seiten 6 bis 10, ergänzt um den Vermerk über die erfolgte Zustellung an den Drittschuldner dem Schuldner ebenfalls zuzustellen. Auf der Urschrift wird sowohl die Zustellung an den Drittschuldner als auch das Datum der Zustellung an den Schuldner ergänzt.

Das Blatt 16 ist der Vordruck für die Drittschuldnererklärung (s. Seite 88).

Zu den Kosten gehören die Pfändungsgebühren und die Auslagen für die Zustellung dieser Verfügung. (Die Erhebung von Pfändungsgebühren und Auslagen setzt eine Kostensatzung gemäß Art. 20 Kostengesetz voraus.) Wurden vor Erlass dieser Verfügung Vollstreckungsmaßnahmen durchgeführt und sind dabei Vollstreckungskosten angefallen, sind auch diese Kosten in der Pfändungs- und Überweisungsverfügung als bisherige Vollstreckungskosten mit aufzunehmen.

Die Mahngebühren werden aus der Mahnung übernommen. Die bis zum Erlass der Verfügung angefallenen Säumniszuschläge werden betragsmäßig ausgewiesen. Darüber hinaus wird der Drittschuldner angewiesen, weitere Säumniszuschläge zu ermitteln, die er bei der Tilgung zu berücksichtigen hat.

- Im vorliegenden Formularbeispiel sind weitere Säumniszuschläge für die Grundsteuern ab 16.2.2025 jeweils aus 100 Euro und für die Gewerbesteuervorauszahlung ab 16.2.2025 aus 550 Euro zu berücksichtigen.

Forderungen des Schuldners an den Drittschuldner

Kernstück der Verfügung ist, dass die bezeichneten Forderungen des Schuldners für gepfändet erklärt werden und die Anweisung an den Drittschuldner, ab sofort nicht mehr an den Vollstreckungsschuldner zu zahlen, sowie die Einziehung des gepfändeten Anspruchs.

In den häufigsten Fällen richtet sich die Pfändungs- und Überweisungsverfügung gegen Forderungen aus Arbeitseinkommen. Drittschuldner ist somit der Arbeitgeber.

Für die Berechnung des pfändbaren Arbeitseinkommens ist zu beachten:

Was zum Arbeitseinkommen zählt, ergibt sich aus § 850 Abs. 2 bis 4 ZPO. Davon sind nicht pfändbar jene Einkommensteile, die in § 850a ZPO genannt sind.

Hat der Schuldner Einkommen aus mehreren Arbeitsverhältnissen, werden die Einkünfte zusammengerechnet. Gleichfalls kann zusammengerechnet werden das Arbeitseinkommen und daneben vereinnahmte laufende Sozialleistungen, wenn der Zahlungszeitraum für beide Einkommen gleich ist (z. B. monatlicher Bezug). Die Zusammenrechnung ist zu verfügen und die weiteren Arbeitgeber sowie das Gesamteinkommen des Vollstreckungsschuldners sind in der Verfügung anzugeben. Zusätzlich ist die Angabe erforderlich, aus welchem der zusammengerechneten Einkommen der Betrag gepfändet werden soll. Als Beispiel sei genannt, wenn ein Schuldner ein Zusatzeinkommen aus einem sogenannten Nebenjob erhält, ist es sinnvoll aus dem Haupteinkommen die Pfändung zu verfügen.

Bei der Pfändung von Arbeitseinkommen ist auch zu berücksichtigen, dass dem Schuldner ein Existenzminimum bleiben muss. Nach Art. 26 Abs. 7 VwZVG i. V. m. § 850c ZPO ist deshalb das Arbeitseinkommen nur in einem bestimmten Umfang pfändbar. Bis zu welcher Höhe eine Pfändung unterbleiben muss, hängt von den gesetzlichen Unterhaltspflichten des Schuldners ab. Hat man das Gesamteinkommen ermittelt, so kann aus der Lohnpfändungstabelle (Anlage zu § 850c ZPO) der für den Schuldner zutreffende pfändbare Betrag entnommen werden.

Endet das Arbeitsverhältnis beim Drittschuldner, so verliert auch die Pfändungs- und Überweisungsverfügung ihre Wirkung. Nach § 833 Abs. 2 ZPO lebt die Pfändung jedoch wieder auf, wenn das Arbeitsverhältnis zwischen Schuldner und Drittschuldner innerhalb von neun Monaten neu begründet wird. Diese Regelung soll insbesondere bei Saisonarbeitsverhältnissen eine Erleichterung bringen.

Bereits mit der Entscheidung vom 24. Juli 1984, Az. VII R 135/83, BStBl. II 1984, 740, hat der BFH festgestellt, dass es für die Rechtmäßigkeit einer Pfändungs- und Einziehungsverfügung nicht von der Frage abhängig ist, ob die Forderung auch tatsächlich besteht. Es genügt, dass dem Schuldner die Forderung gegenüber dem Drittschuldner aus irgendwelchem Rechtsgrund zustehen könnte.

Beispiel: Der Vollstreckungsschuldner arbeitet bei der Firma G. Wie hoch das Arbeitsentgelt ist, braucht bei der Pfändung nicht bekannt sein. Auch nicht, ob der pfändbare Betrag bereits abgetreten ist oder nicht. Das ist der Grund, warum immer die angeblichen Forderungen gegen den Drittschuldner in der Pfändungs- und Einziehungsverfügung formuliert ist.

In der Pfändungs- und Überweisungsverfügung hat der Vollstreckungsschuldner als auch der Drittschuldner zweifelsfrei bezeichnet zu sein. Um mögliche Verwechslungen bei Namensgleichheiten ausschließen zu können, ist beim Schuldner das Geburtsdatum, bei einer Firma die amtliche Bezeichnung (z. B. „GmbH & Co. KG, Baumittelzubehör“) anzugeben. Der Vollständigkeit halber ist bei einer im Handelsregister eingetragenen Firma auch das Amtsgericht, Abteilung und Registernummer anzugeben.

Neben den Lohnpfändungen gibt es eine Vielzahl von Ansprüchen, die der Vollstreckungsschuldner gegen einen Dritten haben kann. Nachstehend sind einige Beispiele mit Formulierungen, die im Vordruck unter F eingetragen bzw. wenn bereits vorhanden unter A bis E ergänzt werden können:

- Mietpfändung (Drittschuldner Mieter)

  Gepfändet wird der angebliche Anspruch des Schuldners an ...... auf Zahlung der fälligen und künftig fällig werdenden Miete aus der Vermietung der Wohnung im 2. Stock im Gebäude H-Straße 28 in 99999 Z-Dorf.

  (Für die letzte Fälligkeit einer öffentlichen Grundstückslast kann das Vorrecht nach dem Gesetz über die Pfändung von Miet- und Pachtzinsen vom 9. März 1934 geltend gemacht werden.)

- Pflichtteil (Drittschuldner Miterben)

  Gepfändet wird der angebliche Pflichtteilanspruch an die Erben, 1. .... 2. .... auf Zahlung des Pflichtteils nach dem am .... in .... verstorbenen Erblasser, Herrn YX, geb. ....

- Nachlassanteil (Drittschuldner alle Miterben, bei Testamentsvollstreckung, der Nachlassverwalter)

  Gepfändet wird der angebliche Miterbenanteil des Schuldners an dem Nachlass der am .... in .... verstorbenen Frau M. K. zusammen mit dem Anspruch auf Auseinandersetzung des Nachlasses.

- Umsatzsteuer/Körperschaftsteuer (wenn Vollstreckungsschuldner einen Gewerbebetrieb/juristische Person hat) (Drittschuldner veranlagendes Finanzamt)

  Gepfändet wird der angebliche Anspruch auf Erstattung von MwSt. nach Abrechnung laut Umsatzsteuererklärung für den letzten Monat/für das letzte Quartal.

  Gepfändet wird der angebliche Anspruch auf Auszahlung der Körperschaftsteuer für das Kalenderjahr 2018 und alle früheren Geschäftsjahre aufgrund Überzahlung.

- Anwartschaftsrecht bei Eigentumsvorbehalt (Drittschuldner Lieferant/Hersteller der Maschine)

  Gepfändet wird das angebliche Anwartschaftsrecht des Schuldners an Maschinenbaufirma .... auf den Eigentumserwerb an der unter Eigentumsvorbehalt verkauften Drehmaschine, Marke Kofa 99, Maschinen-Nr. 98989889, sowie sein angeblicher Anspruch auf Rückzahlung des nach Aufhebung oder sonstiger Lösung des Kaufvertrags sich ergebenden Guthabens aus dem Abschlagsgeschäft über die obige näher bezeichnete Maschine.

- Sicherungsübereignung (Drittschuldner i.d.R. Kreditinstitut)

  Gepfändet wird der angebliche Anspruch auf Rückgabe des Eigentums an den zwei Diamantringen mit je einem Diamanten, 2 Karat, lupenrein, weiß, Brillantschliff gut, laut Sicherungsübertragungsvertrag für das im Jahr 2012 gewährte Darlehen in Höhe von ursprünglich 100.000 Euro sowie der angebliche Anspruch auf Auszahlung des bei Verwertung dieser sicherungsübereigneten Ringe verbleibenden Erlösüberschusses.

- Übererlös

  Gepfändet wird die angebliche Forderung des Schuldners gegen die Grundschuldgläubigerin auf Auszahlung des Erlösüberschusses, der bei der Zwangsversteigerung entstanden ist.

Drittschuldnererklärung

Zweck der Drittschuldnererklärung ist, dass die Gläubigerin erfährt, ob und wann mit Zahlungen auf die Forderungen an den Schuldner gerechnet werden kann. Sie kann nach Vorliegen der Drittschuldnererklärung entscheiden, ob ggf. andere Pfändungsmaßnahmen notwendig werden, um ihre Ansprüche zu realisieren.

- Die vorliegende Drittschuldnererklärung ist umfangreicher gefasst als nach dem Gesetz gefordert; die Vollstreckungsbehörde soll nämlich so viel wie möglich über die Verhältnisse des Schuldners in Erfahrung bringen. Sollte der Drittschuldner jedoch nicht alle Punkte beantworten, sondern nur die gesetzlich vorgeschriebenen Angaben machen, können die fehlenden Angaben nicht zwangsweise erhoben werden. Nach § 840 ZPO hat der Drittschuldner auf Verlangen der Gläubigerin zu erklären: ob und inwieweit er die Forderung als begründet anerkenne und Zahlungen zu leisten bereit sei; ob und welche Ansprüche andere Personen an die Forderungen machen; ob und wegen welcher Ansprüche die Forderungen bereits für andere Gläubiger gepfändet sind. – Siehe auch Muster „Erneute Aufforderung zur Abgabe der Drittschuldnererklärung“ auf Seite 88.

Behörde:
Stadt Watzberg
Musterplatz 2
83491 Watzberg

Ort:	Datum:
Watzberg	20.01.2025
Sachbearbeiter(in):	Zimmer-Nr.:
Molis, Justus	343
Telefon (Durchwahl):	Telefax:
08659/876-133	-333
E-Mail:	
justus.molis@stadt-watzberg.de	

Bankverbindung:

Name der Bank:	
Stadtsparkasse Watzberg	
IBAN:	BIC:
DE10123456780123456789	
Name der Bank:	
Volksbank Watzberg	
IBAN:	BIC:
DE98765432109876543210	
Geschäftszeichen:	Kassen-/Buchungszeichen:
21/JM	50101.890.789.0

Drittschuldner

Postzustellungsurkunde – Empfangsbekenntnis

Finanzamt Watzberg
Steuerstr. 17
83491 Watzberg

Pfändungs- und Überweisungsverfügung

Art. 26 Bayerisches Verwaltungszustellungs- und Vollstreckungsgesetz (VwZVG) i. V. m. §§ 828 ff. Zivilprozessordnung (ZPO)

1. Herr **Karl Pleitemann, Hatnix-Str. 35, 83491 Watzberg**

schuldet der
Stadt Watzberg
nachstehende **öffentlich-rechtliche** Forderung(en):

Kassen-/Buchungszeichen	Forderungsart	Betrag EUR
123456.001	**Grundsteuer B, Obj. Hatnix-Str. 35, fällig 15.08.2024**	126,50
123456.001	**Grundsteuer B, Obj. Hatnix-Str. 35, fällig 15.11.2024**	126,50
123456.900	**Gewerbesteuer VZ 2024 fällig 15.11.2024**	560,00
	Gebühren und Auslagen für diese Verfügung	28,60
	bisherige Vollstreckungskosten	
	Mahngebühren	15,00
	Säumniszuschläge bis 20.01.2025	25,50
	Summe:	882,10

Geltend gemacht werden außerdem weitere Säumniszuschläge in Höhe von 1 % pro angefangener Monat, und zwar
ab 16.02.2025 aus 100,00 EUR
ab 16.02.2025 aus 100,00 EUR
ab 16.02.2025 aus 550,00 EUR
ab aus EUR
ab aus EUR

2. Wegen dieser Ansprüche werden die auf S. 2/3 unter Buchst. C aufgeführten angeblichen Forderungen des Schuldners an

Name und Anschrift des Drittschuldners:
Finanzamt Watzberg
Steuerstr. 17
83491 Watzberg
gepfändet.

Schuldner

Herr
Karl Pleitemann
Hatnix-Str. 35
83491 Watzberg

Seite 1

3. Der Vollstreckungsschuldner hat sich jeglicher Verfügung über die gepfändete Forderung, insbesondere ihrer Einziehung, zu enthalten.
4. Der Drittschuldner darf die gepfändete Forderung **ab sofort** nicht mehr an den Vollstreckungsschuldner oder dessen Beauftragten zahlen.
5. Die gepfändete Forderung wird der Stadt Watzberg

   in Höhe ihres Gesamtanspruchs zur Einziehung übertragen.
   Sie ist vom Drittschuldner bei Fälligkeit an die Kasse der oben genannten Behörde unter Angabe des Kassen-/Buchungszeichens zu überweisen.
6. **Erklärungspflicht des Drittschuldners:**
   Zugleich wird der Drittschuldner aufgefordert, innerhalb von zwei Wochen, von der Zustellung dieser Verfügung an gerechnet, der auf Seite 1 genannten Behörde eine Drittschuldnererklärung abzugeben. Er haftet dem Pfändungsgläubiger für den Schaden, der durch die Nichterfüllung dieser Verpflichtung entsteht.
7. **Forderungen:**

A

Forderungen gegenüber Arbeitgebern

1. Forderung auf Zahlung des gesamten gegenwärtigen und künftigen Arbeitseinkommens (einschließlich des Geldwertes von Sachbezügen)
2. Forderung auf Auszahlung des als Überzahlung jeweils auszugleichenden Erstattungsbetrages aus dem Lohnsteuer-Jahresausgleich sowie aus dem Kirchenlohnsteuer-Jahresausgleich für das Kalenderjahr ______ und für alle folgenden Kalenderjahre
3. Forderung auf Zahlung des Kurzarbeitergeldes

☐ ______

B

Forderungen gegenüber ☐ **Agentur für Arbeit** ☐ **Versicherungsträger** ☐ **Versorgungseinrichtung**

Forderung auf Zahlung der nachfolgend genannten gegenwärtig und künftig dem Schuldner zustehenden Geldleistungen:

Bezeichnung der Geldleistung	Konto-/Versicherungs-/Mitgliedsnummer

☐ ______

C

Forderungen gegenüber dem Finanzamt

Forderung auf Auszahlung des als Überzahlung auszugleichenden Erstattungsbetrages bzw. des Überschusses, der sich als Erstattungsanspruch bei Abrechnung der auf die Einkommensteuer (zuzüglich Solidaritätszuschlag) und Kirchensteuer sowie Körperschaftsteuer anzurechnenden Leistungen für das abgelaufene Kalenderjahr 2024

☒ und für alle früheren Kalenderjahre ergibt.

☐ ______

D

Forderungen und sonstige Rechte gegenüber Kreditinstituten

1. Forderung auf Zahlung der zu Gunsten des Schuldners bestehenden Guthaben seiner sämtlichen Zahlungskonten bei diesen Kreditinstituten einschließlich der Ansprüche auf Gutschrift der eingehenden Beträge; mitgepfändet wird die angebliche (gegenwärtige und künftige) Forderung des Schuldners an den Drittschuldner auf Auszahlung eines vereinbarten Dispositionskredits („offene Kreditlinie"), soweit der Schuldner den Kredit in Anspruch nimmt
2. Forderung auf Auszahlung des Guthabens und der bis zum Tag der Auszahlung aufgelaufenen Zinsen sowie das Recht auf fristgerechte bzw. vorzeitige Kündigung der für ihn geführten Sparguthaben und/oder Festgeldkonten
3. Forderung auf Auszahlung der bereitgestellten, noch nicht abgerufenen Darlehensvaluta aus einem Kreditgeschäft, wenn es sich nicht um zweckgebundene Ansprüche handelt
4. Forderung auf Zahlung aus dem zum Wertpapierkonto gehörenden Gegenkonto, auf dem die Zinsgutschriften für die festverzinslichen Wertpapiere gutgeschrieben sind

☐ Anspruch auf Zugang zu Bankschließfächern und auf Mitwirkung des Drittschuldners bei der Öffnung des Bankschließfachs bzw. auf die Öffnung des Bankschließfachs allein durch den Drittschuldner zum Zweck der Entnahme des Inhalts

☐ Anspruch auf Herausgabe der in den Depots und Unterdepots des Schuldners verwahrten Wertpapiere aus Sonder- und Drittverwahrung mitsamt den Eigentumsrechten an den Wertpapieren sowie bei Sammelverwahrung den Anspruch auf Herausgabe einer dem Anteil bzw. dem Wertpapiernennbetrag des Schuldners entsprechenden Anzahl von Einzelstücken aus der Sammelverwahrung mitsamt dem Miteigentumsanteil des Schuldners am Sammelbestand sowie bei Verbriefung von Wertpapieren in Sammelurkunden, insbesondere Globalurkunden, den Anspruch auf Übertragung der Buchforderung bzw. auf Umbuchung von Girosammel-Depotgutschriften mitsamt dem Miteigentumsanteil des Schuldners an solchen Sammelurkunden, jeweils einschließlich des Anspruchs auf Auskehrung von jeglichen Wertpapiererträgen

☐ ______

Seite 2

E

Forderungen und sonstige Rechte gegenüber Bausparkassen

aus dem über eine Bausparsumme von (rund) ______ Euro abgeschlossenen Bausparvertrag Nummer

Vertragsnummer

______ ,

insbesondere

1. Forderung auf Auszahlung des Bausparguthabens nach Zuteilung
2. Forderung auf Auszahlung der Sparbeiträge nach Einzahlung der vollen Bausparsumme
3. Forderung auf Rückzahlung des Sparguthabens nach Kündigung
4. Recht zur Kündigung und Änderung des Vertrags

☐ ______

F

Forderungen und sonstige Rechte gegenüber Versicherungsgesellschaften

1. Forderung auf Zahlung der Versicherungssumme, der Gewinnanteile und des Rückkaufwertes aus den Lebensversicherungen, die mit dem Drittschuldner abgeschlossen sind
2. Recht zur Bestimmung desjenigen, zu dessen Gunsten im Todesfall die Versicherungssumme ausgezahlt wird, bzw. Recht zur Bestimmung einer anderen Person an Stelle der von dem Schuldner vorgesehenen
3. Recht zur Kündigung des Lebens-/Rentenversicherungsvertrages, Recht auf Umwandlung der Lebens-/Rentenversiche-

☐ ______

G

Weitere Forderungen, Ansprüche und Vermögensrechte

Es wird nach § 850e Nummer 2 und 2a ZPO angeordnet, dass zur Berechnung des nach § 850c ZPO pfändbaren Teils des Gesamteinkommens des Schuldners zusammenzurechnen sind:

☐ Arbeitseinkommen bei Drittschuldner (genaue Bezeichnung) ______ und

Arbeitseinkommen bei Drittschuldner (genaue Bezeichnung) ______ .

Der unpfändbare Grundbetrag ist in erster Linie den Einkünften des Schuldners bei Drittschuldner (genaue Bezeichnung) ______ zu entnehmen, weil dieses Einkommen die wesentliche Grundlage der Lebenshaltung des Schuldners bildet.

☐ Laufende Geldleistungen nach dem Sozialgesetzbuch von Drittschuldner (genaue Bezeichnung der Leistungsart und des Drittschuldners) ______ und

Arbeitseinkommen bei Drittschuldner (genaue Bezeichnung) ______ .

Der unpfändbare Grundbetrag ist in erster Linie

☐ dem Arbeitseinkommen ☐ der genannten laufenden Geldleistung nach dem Sozialgesetzbuch

zu entnehmen.

☐ Laufende Geldleistungen nach dem Sozialgesetzbuch von Drittschuldner (genaue Bezeichnung der Leistungsart und des Drittschuldners) ______ und

laufende Geldleistungen nach dem Sozialgesetzbuch von Drittschuldner (genaue Bezeichnung der Leistungsart und des Drittschuldners) ______ .

Der unpfändbare Grundbetrag ist in erster Linie den Einkünften des Schuldners bei Drittschuldner zu entnehmen, weil dieses Einkommen die wesentliche Grundlage der Lebenshaltung des Schuldners bildet.

Seite 3

☐ **Es wird die (teilweise) Nichtberücksichtigung von Unterhaltsberechtigten des Schuldners nach § 850c Absatz 6 ZPO angeordnet.**

Bei der Berechnung des unpfändbaren Teils des

☐ Arbeitseinkommens des Schuldners

☐ Guthabens auf dem Pfändungsschutzkonto des Schuldners

bleiben nachfolgende Personen, denen der Schuldner auf Grund gesetzlicher Verpflichtung Unterhalt gewährt und die eigene Einkünfte haben, wie folgt unberücksichtigt:

Name | Vorname(n) | Geburtsdatum

☐ ganz ☐ in Höhe von ______ Euro ☐ in Höhe von ______ Prozent.

Name | Vorname(n) | Geburtsdatum

☐ ganz ☐ in Höhe von ______ Euro ☐ in Höhe von ______ Prozent.

Name | Vorname(n) | Geburtsdatum

☐ ganz ☐ in Höhe von ______ Euro ☐ in Höhe von ______ Prozent.

Gründe:

☐ **Sonstige Anordnungen:**

☐ Dem Drittschuldner wurde eine Ausfertigung zugestellt.

☐ Dem Vollstreckungsschuldner wurde nach erfolgter Zustellung an den Drittschuldner eine Ausfertigung zugestellt.

am: ______

(Dienstsiegel)

Unterschrift

Seite 4

Rechtsbehelfsbelehrung

Gegen diesen Bescheid kann **innerhalb eines Monats nach seiner Bekanntgabe** entweder Widerspruch eingelegt (siehe 1.) oder unmittelbar **Klage** erhoben (siehe 2.) werden.

1. Wenn Widerspruch eingelegt wird

ist der Widerspruch

in schriftlicher Form bei: **Stadt Watzberg**
Musterplatz 2
83491 Watzberg

in elektronischer Form über:

einzulegen.

2. Wenn unmittelbar Klage erhoben wird

ist die Klage bei dem

Bayer. Verwaltungsgericht München
Postfach 20 05 43, 80005 München
Bayerstraße 30, 80335 München

zu erheben.

Hinweise zur Rechtsbehelfsbelehrung

Die Einlegung des Rechtsbehelfs ist schriftlich, zur Niederschrift oder elektronisch in einer für den Schriftformersatz zugelassenen Form möglich. Die Einlegung eines Rechtsbehelfs per einfacher E-Mail ist nicht zugelassen und entfaltet keine rechtlichen Wirkungen!

Ab 01.01.2022 muss der in § 55d VwGO genannte Personenkreis Klagen grundsätzlich elektronisch einreichen.

[Sofern kein Fall des § 188 VwGO vorliegt:] Kraft Bundesrecht wird in Prozessverfahren vor den Verwaltungsgerichten infolge der Klageerhebung eine Verfahrensgebühr fällig.

Durch die Einlegung eines Rechtsbehelfs wird die Wirksamkeit dieses Bescheides nicht gehemmt, insbesondere ist die Einziehung der angegebenen Abgabe nicht aufgehalten.

Seite 5

Behörde:	
Stadt Watzberg Musterplatz 2 83491 Watzberg	

Ort:	Datum:
Watzberg	20.01.2025
Sachbearbeiter(in):	Zimmer-Nr.:
Molis, Justus	343
Telefon (Durchwahl):	Telefax:
08659/876-133	-333
E-Mail:	
justus.molis@stadt-watzberg.de	

Drittschuldner

Postzustellungsurkunde – Empfangsbekenntnis

Finanzamt Watzberg
Steuerstr. 17
83491 Watzberg

Bankverbindung:	
Name der Bank:	
Stadtsparkasse Watzberg	
IBAN:	BIC:
DE10123456780123456789	
Name der Bank:	
Volksbank Watzberg	
IBAN:	BIC:
DE98765432109876543210	
Geschäftszeichen:	Kassen-/Buchungszeichen:
21/JM	50101.890.789.0

Pfändungs- und Überweisungsverfügung

Art. 26 Bayerisches Verwaltungszustellungs- und Vollstreckungsgesetz (VwZVG) i. V. m. §§ 828 ff. Zivilprozessordnung (ZPO)

1. Herr Karl Pleitemann, Hatnix-Str. 35, 83491 Watzberg

schuldet der
Stadt Watzberg
nachstehende **öffentlich-rechtliche** Forderung(en):

	Betrag EUR
Summe:	882,10

Geltend gemacht werden außerdem weitere Säumniszuschläge in Höhe von 1 % pro angefangener Monat, und zwar

ab 16.02.2025	aus	100,00	EUR
ab 16.02.2025	aus	100,00	EUR
ab 16.02.2025	aus	550,00	EUR
ab	aus		EUR
ab	aus		EUR

2. Wegen dieser Ansprüche werden die auf S. 12/13 unter Buchst. C aufgeführten angeblichen Forderungen des Schuldners an

Name und Anschrift des Drittschuldners:
Finanzamt Watzberg
Steuerstr. 17
83491 Watzberg **gepfändet.**

Schuldner

Herr
Karl Pleitemann
Hatnix-Str. 35
83491 Watzberg

Seite 11

PROform

Behörde:
Gemeinde Belling
Marktplatz 1
99911 Belling

Ort: Belling
Datum: 04.11.2022
Sachbearbeiter(in): Frau Schuh
Zimmer-Nr.: 101
Telefon (Durchwahl): 0991/24370-3
Telefax: -331
E-Mail:

Drittschuldner

Postzustellungsurkunde – Empfangsbekenntnis

Firma
Z-Wohnbau GmbH
Höhestr. 98
99911 Belling

Bankverbindungen:
Name der Bank: Deutsche Bank
IBAN: DE11128412340123456789
BIC:
Name der Bank:
IBAN:
BIC:

Geschäftszeichen: 20-5
Kassen-/Buchungszeichen: 5.7879.100001.9 ff

Erneute Aufforderung zur Abgabe der Drittschuldnererklärung

Sehr geehrte Damen und Herren,

mit unserer Pfändungs- und Überweisungsverfügung vom 28.09.2022

gegen

Hans Schuldner
Wasserweg 12
88808 Anthal

zugestellt am 02.10.2022 ,
wurden Sie aufgefordert, **binnen zwei Wochen** nach Zustellung dieser Verfügung die **Drittschuldnererklärung** abzugeben.

Sie sind dieser Verpflichtung jedoch bis heute nicht nachgekommen.

Wir fordern Sie deshalb hiermit nochmals auf, uns die Erklärung

bis zum 11.11.2022

zu übersenden.

Wir weisen außerdem erneut darauf hin, dass Sie gemäß § 840 Abs. 2 Satz 2 Zivilprozessordnung (ZPO) für den Schaden haften, der aus der Nichterfüllung Ihrer Verpflichtung entsteht.

Wenn Sie uns den gepfändeten Betrag in voller Höhe überweisen, ist die Abgabe der Drittschuldnererklärung nicht erforderlich.

Mit freundlichen Grüßen

Unterschrift

Anschrift des Drittschuldners
Finanzamt Watzberg
Steuerstr. 17
83491 Watzberg

Zutreffendes bitte ankreuzen ☒ oder ausfüllen!

An:

Stadt Watzberg
Molis, Justus
Musterplatz 2
83491 Watzberg

Drittschuldnererklärung

zur Pfändungs- und Überweisungsverfügung

der/des: ______
vom: ______
Geschäftszeichen: 21/JM
Kassen-/Buchungszeichen: 50101.890.789.0

1. Die gepfändete Forderung wird
   ☐ in voller Höhe als begründet anerkannt ☐ nur bis zur Höhe ______ EUR anerkannt
   und Zahlungsbereitschaft erklärt.
   a) Der Vollstreckungsschuldner leistet für ______ Person(en) den gesetzlichen Unterhalt.
      Sein Nettoeinkommen beträgt ☐ täglich ☐ wöchentlich ☐ monatlich ______ EUR
      Zur Berechnung des pfändbaren Einkommens wird auf die §§ 850 ff. Zivilprozessordnung (ZPO) verwiesen.
   b) Der einbehaltene Betrag wird
      ☐ am ______ ☐ wöchentlich ☐ monatlich jeweils am ______
      an die Kasse der in der Pfändungs- und Überweisungsverfügung bezeichneten Körperschaft überwiesen.
   ☐ Die gepfändete Forderung wird **nicht** anerkannt mit folgender Begründung:
2. Auf die Forderung erheben andere Personen ☐ keine Ansprüche ☐ Ansprüche (weitere Angaben unter Ziff. 4)
3. Für andere Gläubiger ist die Forderung ☐ nicht gepfändet ☐ bereits gepfändet (weitere Angaben unter Ziff. 4)
4. Weitere Angaben ☐ zu Ziff. 2: ______ ☐ zu Ziff. 3: ______
   a) Rechtsgrund des Anspruchs: ______
      Datum: ______
   b) Gläubiger: ______
      Anschrift: ______
   c) Restbetrag: ______ EUR

Ort — Datum — Firmenstempel, Unterschrift

Seite 16

4. Erläuterungen zur Einstellung einer Forderungspfändung

Die Vollstreckung ist einzustellen, sobald deren Voraussetzungen weggefallen sind. Dies ist u. a. der Fall

- sobald der Anspruch auf die Leistung erlischt (z. B. bei Zahlung, Aufrechnung oder Erlass),
- bei Aussetzung der Vollziehung des Leistungsbescheides,
- wenn der zu vollstreckende Leistungsbescheid aufgehoben wird,
- wenn die Fälligkeit durch Stundung hinausgeschoben wird.

Sofern bereits eine Pfändungs- und Überweisungsverfügung erlassen und zugestellt wurde, muss diese Forderungspfändung ebenfalls eingestellt werden. Dabei ist darauf zu achten, dass die Verfügung ursprünglich zu Recht erfolgte, so dass sie nur mit Wirkung für die Zukunft aufzuheben ist. Bei der Einstellung wird dies dadurch zum Ausdruck gebracht, dass aus einer bestimmten Pfändungs- und Überweisungsverfügung ab sofort keine Rechte mehr hergeleitet werden.

Die Einstellung ist sowohl an den Drittschuldner als auch an den Schuldner zu richten, da die vorangegangene Verfügung für beide Teile Gebote bzw. Verbote enthielt. Wird der Schuldner durch einen Bevollmächtigten vertreten, ist die Mitteilung an diesen zu richten.

Wird die Einstellung einer Forderungspfändung unterlassen, kann dies Schadenersatzansprüche nach sich ziehen. Es empfiehlt sich daher auch, die Einstellungsverfügung dem Drittschuldner förmlich zuzustellen, so dass ein sicherer Nachweis über den Zugang vorliegt.

Bei **Teilzahlungen** auf die ausstehende Schuldsumme bleibt die Verfügung bestehen. Dem Drittschuldner ist durch einfachen Brief der reduzierte Pfändungsbetrag mitzuteilen. Welche Schuld bei einer Teilzahlung in welcher Reihenfolge zu tilgen ist, ergibt sich aus § 225 AO bzw. aus § 94 OWiG.

CertiFORM

Behörde:	
Stadt Watzberg Musterplatz 2 83491 Watzberg	

Ort:	Datum:
Watzberg	03.02.2025
Sachbearbeiter(in):	Zimmer-Nr.:
Molis, Justus	343
Telefon (Durchwahl):	Telefax:
08659/876-133	-333
E-Mail:	
justus.molis@stadt-watzberg.de	

Drittschuldner

Postzustellungsurkunde – Empfangsbekenntnis

Finanzamt Watzberg
Steuerstr. 17
83491 Watzberg

Bankverbindung:	
Name der Bank:	
Stadtsparkasse Watzberg	
IBAN: DE10123456780123456789	BIC:
Name der Bank:	
Volksbank Watzberg	
IBAN: DE98765432109876543210	BIC:
Geschäftszeichen: 21/JM	Kassen-/Buchungszeichen: 50101.890.789.0

Einstellung einer Forderungspfändung

Mit Pfändungs- und Überweisungsverfügung

vom	Kassen-/Buchungszeichen	zugestellt am
20.01.2025	FAD 123456.001 ff	22.01.2025

wurden Forderungen **des Vollstreckungsschuldners**

Name/Anschrift
Karl Pleitemann Hatnix-Str. 35 83491 Watzberg

gegen den **Drittschuldner**

Name/Anschrift	Geschäftszeichen:
Finanzamt Watzberg Steuerstr. 17 83491 Watzberg	123/45678

durch die oben genannte Vollstreckungsbehörde gepfändet.

Aus dieser Pfändungs- und Überweisungsverfügung leiten wir ab sofort keine Rechte mehr her.

(Dienstsiegel)

Unterschrift

Schuldner

Herr
Karl Pleitemann
Hatnix-Str. 35
83491 Watzberg

5. Erläuterungen zum Ersuchen um Amtshilfe wegen Einziehung/Vollstreckung

Hat der Schuldner seinen Wohnsitz (bei Betrieben seinen Sitz) außerhalb des Hoheitsgebietes der Vollstreckungsbehörde und ist vorgesehen, in bewegliche Sachen zu vollstrecken, so muss die örtlich zuständige Vollstreckungsbehörde um Hilfe gebeten werden. Meist ist es die Wohnsitzgemeinde des Schuldners; es kann aber auch die entsprechende Kreisbehörde (Landratsamt, Kreiskasse) um Amtshilfe ersucht werden.

Die ersuchte Behörde versucht nun, die offene Forderung in eigener Verantwortung beim Schuldner beizutreiben.

Die Vollstreckungshilfe ist eine besondere Art der Amtshilfe. Für die Behörden innerhalb Bayerns ist in Art. 4 BayVwVfG eine gegenseitige Amtshilfepflicht festgelegt. Ansonsten ergibt sich die Pflicht zur Rechts- und Amtshilfe aus Art. 35 Abs. 1 des Grundgesetzes.

Bei dieser Art des Ersuchens handelt es sich um eine gesteigerte Amtshilfe. Durch das Ersuchen greift die ersuchte Behörde in Vermögenswerte, Persönlichkeitsrechten usw. ihrer Einwohner/selbständig Tätige ein. Erhebt Daten ggf. bei Dritten und gibt diese weiter. Aus diesem Grunde sind auch Amtshilfeersuchen sorgfältig zu behandeln.

Bei Amtshilfe entscheidet die ersuchte Behörde über die Art der Vollstreckung. Sie hat bei Bedarf – jedoch nach Rücksprache mit der ersuchenden Behörde – auch den Antrag auf Durchsuchung der Wohnung des Schuldners nach der ZPO zu stellen. Die um Amtshilfe ersuchende Behörde ist immer auch Vollstreckungsbehörde i. S. der Vollstreckungsvorschriften. Über einen Stundungsantrag oder einen Antrag auf Vollstreckungsaufschub (s. Seite 75) entscheidet allerdings die ersuchende Behörde (Gläubigerin).

Wegen privatrechtlicher Forderungen ist es nur möglich, um **Einziehungshilfe** nachzusuchen. Vollstreckungsmaßnahmen sind dabei aber nicht zulässig. Die ersuchte Behörde kann den in ihrem Gebiet wohnenden Schuldner nur zur Zahlung auffordern und den Betrag zu Gunsten des Gläubigers einziehen.

Die um Vollstreckungshilfe angegangene Behörde wird meist den Schuldner zunächst nochmals zur freiwilligen Zahlung auffordern, ehe sie einen Pfändungsversuch unternimmt (s. Beispiel Seite 94).

Da sich ein Ersuchen um Vollstreckungshilfe nicht nur auf die Anwendung konkreter Zwangsmaßnahmen bezieht, sondern auch auf Ermittlungen im Rahmen der Gesetze, sollte die ersuchte Vollstreckungsbehörde alle relevanten Erkenntnisse im Rahmen des Datenschutzes weiterleiten (s. hierzu das Muster „Antwort auf Amtshilfeersuchen wegen Beitreibung" auf Seite 73).

Waren bislang Amtshilfeersuchen kostenfrei, so haben sich zwischenzeitlich einige Bundesländer eine Kostenregelung geschaffen. So kann eine Behörde z. B. in Sachsen der ersuchenden Behörde gemäß § 4 Abs. 4 SächsVwVG einen Kostenbescheid zuschicken (der in der Regel auch konsequent durchgesetzt wird). Unberührt bleiben die Regelungen über Auslagenerstattungen. Wegen der uneinbringlichen Vollstreckungskostenerstattung siehe dazu § 5 Abs. 5 HessVwVG, § 20 Abs. 2 VwVG NRW und das Urteil des VG Leipzig vom 12.04.2006, Az. 1 K 782/04, KKZ 2007, 141.

Für Bayern kann Art. 41 Abs. 2 VwZVG herangezogen werden, um Kosten im Amtshilfeverfahren geltend zu machen, siehe auch VG München, Urt. vom 16.12.1999, Az. M 29 K 99.1991, BeckRS 2000, 21359.

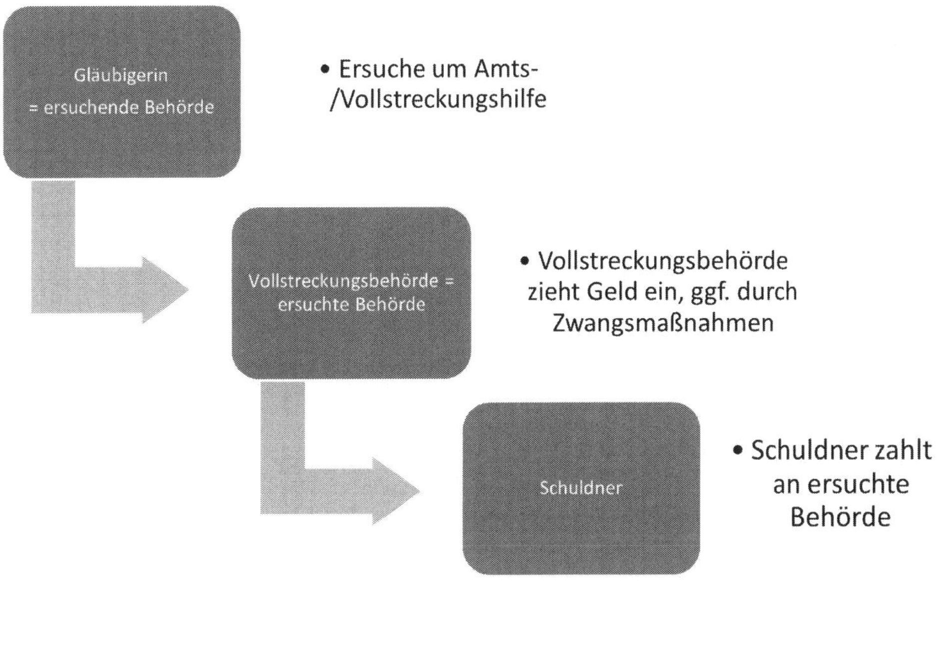

Behörde: **Stadt Watzberg** **Musterplatz 2** **83491 Watzberg**	Ort: **Watzberg** — Datum: **09.09.2024** Sachbearbeiter(in): **Molis, Justus** — Zimmer-Nr.: **343** Telefon (Durchwahl): **08659/876-133** — Telefax: **-/333** E-Mail: justus.molis@stadt-watzberg.de

An:

Gemeinde Belling
- Kasse der Vollstreckungsbehörde -
Marktplatz 1
99911 Belling

Zutreffendes ist angekreuzt ☒ oder ausgefüllt!

Bankverbindung:
Name der Bank: **Stadtsparkasse Watzberg**
IBAN: DE10123456780123456789 BIC:
Name der Bank: **Volksbank Watzberg**
IBAN: DE98765432109876543210 BIC:
Geschäftszeichen: 21/JM Kassen-/Buchungszeichen: 50101.890.789.0

Ersuchen um Amts- / Vollstreckungshilfe
gemäß Art. 4 BayVwVfG i. V. m. Art. 35 Abs. 1 GG

Herr
Paul Maier
Berliner Str. 9, 99911 Belling
schuldet nachstehende Forderung(en):

Kassen-/Buchungszeichen / Bezeichnung der Forderung	Art*)	lt. Bescheid / Rechnung vom	Betrag EUR	Säumnis-zuschlag	gemahnt am	Gesamtbetrag EUR
50100.927 654.3	A	12.01.2024	320,00	21,00	02.08.2024	341,00
54836.700 010.9	A	13.06.2024	30.720,00	614,00	02.08.2024	31.334,00
50501.678 187.6	A	23.05.2024	71,56		02.08.2024	71,56
Mahngebühren						60,00
					Summe:	31.806,56

*) A = öffentlich-rechtliche Forderung ohne Säumniszuschläge;
S = öffentlich-rechtliche Forderung einschließlich Säumniszuschläge;
P = privatrechtliche Forderung

Darüber hinaus werden weitere Säumniszuschläge
i. H. v. 1 % pro angefangener Monat ab 16.09.2024 aus 31.000,00 EUR geltend gemacht.

Bei **öffentlich-rechtlichen** Forderungen: (Abk. „A“ oder „S“)

☒ Die ersuchte Behörde wird gebeten, den Gesamtrückstand (bezifferte Schuldsumme zuzüglich evtl. weiterer Säumniszuschläge) im Wege der Amts-/Vollstreckungshilfe ggf. durch Zwangsmaßnahmen einzuziehen und an die Kasse der oben genannten Körperschaft unter Angabe des Kassen-/Buchungszeichens zu überweisen.

☒ Es wird bestätigt, dass der/die der/den Forderung(en) zugrundeliegende(n) Verwaltungsakt(e) unanfechtbar geworden ist/sind.

☐ Der/Die gegen den/die Verwaltungsakt(e) eingelegte(n) Rechtsbehelf(e) hat/haben keine aufschiebende Wirkung.

Bei **privatrechtlichen** Forderungen: (Abk. „P“)

Die ersuchte Behörde wird gebeten, den Gesamtrückstand im Wege der Amtshilfe einzuziehen und an die Kasse der oben genannten Körperschaft unter Angabe des Kassen-/Buchungszeichens zu überweisen.

(Dienstsiegel)

Bemerkung:
Falls die Einziehung bzw. Vollstreckung erfolglos bleibt oder wenn amtsbekannt ist, dass der Schuldner nichts Pfändbares besitzt, wird gebeten, den Arbeitgeber zu ermitteln und über die persönlichen und wirtschaftlichen Verhältnisse zu berichten.

Unterschrift

PROform

Behörde:	Ort:	Datum:
	Sachbearbeiter(in):	Zimmer-Nr.:
	Telefon (Durchwahl):	Telefax:
	E-Mail:	

Zutreffendes ist angekreuzt ☒ **oder ausgefüllt!**

An: (ersuchte Behörde)

Ersuchen um Amts- / Vollstreckungshilfe / Einziehungsersuchen
hier: Sachstandsanfrage

Bankverbindung: Name der Bank:	
IBAN:	BIC:
Name der Bank:	
IBAN:	BIC:
Geschäfts-/Buchungszeichen/Mandatsreferenz:	

Frau/Herr/Firma

schuldet nachstehende Forderung(en):

Buchungszeichen / Bezeichnung der Forderung	Art*)	lt. Bescheid / Rechnung vom	Betrag EUR	Säumnis-zuschlag	gemahnt am	Gesamtbetrag EUR
Mahngebühren						
					Summe:	

*) A = öffentlich-rechtliche Forderung einschließlich Säumniszuschläge;
B = öffentlich-rechtliche Forderung ohne Säumniszuschläge;
C = privatrechtliche Forderung

Darüber hinaus werden weitere Säumniszuschläge
i. H. v. 1 % pro angefangener Monat ab ____________ aus ________________ EUR geltend gemacht.

Sehr geehrte Damen und Herren,

am ____________ haben wir Ihnen zur weiteren Bearbeitung übermittelt:

☐ Amtshilfeersuchen/Ersuchen um Vollstreckungshilfe nach Art. 4 BayVwVfG i. V. m. Art. 35 Abs. 1 GG.

☐ Einziehungsersuchen wegen einer privatrechtlichen Forderung.

Wir bitten Sie um kurze Mitteilung des Sachstands.

Vielen Dank für Ihre Mühe.

Mit freundlichen Grüßen

Unterschrift

Behörde:	Ort:	Datum:
Gemeinde Belling Marktplatz 1 99911 Belling	Belling	16.09.2024
	Sachbearbeiter(in): Frau Schuh	Zimmer-Nr.: 101
	Telefon (Durchwahl): 0991/24370-3	Telefax: 0991/24370-4
	E-Mail:	

Gemeinde Belling, Marktplatz 1, 99911 Belling

An:

Herrn
Paul Maier
Berliner Str. 9
99911 Belling

Zutreffendes ist angekreuzt ☒ oder ausgefüllt!

Bankverbindung:

Name der Bank	IBAN	BIC
Deutsche Bank	DE11128412340123456789	
Kreissparkasse Belling	DE88841212340123456789	

Buchungs-/Kassen-/Geschäftszeichen/Debitor: **(Bei Zahlung bitte angeben.)**
20-5 40100.700.011.9

Zahlungsaufforderung **(Amtshilfeersuchen wegen Beitreibung)**

Sehr geehrter Herr Maier

nach den gesetzlichen Vorschriften über die Amtshilfe sind wir verpflichtet, zu Gunsten von

Name und Anschrift der ersuchenden Behörde:
Stadt Müllen
- Vollstreckungsbehörde -
Yanti-Str. 1-5
99998 Müllen

die in der Anlage aufgeführte(n) öffentlich-rechtliche(n) Forderung(en) in Höhe von insgesamt 31.806,56 EUR im Wege der Beitreibung einzuziehen.

Bevor wir jedoch diese Maßnahme veranlassen, bitten wir Sie, den oben genannten Betrag

bis spätestens: 30.09.2024

☒ auf eines der genannten Konten

☐ auf das Konto

Geldinstitut, IBAN, ggf. BIC:

unter Angabe des von uns verwendeten Zeichens (Buchungs-/Kassen-/Geschäftszeichen/Debitor) zu überweisen.

Mit freundlichen Grüßen

Unterschrift

Anlage(n):
1 Forderungsaufstellung

Behörde:	Ort:	Datum:
Stadt Watzberg Musterplatz 2 83491 Watzberg	Watzberg	18.01.2025
	Sachbearbeiter(in): Molis, Justus	Zimmer-Nr.: 343
	Telefon (Durchwahl): 08659/876-133	Telefax: -/333
	E-Mail: justus.molis@stadt-watzberg.de	
	Geschäftszeichen: 21/JM	Kassen-/Buchungszeichen: 50101.890.789.0

Zutreffendes ist angekreuzt ☒ oder ausgefüllt!

An: (Ersuchende Behörde)

Stadt Müllen
Yanti-Str. 1-5
99998 Müllen

Antwort auf Amtshilfeersuchen wegen Beitreibung

Amtshilfeersuchen vom	Dortiges Geschäftszeichen
16.12.2024	4711.009
Schuldner(in)	
Herr Karl Pleitemann, Hatnix-Str. 35 , 83491 Watzberg	

☒ Der/Die Schuldner(in) wurde mit Schreiben vom 07.01.2025 aufgefordert, den geschuldeten Betrag

☐ auf Ihr Konto — Geldinstitut: ______ ggf. BIC: ______ IBAN: ______ einzuzahlen.

☒ an uns zu zahlen. Eine Zahlung ist ☒ nicht eingegangen.

☐ in Höhe von ______ EUR eingegangen.
Der Betrag wird an Sie überwiesen.

☐ Die Vollstreckung verlief erfolglos. Pfändungsprotokoll liegt bei.

☒ Wir verfügen über keine eigenen Vollstreckungsbediensteten. Ihr Ersuchen wird zurückgegeben.
Zuständig für die Vollstreckung ist das Amtsgericht Watzberg
Landgerichtstr. 42, 83491 Watzberg

☐ Der/Die Schuldner(in) besitzt amtsbekannt keine pfändbaren Sachen.

☐ Der/Die Schuldner(in) hat die Vermögensauskunft am ______ an Eides statt versichert.
Als zuständig zentrales Vollstreckungsgericht konnte festgestellt werden ______

☐ Der/Die Schuldner(in) ist verzogen.

Neue Anschrift (PLZ, Ort, Straße, Hs.-Nr.): ______

☐ Über die Arbeits-, Einkommens- und Vermögensverhältnisse des Schuldners/der Schuldnerin ist Folgendes bekannt:

______

Anlage(n):

______
Unterschrift

6. Erläuterungen zum Vollstreckungsaufschub

Auf Antrag des Schuldners kann die Vollstreckungsbehörde Vollstreckungsaufschub gewähren. Dabei kann die Vollstreckung beschränkt, eingestellt ganz oder teilweise aufgehoben werden. Die Durchführung der Vollstreckung muss eine besondere Härte für den Schuldner darstellen. Es dürfen jedoch die Schutzbedürfnisse des Gläubigers bei der Ermessensausübung nicht außer Acht bleiben.

Der Vollstreckungsaufschub unterbricht die Verjährung, § 231 AO, jedoch nur dann, wenn der Aufschub dem Schuldner mitgeteilt wurde (BFH, Urt. vom 23.04.1991, Az. VII R 37/90, KKZ 1992, 32).

Unabhängig von einem Antrag des Schuldners ist die Vollstreckung vom Amt zu gewähren, wenn der Vollstreckungsbehörde Umstände bekannt werden, die die Vollstreckung als nicht mit den guten Sitten vereinbar erscheinen lässt.

Für öffentlich-rechtliche Forderungen können im Einzelfall Vollstreckungsmaßnahmen eingestellt, beschränkt oder aufgeschoben werden, wenn sie unbillig sind.

Die Unbilligkeit muss sich auf die Vollstreckungsmaßnahme als solche beziehen und nicht auf den zu Grunde liegenden Anspruch, wie dies bei einem Erlass der Fall wäre.

Ein Aufschub kann z. B. gewährt werden, wenn der Schuldner darlegt, dass ihm durch eine künftige Einnahmeerwartung eine kurzfristige Erfüllung möglich sein wird. Als kurze Frist wird von der Rechtsprechung ein Zeitraum bis zu maximal zwölf Monate angesehen.

Es handelt sich um einen begünstigenden Verwaltungsakt, der gemäß Art. 36 Abs. 2 Nr. 3 BayVwVfG mit einem Widerrufsvorbehalt versehen werden kann.

Der Vollstreckungsaufschub bewirkt kein Hinausschieben der Fälligkeit, wie dies bei einer Stundung der Fall ist. Grundsätzlich sind deshalb für diesen Zeitraum weiterhin Säumniszuschläge geltend zu machen.

Die Gewährung des Aufschubs kann auch von einer Sicherheitsleistung abhängig gemacht werden.

Dass die Kasse als zuständige Vollstreckungsbehörde für den Vollstreckungsaufschub zuständig ist, ergibt sich aus Art. 100 GO i. V. m. § 42 KommHV-Kameralistik bzw. § 38 KommHV-Doppik und aus Art. 20 VwZVG, welche besagen, dass die Gemeinden nach Art. 100 Abs. 2 Satz 1 GO einen Kassenverwalter und einen Stellvertreter zu bestellen haben. Eine Bestellung ist erforderlich, weil der Kassenverwalter die Gemeinde bei Kassengeschäften selbstständig nach außen vertritt, also insoweit Organfunktion hat. Der erste Bürgermeister, als Anordnungsbefugter der Gemeinde, darf Kassengeschäfte nicht tätigen und kann daher diese Aufgaben auch nicht nach Art. 39 Abs. 2 GO delegieren (Grill, Kommunales Haushalts- und Wirtschaftsrecht Bayern, zu § 42 KommHV-Kameralistik, Erläuterung 1.2 Bestellung eines Kassenverwalters).

Da Geldforderungen der Gemeinden, Landkreise und Bezirke nach dem VwZVG vollstreckt werden, finden die Vorschriften des Achten Buchs der Zivilprozessordnung über die Zwangsvollstreckung gem. Art. 26 Abs. 7 VwZVG Anwendung. Im Umkehrschluss wiederum bedeutet das, dass unter Berücksichtigung des Grundsatzes der Trennung von Anordnung und Vollzug die Kasse als Vollstreckungsbehörde (Art. 20 VwZVG) auftritt und demzufolge über § 765a ZPO auch über einen zu gewährenden Vollstreckungsaufschub entscheidet – sofern die Einziehung der Forderungen unbillig wäre und eine besondere Härte für den Schuldner darstellen würde.

Behörde:
Stadt Watzberg
Musterplatz 2
83491 Watzberg

Ort:	Datum:
Watzberg	20.11.2024
Sachbearbeiter(in):	Zimmer-Nr.:
Molis, Justus	343
Telefon (Durchwahl):	Telefax:
08659/876-133	-/333
E-Mail:	
justus.molis@stadt-watzberg.de	

An:

Herr
Karl Pleitemann
Hatnix-Str. 35
83491 Watzberg

Bankverbindung:

Name der Bank:	
Stadtsparkasse Watzberg	
IBAN:	BIC:
DE10123456780123456789	
Name der Bank:	
Volksbank Watzberg	
IBAN:	BIC:
DE98765432109876543210	

Buchungs-/Kassen-/Geschäftszeichen/Debitor: **(Bei Zahlung bitte angeben.)**
50101.890.789.0

Falls Zustellung an andere Person:
Name und Anschrift des Pflichtigen

Vollstreckungsaufschub

Zu Ihrem Antrag vom:
12.11.2024

Zutreffendes ist angekreuzt ☒ oder ausgefüllt!

Sehr geehrter Herr Pleitemann,

nach Prüfung Ihres Antrags wird gemäß § 258 Abgabenordnung (AO) i. V. m. § 765a Zivilprozessordnung (ZPO) der Vollstreckungsaufschub für nachstehende Forderung(en) wie folgt gewährt:

Kassen-/Buchungszeichen	Forderungsart	fällig seit	Betrag EUR
123456.004	Gewerbesteuer 2023	10.10.2024	5.890,00
		Gesamtbetrag:	5.890,00

☒ Der Gesamtbetrag ist nunmehr **bis spätestens:** 08.01.2025 in einer Summe zu zahlen.

☐ Gemäß § 802b ZPO sind Ratenbeträge in Höhe von ______ EUR jeweils zum ______ eines Monats, **erstmals zum:** ______ bis zur vollständigen Tilgung zu zahlen.

Dieser Vollstreckungsaufschub erfolgt unter dem Vorbehalt des jederzeitigen Widerrufs.

☐ Er gilt als widerrufen, ☒ Er kann widerrufen werden,

wenn Sie den/die oben genannten Zahlungstermin(e) nicht pünktlich einhalten.

Der Restbetrag wird dann sofort zur Zahlung fällig und kann ohne weitere Ankündigung vollstreckt werden.

Die Anforderung von weiter verwirkten Säumniszuschlägen bleibt vorbehalten.

Mit freundlichen Grüßen

Unterschrift

Seite 1 von 2

Rechtsbehelfsbelehrung

Gegen diesen Bescheid kann **innerhalb eines Monats nach seiner Bekanntgabe** entweder Widerspruch eingelegt (siehe 1.) oder unmittelbar **Klage** erhoben (siehe 2.) werden.

1. Wenn Widerspruch eingelegt wird

ist der Widerspruch

in schriftlicher Form bei: **Stadt Watzberg**
Musterplatz 2
83491 Watzberg

in elektronischer Form über:

einzulegen.

2. Wenn unmittelbar Klage erhoben wird

ist die Klage bei dem

Bayer. Verwaltungsgericht München
Postfach 20 05 43, 80005 München
Bayerstraße 30, 80335 München

zu erheben.

Hinweise zur Rechtsbehelfsbelehrung

Die Einlegung des Rechtsbehelfs ist schriftlich, zur Niederschrift oder elektronisch in einer für den Schriftformersatz zugelassenen Form möglich. Die Einlegung eines Rechtsbehelfs per einfacher E-Mail ist nicht zugelassen und entfaltet keine rechtlichen Wirkungen!

Ab 01.01.2022 muss der in § 55d VwGO genannte Personenkreis Klagen grundsätzlich elektronisch einreichen.

[Sofern kein Fall des § 188 VwGO vorliegt:] Kraft Bundesrecht wird in Prozessverfahren vor den Verwaltungsgerichten infolge der Klageerhebung eine Verfahrensgebühr fällig.

Durch die Einlegung eines Rechtsbehelfs wird die Wirksamkeit dieses Bescheides nicht gehemmt, insbesondere ist die Einziehung der angegebenen Abgabe nicht aufgehalten.

Seite 2 von 2

7. Erläuterungen zum Antrag auf Eintragung einer Sicherungshypothek

Die Sicherungshypothek ist in erster Linie eine Sicherungsmaßnahme, die sich vor allem dann empfiehlt, wenn der Schuldner eine Forderung vorübergehend nicht begleichen kann. Sie ist aber auch Grundlage für eine etwaige spätere Zwangsversteigerung.

Eine Eintragung ist nur möglich, wenn der vollstreckbare Anspruch 750 Euro übersteigt (§ 866 Abs. 3 ZPO); mehrere Ansprüche können zusammengefasst werden. Der Mindestbetrag für eine Sicherungshypothek beläuft sich also auf 750,01 Euro.

Bei der Ermittlung des Mindestbetrags bleiben Zinsen unberücksichtigt, soweit sie als Nebenforderungen geltend gemacht werden. Sollen mehrere Grundstücke mit der Sicherungshypothek belastet werden, muss bei der Aufteilung der Forderung jeder Teilbetrag die Mindestgrenze erreichen.

Durch die Eintragung der Sicherungshypothek sichert sich die Kommune im Fall der Zwangsversteigerung oder Zwangsverwaltung einen Rang zur Befriedigung ihrer Forderung. Dabei soll geprüft werden, ob das Grundstück nicht bereits durch anderweitige eingetragene Grundpfandrechte „überlastet" ist.

Der Antrag ist an das Amtsgericht – Grundbuchamt – zu stellen. Örtlich zuständig ist das Grundbuchamt, in dessen Bezirk das zu belastende Grundstück liegt.

Der Schuldner muss Eigentümer oder zumindest Miteigentümer des Grundstücks sein. Gegebenenfalls kann es notwendig sein, dass zuvor eine Grundbuchberichtigung durchgeführt wird (z. B. im Erbfall).

Notwendig ist auch die genaue Beschreibung der Forderung. Dies vor allem deshalb, weil nicht alle Forderungen eintragungsfähig sind. Nicht eingetragen werden können öffentliche Grundstückslasten, für die nach § 10 Abs. 1 Nr. 3 ZVG ein Vorrecht besteht: z. B. für Grundsteuerschulden, die nicht älter als zwei Jahre sind, Erschließungsbeiträge oder Kommunalabgaben, wenn sie nicht älter als vier Jahre sind. Solche Forderungen sind von Gesetzes wegen bereits in der Rangklasse 3, während die Sicherungshypothek (nur) in die Rangklasse 4 fällt. (Siehe aber auch § 322 AO.) Damit Kommunalabgaben mit dem Vorrecht nach § 10 Abs. 1 Nr. 3 ZVG im Zwangsversteigerungsfall berücksichtigt werden, muss aus der zu Grunde liegenden Satzung eindeutig hervorgehen, dass es sich hierbei um eine grundstücksbezogene Forderung handelt (BGH, Beschl. vom 30.3.2012, Az. V ZB 185/11, KKZ 2013, 12).

Da es sich um eine Zwangsvollstreckungsmaßnahme handelt, ist die Zahlungsverjährung für die der Zwangshypothek zu Grunde liegende Forderung solange unterbrochen, wie die Sicherungshypothek rechtmäßig im Grundbuch eingetragen ist.

Zusätzlich wird nochmals darauf hingewiesen, dass die allgemeinen und besonderen Vollstreckungsvoraussetzungen gemäß Art. 19 und 23 VwZVG erfüllt sein müssen – wie schon erwähnt handelt es sich hierbei um eine Vollstreckungsmaßnahme.

PROform

Behörde:
Stadt Müllen
Yanti-Str. 1-5
99998 Müllen

Ort:	Datum:
Müllen	19.09.2022
Sachbearbeiter(in):	Zimmer-Nr.:
Herr Kadi	343
Telefon (Durchwahl):	Telefax:
07771/650-432	-324
E-Mail:	
Geschäftszeichen:	Kassen-/Buchungszeichen:
20-5	50101.890.789.0

Zutreffendes ist angekreuzt ☒ oder ausgefüllt!

An (per Postzustellung):

Amtsgericht
- Grundbuchamt -
Jurisstr. 3
88880 Kreisstadt

Antrag auf Eintragung einer Sicherungshypothek

Art. 26 Abs. 7 Bayerisches Verwaltungszustellungs- und Vollstreckungsgesetz (VwZVG) i. V. m. § 867 Abs. 1 Zivilprozessordnung (ZPO), § 322 Abs. 3 Abgabenordnung (AO)

Herr
Rudi Rundlauf
Anschrift
X-Straße 99
99998 Müllen

schuldet

Bezeichnung des Gläubigers
Stadt Kreisstadt, Vollstreckungsbehörde, Marktplatz 1, 88880 Kreisstadt

folgende Beträge:

Lfd. Nr.	Kassen-/Buchungszeichen	Forderungsart	fällig seit	EUR
1	5.4180	Deponiegebühren für Bauschutt	15.03.2022	2.580,00
		Säumniszuschläge		178,50
		Mahngebühren und Vollstreckungskosten		75,00
2	5.3580	Erschließungsbeitrag	01.03.2022	20.000,00
		Säumniszuschläge		1.400,00
		Mahngebühren und Vollstreckungskosten		110,50
			Gesamtbetrag:	24.344,00

Es wird bestätigt, dass die gesetzlichen Voraussetzungen für die Vollstreckung vorliegen.

Der Vollstreckungsschuldner ist ☒ Eigentümer ☐ Miteigentümer zu Anteil: ______ des Grundstücks.

Flur(stück)-Nr.	Gemarkung		
4711/1	Y-Dorf		
eingetragen im Grundbuch für	**Band**	**Blatt/Heft**	**Abt. I Lfd. Nr.**
Y-Dorf	16	284	1

Wir beantragen wegen der oben genannten Ansprüche zu Lfd. Nr. 1

☒ zuzüglich der weiter verwirkten Säumniszuschläge von 1 % je angefangenem Monat ab 16.10.2022

aus 2.550,00 EUR zu Lasten des oben genannten Grundstücks die Eintragung einer

Sicherungshypothek zu Gunsten des oben näher bezeichneten Gläubigers in Höhe von 2.833,50 EUR.

Wegen Lfd. Nr. 2

☒ zuzüglich der weiter verwirkten Säumniszuschläge von 1 % je angefangenem Monat ab 02.10.2022

aus 20.000,00 EUR zu Lasten des oben genannten Grundstücks

die Eintragung einer Zwangssicherungshypothek aufschiebend bedingt für den Fall, dass das Vorrecht gemäß § 10 Abs. 1 Nr. 3 Gesetz über die Zwangsversteigerung und Zwangsverwaltung (ZVG) entfällt (§ 322 Abs. 5 AO) zu Gunsten des oben näher bezeichneten Gläubigers in Höhe von 21.510,50 EUR.

(Dienstsiegel)

Wir bitten um Eintragungsnachricht gemäß § 55 Grundbuchordnung (GBO).

Unterschrift

(2) Außendienst/Vollstreckungsbediensteter

Erläuterungen zum Vollstreckungsauftrag an den eigenen Vollstreckungsbediensteten bis zur Mitteilung der Versteigerung

Nach Art. 26 Abs. 3 VwZVG kann eine Kommune die Pfändung und Verwertung beweglicher Sachen von eigenen Vollstreckungsbediensteten durchführen lassen. Die kommunale Vollstreckungsperson hat bei der Zwangsvollstreckung – von wenigen Ausnahmen abgesehen – die gleichen Befugnisse wie ein Gerichtsvollzieher.

Das Vorgehen bei der Vollstreckung richtet sich gemäß Art. 26 Abs. 7 Satz 1 VwZVG nach der Zivilprozessordnung. Als Rechtsweg gegen die Maßnahmen des Vollstreckungsbediensteten ist jedoch der Verwaltungsrechtsweg gegeben (Art. 26 Abs. 7 Satz 3 VwZVG).

Voraussetzung für die Sachpfändung ist das Vorliegen eines konkreten Vollstreckungsauftrags (vgl. § 753 Abs. 1 ZPO), der in der Regel schriftlich erteilt wird. Im Auftragsschreiben ist der Schuldner so genau zu bezeichnen, dass die nach § 750 ZPO erforderliche Identitätskontrolle möglich ist.

Der Vollstreckungsbedienstete hält in einem Tätigkeitsbericht alle Besuchstage fest und vermerkt dort außerdem die von ihm ermittelten Informationen. Ein sorgfältig ausgefüllter Berichtsbogen ist eine wichtige Entscheidungsgrundlage für das weitere Vorgehen. Soll z. B. Erzwingungshaft beantragt werden, weil der Schuldner eine Bußgeldforderung nicht bezahlen kann oder will, müssen die erfolglosen Hausbesuche und Zahlungsaufforderungen des Vollstreckers dokumentiert sein.

Soweit eine Kommune ihren Vollstreckungsbediensteten zur Erledigung eines Auftrags einen gewissen Zeitraum einräumt, kann sie analog § 802b ZPO bestimmte Regelungen treffen. Dies kann betragsmäßig oder zeitraummäßig erfolgen.

Wird der Schuldner oder die verantwortliche Person nicht angetroffen, hinterlässt der Vollstreckungsbedienstete eine **Zahlungsaufforderung**.

Trifft der Außendienstmitarbeiter den Schuldner an, verweigert dieser jedoch die Durchsuchung, kann entweder ein gerichtlicher Durchsuchungsbeschluss beantragt oder die eidesstattliche Versicherung beantragt werden (soweit die Kommune diese nicht selbst abnimmt).

Aus Gründen des Datenschutzes ist darauf zu achten, dass die Aufforderungen verschlossen hinterlassen werden.

Nach § 750 ZPO ist über jede Vollstreckungshandlung ein Protokoll zu erstellen. Diese **Pfändungsniederschrift** ist eine öffentliche Urkunde; sie dient als Beweismittel über den Ablauf der Vollstreckung vor Ort.

Der Vollstreckungsbedienstete soll den Vollstreckungsschuldner zunächst zur „freiwilligen“ Zahlung auffordern. Ist der Schuldner nicht anwesend, kann auch eine andere berechtigte Person zur Zahlung aufgefordert werden. Bei Firmen sollte darauf geachtet werden, dass die Funktion der angetroffenen Person angegeben wird. Solange der Vollstreckungsauftrag besteht, ist der Vollstreckungsbedienstete berechtigt und verpflichtet, Zahlungen auf die Forderung anzunehmen.

Will oder kann die angetroffene Person den geforderten Betrag nicht zahlen, hat der Vollstreckungsbedienstete zu versuchen, pfändbare Sachen für seine Anstellungskörperschaft in Besitz zu nehmen.

Gepfändet werden können alle Sachen, die sich im Gewahrsam des Schuldners befinden, auch wenn diese ihm (noch) nicht gehören, etwa weil sie auf Ratenzahlung gekauft sind und ein Eigentumsvorbehalt besteht. Die meisten Gegenstände werden im Gewahrsam des Schuldners belassen und mit einem **Pfandsiegel** oder einer **Pfandanzeige** versehen (s. Muster „Pfandanzeige“ Seite 112).

Für eine wirksame Pfändung ist es notwendig, das Pfandzeichen an einer nicht zu übersehenden Stelle so anzubringen, dass es ohne nähere Nachforschungen für jedermann erkennbar ist.

Der Schuldner oder andere anwesende Personen sind ausdrücklich darauf hinzuweisen, dass das Pfandsiegel (bzw. die Pfandanzeige) nicht beschädigt oder entfernt werden darf. Ebenso darf der gepfändete Gegenstand nicht weggeschafft werden.

Wenn möglich, sollte der gepfändete Gegenstand vor Ort vom Vollstreckungsbediensteten geschätzt werden. Eine grobe Schätzung ist immer notwendig, um feststellen zu können, ob weitere Sachen gepfändet werden sollten, damit die Forderung des Gläubigers schließlich gedeckt werden kann.

Die Schätzung durch einen Sachverständigen ist gesetzlich notwendig, wenn es sich um Edelmetalle oder andere Kostbarkeiten handelt (§ 813 Abs. 1 Satz 2 ZPO), oder der Schuldner es verlangt.

Geld hat der Vollstreckungsbedienstete zu sich zu nehmen. Dies gilt auch für anerkannte ausländische Zahlungsmittel.

Nicht wenige Personen sind Schuldner verschiedener Gläubiger. Aus diesem Grunde kommt es vor, dass vor Eintreffen des kommunalen Vollstreckungsbediensteten bereits ein Gegenstand gepfändet ist. Dies hindert jedoch nicht, den Gegenstand nochmals zu pfänden (Anschlusspfändung). Die weitere (spätere) Pfändung kann nicht wie eine Erstpfändung vorgenommen werden. Es genügt aber auch die Erklärung des Vollstreckungsbediensteten, dass er die schon gepfändete Sache pfändet und ein entsprechendes Protokoll erstellt. Eine Anschlusspfändung ist nur wirksam, wenn die Erstpfändung rechtswirksam ist. Die Anschlusspfändung ist unbedingt zu protokollieren. Der erstpfändende Gläubiger ist durch Übersenden des Pfändungsprotokolls über die Anschlusspfändung zu unterrichten.

Wenn keine besonderen Gründe dagegen sprechen, wird die Niederschrift unmittelbar nach den Vollstreckungshandlungen an Ort und Stelle verfasst und vom Vollstreckungsbediensteten unter Angabe des Datums unterschrieben.

Der Vollstreckungsschuldner oder die sonst anwesende Person soll die Niederschrift ebenfalls unterschreiben. Wird die Unterschrift verweigert, ist dies zu vermerken.

Wird die bereits unterschriebene Niederschrift durch Zusätze ergänzt, sind diese unter Angabe des Datums und der Uhrzeit besonders abzuzeichnen.

Immer öfter kommt es vor, dass der Vollstreckungsauftrag nicht durch Zahlung erledigt werden kann. Eine Pfändung beweglicher Sachen ist einmal durch Gesetz und vor allem durch Rechtsprechung nur noch in Einzelfällen möglich.

In solchen Fällen hat der Vollstreckungsbeamte ein Protokoll zu erstellen. Dies ist zwar keine Urkunde, doch ist die Dokumentation unentbehrlich. Die Feststellung, dass keine pfändbaren Gegenstände vorhanden sind, ist zwar nicht (mehr) Voraussetzung für die Abnahme der Vermögensauskunft, doch für eine **Zwangsversteigerung von unbeweglichem Vermögen notwendig**.

In den vorliegenden Vordruck kann der Vollstreckungsbedienstete neben der Feststellung, dass keine pfändbaren Gegenstände vorhanden sind, auch eine Befragung des Schuldners dokumentieren.

Ergänzend als weitere Arbeitsdokumentation für den Vollstreckungsbediensteten im Außendienst sind die Formulare „Pfandanzeige“ und „Mitteilung der Versteigerung“ enthalten. Mit dieser Mitteilung an den Schuldner wird die nochmals Möglichkeit gegeben, dass der gepfändete Gegenstand bis zum Zwangsversteigerungstermin ausgelöst werden kann.

Behörde:	Ort:	Datum:
Stadt Müllen Yanti-Str. 1-5 99998 Müllen	Müllen	14.11.2024
	Sachbearbeiter(in): Herr Kadi	Zimmer-Nr.: 343
	Telefon (Durchwahl): 07771/650-432	Telefax: -324
	E-Mail:	

An:

Herrn
Josef Geizig
im Hause

Zutreffendes ist angekreuzt ☒ oder ausgefüllt!

Bankverbindung:

Name der Bank:	
Kreissparkasse Mühlendorf	
IBAN: DE10123456780123456789	BIC:
Name der Bank: Volksbank Müllen	
IBAN: DE9954321000123456789	BIC:
Geschäftszeichen: 20-5	Kassen-/Buchungszeichen: 50102.998.877.6

Vollstreckungsauftrag

Art. 26 Bayerisches Verwaltungszustellungs- und Vollstreckungsgesetz (VwZVG) i. V. m. §§ 803 ff. Zivilprozessordnung (ZPO)

Gegen

Name, Geburtsdatum und Anschrift des Schuldners/der Schuldnerin:
Frau Maria Schuldig, geb. 01.02.1982
Xantistr. 99
99998 Müllen

wurde die Vollstreckung angeordnet.

In der Anlage wird folgender Vollstreckungstitel übergeben:

☒ Ausstandsverzeichnis ☐ Leistungsbescheid

vom 14.11.2024 Geschäftszeichen: 20-5/ss

☒ Zahlungen wurden nicht geleistet.

☐ Teilzahlungen in Höhe von ______ EUR wurden geleistet.

☐ Aus dem Betrag des Titels stehen noch offen:

Hauptforderung(en) ______ EUR Nebenforderung(en) ______ EUR

Weitere Säumniszuschläge in Höhe von 1 % pro angefangenem Monat sind ab 21.11.2024 aus 15.800,00 EUR geltend zu machen.

Der Vollstreckungsbedienstete wird beauftragt, wegen der Rückstände sowie der durch die Vollstreckung noch entstehenden Kosten und Nebenforderungen die Zwangsvollstreckung durch Pfändung beweglicher Sachen durchzuführen.

Der Vollstreckungsbedienstete wird ermächtigt, zur Abwendung der Pfändung Zahlungen entsprechend seinem Auftrag entgegenzunehmen.

Außerdem wird er ermächtigt, eine gütliche Erledigung analog § 802b ZPO bis zu 7 Monaten herbeizuführen.

Falls der Vollstreckungsschuldner keine pfändbaren Sachen besitzt, wird um Mitteilung gebeten über die Arbeits-, Einkommens- und Vermögensverhältnisse des Schuldners.

(Dienstsiegel)

Unterschrift

Seite 1 von 2

Maßnahmen des Vollstreckungsbediensteten

Zutreffendes bitte ankreuzen ☒ oder ausfüllen!

☒ Schuldner wurde mehrfach nicht angetroffen – vgl. Angaben –

Tag (Mo - So)	Datum	Uhrzeit	nicht angetroffen	Zahlungsaufforderung hinterlassen	
Montag	25.11.2024	07:10	☒	☐ 1	☐ 2
Freitag	29.11.2024	17:40	☒	☒ 1	☐ 2
Samstag	07.12.2024	15:30	☐	☐ 1	☐ 2
			☐	☐ 1	☐ 2

☐ Ich empfehle Antrag auf Erzwingungshaft.

☐ Schuldner ist verzogen seit ______ nach ______

☐ Arbeitgeber: ______

☐ Schuldner besitzt keine pfändbaren Gegenstände nach meinen früheren Feststellungen

vom ______ wegen ______

oder den Feststellungen vom ______

☐ Vermögensauskunft wurde abgenommen am ______

bei(m) ______

☐ Sonstiges: ______

☒ Schuldner hat den Betrag überwiesen am 09.12.2024 auf Konto DE75004098000099887766

bei Stadtsparkasse

Erledigungsvermerke des Vollstreckungsbediensteten

1. Betrag eingezogen

Bl. Nr.	am		EUR
Bl. Nr.	am		EUR
Bl. Nr.	am		EUR
Bl. Nr.	am		EUR

2. Auftrag eingestellt durch ______ am ______
3. Auftrag eingestellt siehe oben oder Anlage am 12.12.2024
4. Neue Anschrift mitgeteilt an ______ am ______

Pfändungsgebühren ______ EUR Sollstellung ______

12.12.2024 Josef Geizig

Datum Unterschrift des Vollstreckungsbediensteten

Seite 2 von 2

Behörde:	
Gemeinde Belling Marktplatz 1 99911 Belling	

Ort:	Datum:
Belling	09.01.2025
Sachbearbeiter(in): Frau Schuh	Zimmer-Nr.: 101
Telefon (Durchwahl): 0991/24370-3	Telefax: 0991/24370-4
E-Mail:	

An:

Herrn
Paul Maier
Berliner Str. 9
99911 Belling

Bankverbindung:	
Name der Bank: Deutsche Bank	
IBAN: DE11128412340123456789	BIC:
Name der Bank: Kreissparkasse Belling	
IBAN: DE88841212340123456789	BIC:
Geschäftszeichen: 20-5	Kassen-/Buchungszeichen: 40100.700.011.9

Zahlungsaufforderung

Sehr geehrter Herr Maier,

die Vollstreckungsbehörde hat wegen der nachgenannten Forderung(en) die Vollstreckung in das bewegliche Vermögen angeordnet.

Kassen-/Buchungszeichen	Forderungsart	fällig seit	Betrag EUR
40100.700.011.9	Baugenehmigungsgebühr für Bauvorhaben Berliner Str. 11-15	27.11.2024	31.792,36
	Säumniszuschlag		635,00
		Gesamtbetrag:	32.427,36

Die Vollstreckung sollte heute ausgeführt werden. Sie wurden aber nicht angetroffen.

Sie erhalten zur Bezahlung der Forderung(en) noch einmal eine Frist von **zwei Wochen.**

Bitte zahlen Sie den geschuldeten Betrag umgehend an mich persönlich oder an die Kasse der oben genannten Behörde unter Angabe des Kassen-/Buchungszeichens.

Sollten Sie dieser Aufforderung nicht nachkommen, muss nach Ablauf dieser Frist der Vollstreckungsauftrag ausgeführt werden; dies kann auch während Ihrer Abwesenheit geschehen.

Außerdem weisen wir Sie darauf hin, dass wegen Bußgeldforderungen das Erzwingungshaftverfahren beim Amtsgericht beantragt werden kann.

Mit freundlichen Grüßen

Unterschrift

Meine Sprechzeiten:
☒ Montag ☒ Dienstag
☐ Mittwoch ☐ Donnerstag
☒ Freitag
Uhrzeit: 08:00 - 13:30 Uhr

CertiFORM

Behörde: Gemeinde Belling Marktplatz 1 99911 Belling	Ort: Belling Datum: 27.01.2025 Sachbearbeiter(in): Frau Schuh Zimmer-Nr.: 101 Telefon (Durchwahl): 0991/24370-3 Telefax: 0991/24370-4 E-Mail:

Gemeinde Belling, Marktplatz 1, 99911 Belling

An:

Herrn
Paul Maier
Berliner Str. 9
99911 Belling

Zutreffendes ist angekreuzt ☒ oder ausgefüllt!

Bankverbindung:

Name der Bank: Deutsche Bank
IBAN: DE11128412340123456789 BIC:

Name der Bank: Kreissparkasse Belling
IBAN: DE88841212340123456789 BIC:

Buchungs-/Kassen-/Geschäftszeichen/Debitor: **(Bei Zahlung bitte angeben.)**
20-5 40100.700.011.9

Erneute Zahlungsaufforderung und Ankündigung der Durchsuchung

Sehr geehrter Herr Maier

die Vollstreckungsbehörde hat wegen der nachgenannten Forderung(en) die Vollstreckung in bewegliche Sachen angeordnet.

Buchungszeichen	Bezeichnung der Forderung	Betrag EUR
40100.700.011.9	Baugenehmigungsgebühr für Bauvorhaben, Berliner Str. 11-15	31.792,36
	Säumniszuschlag	635,00
	Gesamtbetrag:	32.427,36

Die Vollstreckung sollte heute erneut ausgeführt werden. Sie wurden aber wieder nicht angetroffen.
Ich werde Sie letztmals
am Mittwoch, den 12.02.2025 gegen 08:00 Uhr aufsuchen.

Ich mache Sie darauf aufmerksam, dass ich nach Einholung einer richterlichen Durchsuchungsanordnung berechtigt und verpflichtet bin, auch im Falle Ihrer Abwesenheit nach gewaltsamer Türöffnung unter Heranziehung von Zeugen den Vollstreckungsauftrag auszuführen. Die dadurch entstehenden Kosten gehen zu Ihren Lasten.

Mit freundlichen Grüßen

Unterschrift

Meine Sprechzeiten:
☒ Montag ☒ Dienstag ☐ Mittwoch
☐ Donnerstag ☒ Freitag

08:00 - 11:30 Uhr
Uhrzeit

PROform

Niederschrift über die erfolglose Pfändung

Geschäfts- / Buchungszeichen:
20-5 5.0204.918273.6

Zutreffendes ist angekreuzt ☒ **oder ausgefüllt!**

In der Vollstreckungssache der

Körperschaft als Gläubigerin
Gemeinde Karrenberg
- Vollstreckungsbehörde -
Marktplatz 6
99999 Karrenberg

Vollstreckungsbehörde (falls von Gläubigerin abweichend)

gegen

Vollstreckungsschuldner (Name, Geburtsdatum und Anschrift)
Frau Maria Strauss, geb. 07.05.1989
Europastr. 1
99999 Karrenberg

I. Ich habe mir heute die ☒ Wohnung ☐ Geschäftsräume
und Behältnisse des Schuldners/der Schuldnerin zeigen lassen und habe nichts gefunden, abgesehen von

☒ den für den Schuldner/die Schuldnerin und seine/ihre aus 2 Personen bestehende Familie notwendigen Gegenständen, die gemäß § 811 Zivilprozessordnung (ZPO) unpfändbar sind.

☐ Gegenständen zur persönlichen Fortsetzung der Erwerbstätigkeit des Schuldners/der Schuldnerin, insbesondere:

☒ Gegenständen, die zwar nicht unter § 811 ZPO fallen, durch deren Verwertung jedoch nur ein Erlös erzielt werden würde, der zu dem Wert außer allem Verhältnis steht (§ 812 ZPO).

☒ sonstigen Gegenständen, deren Verwertung einen Überschuss über die Kosten der Zwangsvollstreckung nicht erwarten lässt (§ 803 Abs. 2 ZPO).
Fernseher, 15 Jahre alt

☒ **Der Pfändungsversuch war daher** ☒ insgesamt ☐ teilweise **erfolglos.**

☒ Den Schuldner/Die Schuldnerin habe/werde ich von der ☒ erfolglosen Pfändung ☐ teilweise erfolglosen Pfändung
durch mündliche/schriftliche Mitteilung in Kenntnis gesetzt/setzen.

II. Durch Befragen
☒ des Schuldners/der Schuldnerin ☐ des Ehepartners ☐ des Lebenspartners
☐ der/des
konnte ich folgende Familien- und Vermögensverhältnisse in Erfahrung bringen:

1. Familie

Nachname, Vorname des Schuldners/der Schuldnerin	Geburtsdatum	Arbeitgeber	Nettoverdienst monatlich EUR
Maria Strauss	07.05.1989	**Bäckerei Müller**	1.250,00
Jan Strauss	15.04.2010	**Schüler**	

2. Sonstiges Einkommen

Art des Einkommens *)	Zahlungspflichtiger	Betrag monatlich EUR
Kindergeld	**Familienkasse X-Stadt**	193,00
Unterhalt	**Jugendamt X-Stadt**	200,00

*) z. B. Rente/Pension, Miet-/Pachteinnahmen, Zins, Dividenden

Seite 1 von 2

3. Grundvermögen

Flurstück-Nr(n).
4711

Gemarkung
Karrendorf

4. Forderungen, Guthaben und ähnliche Rechte (Guthaben bei Banken, Bausparkassen, Lebensversicherungen usw.)

Art des Vermögens	Geldinstitut, IBAN	Betrag EUR
Girokontoguthaben	Sparkasse Karrendorf, DE6099988877...	190,00

5. Zu erwartendes Vermögen (Erbschaft, Schenkung usw.)

Art des Vermögens	von wem, Name und Anschrift	Betrag EUR
Vermächtnis	Josef X., Hauptstr. 99, B-Dorf	5.000,00

6. Angaben über Schulden

Gläubiger	Betrag EUR
Y-Versandhaus, Wohnzimmermöbel	2.950,00
Auto-Kauf	800,00

7. Folgende Sachen sind auf Abzahlung unter Eigentumsvorbehalt gekauft: (Art und Eigentümer angeben!)

Fernseher, Wohnzimmermöbel

8. Folgende Sachen sind verpfändet oder sicherungsübereignet:

Auto an Bank

9. Bezug von Sozialleistungen

Leistungsträger	Höhe monatlich EUR
-	

Die Gläubigerin/Vollstreckungsbehörde wird hiermit ausdrücklich ermächtigt, Einsicht in meine Sozialakten zu nehmen.

10. Eidesstattliche Versicherung/Vermögensauskunft abgegeben

am	Gerichtsvollzieher etc.	Geschäftszeichen
11.11.2024	OGV Schnell	DR II 1281/24

☐ Vorgelesen, genehmigt und unterschrieben:

☒ Zur Kenntnisnahme vorgelegt, genehmigt und unterschrieben:

Karrenberg — 20.01.2025

Ort — Datum

Vollstreckungsbedienstete(r) — Vollstreckungsschuldner(in)

Seite 2 von 2

Pfändungsniederschrift

Zutreffendes ist angekreuzt ☒ oder ausgefüllt!

In der Vollstreckungssache der

Körperschaft als Gläubigerin
Stadt Watzberg
Musterplatz 2
83491 Watzberg

Vollstreckungsbehörde (falls von Gläubigerin abweichend)
Stadtkasse Watzberg

gegen

Vollstreckungsschuldner (Name, Geburtsdatum und Anschrift)
Herr Karl Pleitemann, 16.02.1977
Hatnix-Str. 35
83491 Watzberg

habe ich mich heute in die ☒ Wohnung ☐ Geschäftsräume des Schuldners/der Schuldnerin begeben,
um im Wege der Zwangsvollstreckung die nachgenannte Vollstreckungssumme laut beiliegenden Aufträgen gegebenenfalls zwangsweise einzuziehen.

Kassen-/Buchungszeichen / Bezeichnung der Forderung	
Gewerbesteuer 2023, fällig 22.11.2024	4.290,00 EUR
	EUR
Mahngebühren	5,00 EUR
Säumniszuschläge	127,50 EUR
Insgesamt einzuziehen:	4.422,50 EUR

Ich habe den Schuldner/die Schuldnerin

☒ persönlich angetroffen. ☐ persönlich nicht angetroffen, sondern

☐ den Ehepartner des Schuldners/der Schuldnerin.

☐ den/die bei dem Schuldner/der Schuldnerin beschäftigte(n)

Herrn/Frau

beschäftigt als

1. Zahlungsaufforderung

Ich habe der anwesenden Person den Zweck meines Erscheinens bekannt gemacht und diese aufgefordert, zur Vermeidung der sofortigen Pfändung den oben genannten Betrag, zuzüglich Pfändungsgebühren und Auslagen, zu zahlen.

Der/Die Anwesende erklärte sich zu ☒ einer Zahlung ☐ einer weiteren Zahlung ☐ außerstande. ☒ nicht bereit.

2. Pfändung

☒ Darauf forderte ich den/die Anwesende(n) auf, mir zum Zweck der Pfändung die bewegliche Habe, zunächst die für den/die Schuldner(in) entbehrlichsten Sachen, vorzuzeigen und alle Räume und Behältnisse, soweit erforderlich, zu öffnen.

☒ Der Durchsuchung der Wohnung/Geschäftsräume und Behältnisse zum Zwecke der Pfändung wurde nicht widersprochen.

☒ Das vorgefundene Geld habe ich gepfändet. Es ergab sich ein Betrag von 3.700,00 EUR.

☐ Ich habe den/die im nachstehenden Verzeichnis unter lfd. Nr(n).

aufgeführten Gegenstand/Gegenstände gepfändet, in dem ich ihn/sie in Verwahrung genommen habe.

☐ Den Wert des/der gepfändeten Gegenstands/Gegenstände habe ich unter Beachtung der gesetzlichen Vorschriften geschätzt.

☐ Der Wert der Pfandsache(n) wurde/wird durch einen Sachverständigen geschätzt.

Seite 1 von 3

☒ Das/Die Pfandstück(e) mit der/den lfd. Nr(n). 1

habe ich im Gewahrsam des Schuldners/der Schuldnerin belassen, weil die Befriedigung der Gläubigerin nicht gefährdet erscheint. Der/Die im Gewahrsam des Schuldners/der Schuldnerin belassene(n) gepfändete(n) Gegenstand/Gegenstände habe ich mit einem Pfandsiegel, gut sichtbar angebracht, gekennzeichnet.

☐ Da wegen der Beschaffenheit des Pfandstücks mit der lfd. Nr.

ein Anbringen von Pfandsiegeln nicht tunlich war, trennte ich diese(n) Gegenstand/Gegenstände von anderen Sachen und brachte am Aufbewahrungsort eine von mir unterzeichnete und mit dem Dienstsiegel versehene Pfandanzeige an (Mehrfertigung liegt dieser Niederschrift bei).

☐ Die Pfandanzeige wurde für jeden leicht sichtbar angebracht:

genaue Bezeichnung

☒ Dem Angetroffenen habe ich eröffnet, dass der Besitz des Pfandstücks mit der lfd. Nr. 1

auf die auf Seite 1 genannte Gläubigerin übergegangen ist und der Schuldner/die Schuldnerin sowie jede andere Person jede diesen Besitz beeinträchtigende Handlung (Beschädigung, Wegschaffen usw.) sowie das Entfernen oder Beschädigen der Pfandsiegel zu unterlassen hat.
Widrigenfalls kann dies strafrechtliche Folgen haben.

☐ Der Gegenstand/Die Gegenstände mit der/den lfd. Nr(n). des Verzeichnisses ist/sind bereits von/vom

gepfändet.

☐ Ich habe ihn/sie daher anschlussweise für die auf Seite 1 genannte Gläubigerin gleichfalls gepfändet und dies dem/der Schuldner(in) unter Hinweis bezüglich des Wegschaffens usw. (siehe oben) mitgeteilt.

☒ Der/Die Angetroffene wurde darauf hingewiesen, dass ihm/ihr der Versteigerungstermin rechtzeitig bekannt gegeben wird.

☐ Auf Befragen erklärte der/die Angetroffene, dass der Pfandgegenstand/die Pfandgegenstände seines/ihres Wissens nicht für einen anderen Gläubiger gepfändet bzw. sicherungsübereignet ist/sind oder im Eigentum eines Dritten

☐ Der Angetroffene erklärte, dass der Pfandgegenstand Dritten gehört, und zwar lfd. Nr.

Ich habe ihn darauf hingewiesen, dass der Eigentümer sein Recht bei der auf Seite 1 genannten Gläubigerin geltend zu machen hat und die Zwangsvollstreckung einstweilen bestehen bleibt.

☐ Von der Pfändung werde ich den/die Schuldner(in) durch Übersenden/Aushändigen einer Abschrift dieser Niederschrift in Kenntnis setzen.

Verzeichnis der gepfändeten Gegenstände

Lfd. Nr.	Bezeichnung des gepfändeten Gegenstands	Wert EUR (geschätzt)
1	eBike, gebraucht	1.500,00
	Summe:	1.500,00

☒ Vorgelesen, genehmigt und unterschrieben:

☐ Zur Kenntnisnahme vorgelegt, genehmigt und unterschrieben:

Watzberg — 24.01.2025

Ort — Datum

Vollstreckungsbedienstete(r) — Vollstreckungsschuldner(in)

Seite 2 von 3

Rechtsbehelfsbelehrung

Gegen diesen Bescheid kann **innerhalb eines Monats nach seiner Bekanntgabe** entweder Widerspruch eingelegt (siehe 1.) oder unmittelbar **Klage** erhoben (siehe 2.) werden.

1. Wenn Widerspruch eingelegt wird

ist der Widerspruch

in schriftlicher Form bei: **Stadt Watzberg**
Musterplatz 2
83491 Watzberg

in elektronischer Form über:

einzulegen.

2. Wenn unmittelbar Klage erhoben wird

ist die Klage bei dem

Bayer. Verwaltungsgericht München
Postfach 20 05 43, 80005 München
Bayerstraße 30, 80335 München

zu erheben.

Hinweise zur Rechtsbehelfsbelehrung

Die Einlegung des Rechtsbehelfs ist schriftlich, zur Niederschrift oder elektronisch in einer für den Schriftformersatz zugelassenen Form möglich. Die Einlegung eines Rechtsbehelfs per einfacher E-Mail ist nicht zugelassen und entfaltet keine rechtlichen Wirkungen!

Ab 01.01.2022 muss der in § 55d VwGO genannte Personenkreis Klagen grundsätzlich elektronisch einreichen.

[Sofern kein Fall des § 188 VwGO vorliegt:] Kraft Bundesrecht wird in Prozessverfahren vor den Verwaltungsgerichten infolge der Klageerhebung eine Verfahrensgebühr fällig.

Durch die Einlegung eines Rechtsbehelfs wird die Wirksamkeit dieses Bescheides nicht gehemmt, insbesondere ist die Einziehung der angegebenen Abgabe nicht aufgehalten.

Seite 3 von 3

CertiFORM

Behörde:	Ort:	Datum:
Stadt Müllen Yanti-Str. 1-5 99998 Müllen	Müllen	13.01.2025
	Geschäftszeichen: 20-5	Kassen-/Buchungszeichen: 50101.890.789.0

Pfandanzeige

In der Vollstreckungssache

gegen

Frau Maria Arm

Hohlstr. 5, 99998 Müllen

habe ich heute im Auftrag der

Stadt Müllen, Stadtkasse

als Vollstreckungsbehörde

die folgenden hier befindlichen Sachen gemäß Art. 26 Bayerisches Verwaltungszustellungs- und Vollstreckungsgesetz (VwZVG) i. V. m. §§ 803 ff. Zivilprozessordnung (ZPO) gepfändet:

1. 1 Satz Vasen, Chin. Porzellan
2. Speiseservice
3. Kaffeservice
4.
5.
6.
7.
8.
9.
10.

Das Pfandrecht an dem/den Pfandstück(en) ist damit auf den Gläubiger/die Gläubigerin,

Stadt Müllen

übergegangen.

Der/Die Vollstreckungsschuldner(in) und alle anderen Personen haben jegliche Handlung zu unterlassen, die die Rechte des Gläubigers/der Gläubigerin beeinträchtigen würden.

Unter Hinweis auf § 136 Strafgesetzbuch (StGB) untersage ich jede Verfügung über den/die Pfandgegenstand/Pfandgegenstände, insbesondere dessen/deren Veräußerung oder Wegschaffen, ferner jede Beschädigung oder jede Entfernung dieser Pfandanzeige.

(Dienstsiegel)

Vollstreckungsbedienstete(r)

Behörde:	Ort:	Datum:
Stadt Müllen Yanti-Str. 1-5 99998 Müllen	Müllen	17.10.2024
	Sachbearbeiter(in): Herr Kadi	Zimmer-Nr.: 343
	Telefon (Durchwahl): 07771/650-432	Telefax: -324
	E-Mail:	

An:

Herrn
Karl Lau
Metzstr. 113
99998 Müllen

Bankverbindung:	
Name der Bank: Kreissparkasse Mühlendorf	
IBAN: DE10123456780123456789	BIC:
Name der Bank: Volksbank Müllen	
IBAN: DE99543210001234567 89	BIC:
Geschäftszeichen: 20-5	Kassen-/Buchungszeichen: 50101.269.780.1

Mitteilung der Versteigerung

Zur Sachpfändung vom: 06.09.2024

Sehr geehrter Herr Lau,

da die Gesamtforderung in Höhe von	83.750,00 EUR
zuzüglich anfallender Vollstreckungskosten von	150,00 EUR

noch nicht beglichen sind, werden die nachstehend aufgeführten gepfändeten bzw. sicherungsübereigneten Gegenstände

Bezeichnung der Pfandsache
1. Kfz, Marke: BMW 740d
2.
3.
4.
5.
6.
7.
8.
9.
10.

versteigert.

	Tag	Datum	Uhrzeit
Versteigerungstermin:	Mittwoch	13.11.2024	09:30 Uhr
Versteigerungsort:	Ort, Gebäude, Stockwerk, Raum Autohaus XY GmbH Industriestr. 11, 99998 Müllen		

Zeit und Ort der Versteigerung sowie die zur Versteigerung kommende(n) Pfandsache(n) werden rechtzeitig öffentlich (durch Tageszeitung/en, Anschlag usw.) bekanntgegeben.

Wir weisen darauf hin, dass Sie die Versteigerung nur dadurch verhindern können, indem Sie die Forderung begleichen.

Alle durch diese Maßnahme entstehenden Kosten gehen zu Ihren Lasten.

Mit freundlichen Grüßen

Anlage(n):
1 Wertgutachten

Vollstreckungsbedienstete(r)

III. Erläuterungen zur Zahlungserleichterung

Aus den unterschiedlichsten Gründen kommt es vor, dass der Steuerpflichtige seinen steuerlichen Verpflichtungen nicht fristgerecht nachkommen kann. Eindeutig ist hierzu § 222 Abgabenordnung (AO), wonach Finanzbehörden Ansprüche aus dem Steuerschuldverhältnis ganz oder teilweise stunden können, wenn die Einziehung bei Fälligkeit eine erhebliche Härte für den Schuldner bedeuten würde und der Anspruch durch die Stundung nicht gefährdet erscheint. Zudem soll eine Stundung in der Regel nur auf Antrag und gegen Sicherheitsleistung gewährt werden.

Um Stundungen richtig bearbeiten zu können, ist eine enge Zusammenarbeit zwischen der Kasse als Vollstreckungsbehörde und dem veranlagenden Fachamt unabdingbar. Dies liegt darin begründet, dass oftmals die Kasse bzw. Vollstreckungsbehörde über notwendige Informationen für eine zu gewährende Stundung verfügt.

Gehen wir hierbei Schritt für Schritt vor, dann hat der Schuldner zuerst einen **Stundungsantrag** zu stellen, aus dem hervorgeht, warum der Einzug der Forderung zum Fälligkeitstag mit einer erheblichen Härte verbunden ist. Zudem wird in der Regel bereits in Vorgesprächen auf eine etwaige Absicherung oder Stellung von Sicherheiten hingewiesen, die der Schuldner während einer eventuellen Stundungsgewährung leisten muss. Der Schuldner hat im Antragsformular ebenfalls zu bestätigen, dass es keine Benachteiligung von anderen Gläubigern durch eine Stundungsvereinbarung gibt – dies ist schon als Absicherung der Behörde bezüglich einer Anfechtung bei einer eventuellen Eröffnung eines Insolvenzverfahren notwendig.

Ergänzend zu dem schriftlichen Antrag auf Stundung ist die Einreichung von weiteren Unterlagen wie beispielsweise einer **Selbstauskunft, Einkommensnachweisen** und/oder auch **Kontoauszügen** sinnvoll, um sich über die Solvenz des Schuldner einen Überblick verschaffen zu können.

Wie oben schon erwähnt, ist der Informationsaustausch mit der Vollstreckungsbehörde notwendig, denn es können Tatsachen bekannt sein, die eine Stundung nicht rechtfertigen, beispielsweise dass ein Antrag auf Eröffnung eines Insolvenzverfahrens beim zuständigen Amtsgericht eingereicht wurde. Die zusammengetragenen Informationen werden an die sachbearbeitende Stelle weitergegeben, um diese bei der Entscheidungsfindung und Bewilligung heranzuziehen.

Sowohl für die Genehmigung einer Stundung als auch bei Ablehnung einer Stundung ist ein entsprechend begründeter **Bescheid mit Rechtsbehelf** an den Antragsteller zu übersenden.

■■ CertiFORM

Antragsteller: (Vor- und Zuname, Anschrift)
Herr
Karl Pleitemann
Hatnix-Str. 35
83491 Watzberg

Ort: Watzberg
Datum: 13.01.2025
Telefon (tagsüber):
Telefax:
E-Mail: pleitemann@hatnix.de

Zutreffendes ist angekreuzt ☒ oder ausgefüllt!

An:

Stadt Watzberg
Molis, Justus
Musterplatz 2
83491 Watzberg

Datum des Eingangs:

Antrag auf Stundung/Ratenzahlung

Folgende Forderung(en) steht/stehen zur Zahlung offen:

Bezeichnung der Abgabe/Buchungszeichen oder Bescheid-Nr.	fällig am	EUR
Verwaltungsgebühren	10.02.2025	380,00
Erschließungsbeitrag, Obj. Hatnix-Str. 35a	13.02.2025	21.710,90
	Insgesamt:	22.090,90

Ich/Wir beantrage(n) Stundung mit folgendem **Zahlungsvorschlag:**

	Zahlungstag	EUR		Zahlungstag	EUR		Zahlungstag	EUR
1	15.03.2025	4.090,90	5			9		
2	15.04.2025	2.000,00	6			10		
3	15.05.2025	2.000,00	7			11		
4	31.12.2025	14.000,00	8			12		

Begründung des Stundungsantrags *

(Voraussetzung für eine Stundung ist gem. § 222 Abgabenordnung [AO] i. V. m. Art. 13 Bayerisches Kommunalabgabengesetz [KAG], dass der Einzug der Forderung am Fälligkeitstag mit einer erheblichen Härte für den Schuldner verbunden ist und der Anspruch nicht gefährdet erscheint. Der Antrag muss daher sorgfältig begründet werden.)

Der Einzug der Forderung(en) am Fälligkeitstag bedeutet eine erhebliche Härte, weil
dem Grundstückseigentümer beim Kauf des Grundstücks zugesagt wurde, dass vor Ende 2025 nicht mit der Abrechnung der Erschließungsbeiträge zu rechnen ist.

Der dafür vorgesehene Bausparvertrag wird erst Mitte Dezember 2025 zur Auszahlung fällig.

Sicherheitsleistung ☒ Folgende Sicherheit(en) wird/werden gestellt: ☐ Es wird gebeten, von dem Verlangen einer Sicherheit abzusehen.

Abtretung der Auszahlungsansprüche aus Bausparvertrag Nr. 54/123456/400 bei der LBS.

Anlage(n):
☒ Erklärung zu den persönlichen und wirtschaftlichen Verhältnissen
☐

Unterschrift(en)

* Zur Begründung gehört auch die Erklärung des Zahlungspflichtigen zu den persönlichen und wirtschaftlichen Verhältnissen (siehe Boorberg-Vordruck 70.951/028.5 bzw. 70.951/028.0)

Seite 1 von 2

Anlage (Vermerk für die Akten)

Zutreffendes ist angekreuzt ☒ oder ausgefüllt!

☒ **Verfügung** *   ☐ **Beschlussantrag** *

1. Dem Stundungsantrag auf Seite 1 ist

☐ nicht zu entsprechen, weil

☐ wie beantragt zu entsprechen.

☒ teilweise zu entsprechen. Abweichend vom Zahlungsvorschlag sind folgende Fälligkeitstermine und -beträge festzusetzen:

	Fälligkeit	EUR		Fälligkeit	EUR		Fälligkeit	EUR
1			**5**			**9**		
2			**6**			**10**		
3			**7**			**11**		
4	15.01.2026	14.000,00	**8**			**12**		

Bemerkungen zur Ratenfestsetzung:
Um nicht in Zahlungsverzug wegen der Feiertage zu kommen, wird die letzte Rate später fällig.

2. Die Stundung ist widerruflich zu bewilligen. ☒ Sie gilt als widerrufen, wenn ein Zahlungstermin nicht eingehalten wird.

3. Sicherheitsleistungen sind

☐ nicht zu verlangen, weil die Forderung nicht gefährdet ist.

☒ zu verlangen, und zwar **wie angeboten - Abtretung der Auszahlung LBS-Bausparvertrag Nr. 54/123456/400**

4. ☒ Stundungszinsen sind ☒ in gesetzlicher Höhe ☐ in Höhe von EUR zu erheben.

Nur bei Ratenzahlung mit über einem Jahr Laufzeit:

5. ☐ Die Ratenzahlung ist zunächst nur auf ein Jahr zu befristen und vor Ablauf des Jahres zu prüfen, ob die Verhältnisse des Schuldners eine raschere Tilgung gestatten.

6. ☐

Watzberg   20.01.2025
Ort   Datum   Unterschrift

Vermerk über Beschluss des zuständigen Gremiums

Vom **Finanzausschuss** am

gemäß Niederschrift Nr. 02/2025 ☒ ohne Abweichungen ☐ mit folgenden Abweichungen beschlossen:

* Die Zuständigkeit für die Entscheidung richtet sich nach der örtlichen Regelung.

Seite 2 von 2

Behörde:
Stadt Watzberg
Musterplatz 2
83491 Watzberg

Ort:	Datum:
Watzberg	03.01.2025
Sachbearbeiter(in):	Zimmer-Nr.:
Molis, Justus	343
Telefon (Durchwahl):	Telefax:
08659/876-133	-333
E-Mail:	
justus.molis@stadt-watzberg.de	

An:

Herr
Karl Pleitemann
Hatnix-Str. 35
83491 Watzberg

Bankverbindung:

Name der Bank:	
Stadtsparkasse Watzberg	
IBAN:	BIC:
DE10123456780123456789	
Name der Bank:	
Volksbank Watzberg	
IBAN:	BIC:
DE98765432109876543210	
Geschäftszeichen:	Kassen-/Buchungszeichen:
21/JM	50101.890.789.0

Falls Zustellung an andere Person:
Name und Anschrift des Abgabepflichtigen

A. Stundungsbescheid Aufgrund des Antrags vom 27.12.2024 wird folgende Stundung gewährt:

Lfd. Nr.	Kassen-/Buchungszeichen	Bezeichnung der Forderung	Sofort fällig (EUR)	Gestundeter Betrag
1	2	3	4	5
1	50101.890.789.0	Erschließungsbeitrag	3.850,00	10.000,00

Der/Die gestundete(n) Betrag/Beträge ist/sind in folgenden Raten zu entrichten:

Zu lfd. Nr.: 1 (oben Sp. 1)		Zu lfd. Nr.: (oben Sp. 1)		Zu lfd. Nr.: (oben Sp. 1)	
Bis zum	EUR	Bis zum	EUR	Bis zum	EUR
15.03.2025	4.000,00				
15.04.2025	4.000,00				
15.05.2025	2.000,00				
Insgesamt:	10.000,00	Insgesamt:		Insgesamt:	

B. Zinsbescheid

Lfd. Nr.	Stundungsbetrag abgerundet gem. § 238 AO*	Zeitraum der Stundung vom	bis	volle Monate	**Zinssatz****	Zinsbetrag (Sp. 2 x Sp. 5 x Sp. 6)
1	2	3	4	5	6	7
1	4.000,00	28.01.2025	15.03.2025	1	4,27	14,23
	4.000,00	28.01.2025	15.04.2025	2	4,27	28,47
	2.000,00	28.01.2025	15.05.2025	3	4,27	21,35

Die Stundungszinsen sind für jede Abgabenart zusammen mit dem fälligen Betrag zu entrichten.

Summe der Stundungszinsen: 64,05

Die Auflagen und Hinweise sowie die Rechtsbehelfsbelehrung auf Seite 2 bzw. 3 sind Bestandteil dieses Bescheides.

Bemerkungen:

Unterschrift

* Abgabenordnung

** Zwei Prozentpunkte über dem Basiszinssatz nach § 247 Bürgerliches Gesetzbuch (BGB), vgl. Art. 13 Abs. 1 Ziff. 5b dd Bayerisches Kommunalabgabengesetz (KAG).

Seite 1 von 2

Auflagen und Hinweise

☒ Die Anforderung einer Sicherheitsleistung gem. § 222 Abgabenordnung (AO) behalten wir uns vor.

☒ Die Stundung wird von der Bedingung abhängig gemacht, dass der auf Seite 1 genannte Zahlungstermin eingehalten wird. Bei Nichteinhaltung des Zahlungstermins gilt die Stundung als widerrufen. In diesem Falle wird der gesamte Rückstand zur Zahlung fällig. Außerdem treten ab diesem Zeitpunkt anstelle der Stundungszinsen Säumniszuschläge.

Nach § 234 AO i. V. m. § 1 Abs. 2 AO, Art. 13 Bayerisches Kommunalabgabengesetz (KAG) werden für die Dauer einer gewährten Stundung von Ansprüchen aus dem Steuer- bzw. Abgabenverhältnis Zinsen erhoben.

Bitte beachten Sie: Bei Überweisungen oder Einzahlungen auf ein Konto der Gläubigerin ist die Zahlung erst mit dem Tage der Gutschrift wirksam geleistet. Mit einer Einzugsermächtigung mittels SEPA-Mandat können Sie jedoch sicherstellen, dass die Zahlungen stets termingerecht eingehen und so der Stundungsvorteil nicht gefährdet wird.

Rechtsbehelfsbelehrung

Gegen diesen Bescheid kann **innerhalb eines Monats nach seiner Bekanntgabe** entweder Widerspruch eingelegt (siehe 1.) oder unmittelbar **Klage** erhoben (siehe 2.) werden.

1. Wenn Widerspruch eingelegt wird

ist der Widerspruch

in schriftlicher Form bei: Stadt Watzberg
Musterplatz 2
83491 Watzberg

in elektronischer Form über:

einzulegen.

2. Wenn unmittelbar Klage erhoben wird

ist die Klage bei dem

Bayer. Verwaltungsgericht München
Postfach 20 05 43, 80005 München
Bayerstraße 30, 80335 München

zu erheben.

Hinweise zur Rechtsbehelfsbelehrung

Die Einlegung des Rechtsbehelfs ist schriftlich, zur Niederschrift oder elektronisch in einer für den Schriftformersatz zugelassenen Form möglich. Die Einlegung eines Rechtsbehelfs per einfacher E-Mail ist nicht zugelassen und entfaltet keine rechtlichen Wirkungen!

Ab 01.01.2022 muss der in § 55d VwGO genannte Personenkreis Klagen grundsätzlich elektronisch einreichen.

[Sofern kein Fall des § 188 VwGO vorliegt:] Kraft Bundesrecht wird in Prozessverfahren vor den Verwaltungsgerichten infolge der Klageerhebung eine Verfahrensgebühr fällig.

Durch die Einlegung eines Rechtsbehelfs wird die Wirksamkeit dieses Bescheides nicht gehemmt, insbesondere ist die Einziehung der angegebenen Abgabe nicht aufgehalten.

Seite 2 von 2

Behörde:
Stadt Watzberg
Musterplatz 2
83491 Watzberg

Ort:	Datum:
Watzberg	03.02.2025
Sachbearbeiter(in): Molis, Justus	Zimmer-Nr.: 343
Telefon (Durchwahl): 08659/876-133	Telefax: -333
E-Mail: justus.molis@stadt-watzberg.de	

An:

Herr
Karl Pleitemann
Hatnix-Str. 35
83491 Watzberg

Bankverbindung:

Name der Bank:	
Stadtsparkasse Watzberg	
IBAN: DE10123456780123456789	BIC:
Name der Bank: Volksbank Watzberg	
IBAN: DE98765432109876543210	BIC:
Geschäftszeichen: 21/JM	Kassen-/Buchungszeichen: 50101.890.789.0

Falls Zustellung an andere Person:
Name und Anschrift des Abgabepflichtigen

A. Stundungsbescheid Aufgrund des Antrags vom wird folgende Stundung gewährt:

Lfd. Nr.	Kassen-/Buchungszeichen	Bezeichnung der Forderung	Sofort fällig (EUR)	Gestundeter Betrag
1	2	3	4	5
1	50101.890.789.0	Gewerbesteuer	10.000,00	2.000,00

Der/Die gestundete(n) Betrag/Beträge ist/sind in folgenden Raten zu entrichten:

Zu lfd. Nr.: 1 (oben Sp. 1)		Zu lfd. Nr.: (oben Sp. 1)		Zu lfd. Nr.: (oben Sp. 1)	
Bis zum	EUR	Bis zum	EUR	Bis zum	EUR
01.04.2025	1.000,00				
02.05.2025	1.000,00				
Insgesamt:	2.000,00	Insgesamt:		Insgesamt:	

B. Zinsbescheid

Lfd. Nr.	Stundungsbetrag abgerundet gem. § 238 AO*	Zeitraum der Stundung vom	bis	volle Monate	**Zinssatz/ Monat**	Zinsbetrag (Sp. 2 x Sp. 5 x Sp. 6)
1	2	3	4	5	6	7
1	1.000,00	17.02.2025	01.04.2025	1	0,5	5,00
	1.000,00	17.02.2025	02.05.2025	2	0,5	10,00
					Summe der Stundungszinsen:	15,00

Die Stundungszinsen sind zum 02.05.2025 zu zahlen.

Die Auflagen und Hinweise sowie die Rechtsbehelfsbelehrung auf Seite 2 bzw. 3 sind Bestandteil dieses Bescheides.

Bemerkungen:

Unterschrift

* Abgabenordnung

Seite 1 von 2

Auflagen und Hinweise

☒ Die Anforderung einer Sicherheitsleistung gem. § 222 Abgabenordnung (AO) behalten wir uns vor.

☒ Die Stundung wird von der Bedingung abhängig gemacht, dass der auf Seite 1 genannte Zahlungstermin eingehalten wird. Bei Nichteinhaltung des Zahlungstermins gilt die Stundung als widerrufen. In diesem Falle wird der gesamte Rückstand zur Zahlung fällig. Außerdem treten ab diesem Zeitpunkt anstelle der Stundungszinsen Säumniszuschläge.

Nach § 234 AO i. V. m. § 1 Abs. 2 AO, Art. 13 Bayerisches Kommunalabgabengesetz (KAG) werden für die Dauer einer gewährten Stundung von Ansprüchen aus dem Steuer- bzw. Abgabenverhältnis Zinsen erhoben. Die Stundungszinsen betragen gemäß § 238 AO für jeden vollen Monat 0,5 v. H.

Bitte beachten Sie: Bei Überweisungen oder Einzahlungen auf ein Konto der Gläubigerin ist die Zahlung erst mit dem Tage der Gutschrift wirksam geleistet. Mit einer Einzugsermächtigung mittels SEPA-Mandat können Sie jedoch sicherstellen, dass die Zahlungen stets termingerecht eingehen und so der Stundungsvorteil nicht gefährdet wird.

Rechtsbehelfsbelehrung

Gegen diesen Bescheid kann **innerhalb eines Monats nach seiner Bekanntgabe** entweder Widerspruch eingelegt (siehe 1.) oder unmittelbar **Klage** erhoben (siehe 2.) werden.

1. Wenn Widerspruch eingelegt wird

ist der Widerspruch

in schriftlicher Form bei: Stadt Watzberg
Musterplatz 2
83491 Watzberg

in elektronischer Form über:

einzulegen.

2. Wenn unmittelbar Klage erhoben wird

ist die Klage bei dem

Bayer. Verwaltungsgericht München
Postfach 20 05 43, 80005 München
Bayerstraße 30, 80335 München

zu erheben.

Hinweise zur Rechtsbehelfsbelehrung

Die Einlegung des Rechtsbehelfs ist schriftlich, zur Niederschrift oder elektronisch in einer für den Schriftformersatz zugelassenen Form möglich. Die Einlegung eines Rechtsbehelfs per einfacher E-Mail ist nicht zugelassen und entfaltet keine rechtlichen Wirkungen!

Ab 01.01.2022 muss der in § 55d VwGO genannte Personenkreis Klagen grundsätzlich elektronisch einreichen.

[Sofern kein Fall des § 188 VwGO vorliegt:] Kraft Bundesrecht wird in Prozessverfahren vor den Verwaltungsgerichten infolge der Klageerhebung eine Verfahrensgebühr fällig.

Durch die Einlegung eines Rechtsbehelfs wird die Wirksamkeit dieses Bescheides nicht gehemmt, insbesondere ist die Einziehung der angegebenen Abgabe nicht aufgehalten.

Seite 2 von 2

Behörde:	
Stadt Watzberg Musterplatz 2 83491 Watzberg	

Ort:	Datum:
Watzberg	22.01.2025
Sachbearbeiter(in):	Zimmer-Nr.:
Molis, Justus	343
Telefon (Durchwahl):	Telefax:
08659/876-133	-333
E-Mail:	
justus.molis@stadt-watzberg.de	

Stadt Watzberg, Musterplatz 2, 83491 Watzberg

An:

Herr
Karl Pleitemann
Hatnix-Str. 35
83491 Watzberg

Bankverbindung:	
Name der Bank:	
Stadtsparkasse Watzberg	
IBAN:	BIC:
DE10123456780123456789	
Name der Bank:	
Volksbank Watzberg	
IBAN:	BIC:
DE98765432109876543210	
Geschäftszeichen:	Kassen-/Buchungszeichen:
21/JM	50101.890.789.0

Falls Zustellung an andere Person:
Name und Anschrift des Abgabepflichtigen

Ablehnungsbescheid zum Stundungsantrag

Sehr geehrter Herr Pleitemann,

Ihrem Antrag vom 13.12.2024 auf Stundung der Forderung(en) in Höhe von insgesamt 16.570,00 EUR wird **nicht** stattgegeben.

Begründung

☒ Die von Ihnen zu erbringenden Nachweise zur Prüfung der wirtschaftlichen und persönlichen Verhältnisse wurden nicht erbracht. Demzufolge konnte weder eine Stundungswürdigkeit noch eine Stundungsbedürftigkeit festgestellt werden.

☒ Gemäß § 222 Abgabenordnung (AO) ist die Gewährung einer Stundung von einer Sicherheitsleistung abhängig, die von Ihnen nicht erbracht wird/wurde. Aufgrund der fehlenden Sicherheitsleistung erscheint der Forderungsanspruch gefährdet.

☐ Nach eingehender Prüfung der von Ihnen eingereichten Unterlagen stellt die Einziehung der Forderung(en) zum Fälligkeitszeitpunkt **keine** erhebliche Härte in wirtschaftlicher und persönlicher Hinsicht im Sinne des § 222 Abgabenordnung (AO) dar, da den Unterlagen zu entnehmen ist, dass ausreichend finanzielle liquide Mittel vorhanden sind.

☐ Weitere Begründungen sind:

Wir weisen darauf hin, dass die Forderung(en) fristgerecht zum Fälligkeitstermin zu begleichen ist/sind.

Mit freundlichen Grüßen

Unterschrift

Rechtsbehelfsbelehrung

Gegen diesen Bescheid kann **innerhalb eines Monats nach seiner Bekanntgabe** entweder Widerspruch eingelegt (siehe 1.) oder unmittelbar **Klage** erhoben (siehe 2.) werden.

1. Wenn Widerspruch eingelegt wird

ist der Widerspruch

in schriftlicher Form bei: **Stadt Watzberg**
Musterplatz 2
83491 Watzberg

in elektronischer Form über: ______________________

einzulegen.

2. Wenn unmittelbar Klage erhoben wird

ist die Klage bei dem

Bayer. Verwaltungsgericht München
Postfach 20 05 43, 80005 Münche
Bayerstraße 30, 80335 München

zu erheben.

Hinweise zur Rechtsbehelfsbelehrung

Die Einlegung des Rechtsbehelfs ist schriftlich, zur Niederschrift oder elektronisch in einer für den Schriftformersatz zugelassenen Form möglich. Die Einlegung eines Rechtsbehelfs per einfacher E-Mail ist nicht zugelassen und entfaltet keine rechtlichen Wirkungen!

Ab 01.01.2022 muss der in § 55d VwGO genannte Personenkreis Klagen grundsätzlich elektronisch einreichen.

[Sofern kein Fall des § 188 VwGO vorliegt:] Kraft Bundesrecht wird in Prozessverfahren vor den Verwaltungsgerichten infolge der Klageerhebung eine Verfahrensgebühr fällig.

Durch die Einlegung eines Rechtsbehelfs wird die Wirksamkeit dieses Bescheides nicht gehemmt, insbesondere ist die Einziehung der angegebenen Abgabe nicht aufgehalten.

Seite 2 von 2

B. Privatrechtliche Forderungen

Anträge an das zuständige Amtsgericht bei privatrechtlichen Forderungen

1. Erläuterungen zum Vollstreckungsauftrag an den Gerichtsvollzieher

Mit Verordnung über das Formular für Vollstreckungsaufträge an den Gerichtsvollzieher (GVGF) wurde ein amtlicher Vordruck eingeführt. Die Verordnung hat ihre Grundlage in § 753 Abs. 3 ZPO.

Die seit 2022 existierenden Formulare für die Zwangsvollstreckung wurden durch das Bundesministerium der Justiz durch die Zweite Verordnung zur Änderung der Zwangsvollstreckungsformular-Verordnung vom 17. Juni 2024 (BGBl. I Nr. 203) überarbeitet. Am 1. September 2024 ist die Verordnung in Kraft getreten. Die Verwendung von Formularen ist verpflichtend. Neben den 2024 überarbeiteten Formularen können die 2022 eingeführten Formulare bis zum 30. September 2025 weiter verwendet werden.

Mit dem Formular „Vollstreckungsauftrag an Gerichtsvollzieher" und der Forderungsaufstellung wurde außerdem ein Hinweisblatt vom Bundesministerium der Justiz und für Verbraucherschutz veröffentlicht.

Die Einreichung eines Vollstreckungsauftrags an den Gerichtsvollzieher ist seit 1.1.2022 ausschließlich in elektronischer Form erlaubt. Hierfür haben die Behörden einen sicheren Zugang über ein elektronisches Postfach erhalten: das besondere Behördenpostfach (beBPO).

2. Erläuterungen zur Durchsuchungsanordnung

Vom Gesetzgeber wurde durch Rechtsverordnung ein amtlicher Vordruck erlassen. Dieser ist jedoch ausschließlich für die Durchsuchung durch den Gerichtsvollzieher ausgelegt. Siehe amtlicher Vordruck, Seite 2, „der zuständige Gerichtsvollzieher [wird auf Antrag des Gläubigers] ermächtigt, zum Zweck der Zwangsvollstreckung die Durchsuchung" durchzuführen.

Der amtliche Vordruck beinhaltet ausdrücklich die Anhörung des Schuldners. Mit dieser Regelung wird der Entscheidung des Bundesverfassungsgerichts Rechnung getragen. Nur in Ausnahmefällen soll von der Anhörung abgesehen werden. Liegen gewichtige Gründe vor, die eine Überraschung des Schuldners unabweisbar erfordern, sind die Gründe dafür im Antrag von der Gläubigerin näher darzulegen.

Das am 22.12.2022 eingeführte Formular (BGBl. I I Nr. 52, S. 2368 ff.) für den Antrag auf Erlass einer richterlichen Durchsuchungsanordnung wurde mittlerweile so gestaltet, dass auch die Vollstreckung zur Nachtzeit und an Sonn- und Feiertagen beantragt werden kann (BGBl. 2023 I Nr. 320; 2024 I Nr. 203).

3. Erläuterungen zum Pfändungs- und Überweisungsbeschluss

Will die Kommune wegen einer zivilrechtlichen Forderung beim Schuldner eine Forderungspfändung vornehmen, so muss sie hierfür beim zuständigen Amtsgericht einen Pfändungs- und Überweisungsbeschluss beantragen. Zuständig ist das Wohnsitzgericht des Schuldners; ggf. ist der letztbekannte Wohnort des Schuldners maßgebend.

Mit der Zweiten Verordnung zur Änderung der Zwangsvollstreckungsformular-Verordnung vom 17. Juni 2024 (BGBl. I Nr. 203) hat der Gesetzgeber die Antragsformulare für den Erlass von Pfändungs- und Überweisungsbeschlüssen zuletzt überarbeitet.

Bei der Antragstellung müssen die Voraussetzungen nach § 750 ZPO vorliegen. Dem Antrag müssen also eine Ausfertigung des Titels mit Vollstreckungsklausel sowie der Nachweis der Zustellung des Titels beigefügt werden (Ausnahme: § 829a ZPO Vereinfachter Vollstreckungsantrag bei Vollstreckungsbescheiden).

Die geltend zu machenden Ansprüche sind im Antrag aufzuführen und zwar getrennt nach Haupt- und Nebenforderung. Verzugszinsen können sowohl bezüglich der Hauptforderung (sind im Titel festgesetzt) als auch bezüglich der Verfahrenskosten angefordert werden.

Als vorgerichtliche Kosten kommen z. B. Ermittlungsgebühren und Mahnkosten in Frage. Zu den bisherigen Vollstreckungskosten gehören vor allem die Gebühren für den Gerichtsvollzieher und Pfändungsgebühren.

Nach § 834 ZPO erfolgt im Verfahren der Forderungspfändung keine Anhörung von Schuldner oder Drittschuldner. Es wird deshalb nicht geprüft, ob das Vermögensrecht, das gepfändet werden soll (Lohn- und Gehaltsanspruch, Bankguthaben usw.), dem Schuldner tatsächlich auch zusteht. Nur wenn offenkundig ist, dass dies nicht der Fall ist oder wenn eine Pfändungsfreigrenze unterschritten würde, kann der Antrag wegen fehlenden Rechtsschutzbedürfnisses zurückgewiesen werden.

Das zu pfändende Vermögensrecht muss im Antrag konkret und eindeutig bezeichnet werden. Im vorliegenden Vordruck wurden deshalb für Forderungen, die am häufigsten zur Pfändung kommen, eine umfassende und bestimmbare Formulierung vorgegeben. Man braucht daher nur auf den jeweils zutreffenden Punkt der Rückseite verweisen.

Der vom Vollstreckungsgericht verfügte Pfändungs- und Überweisungsbeschluss wird erst **wirksam, wenn** er **dem Drittschuldner zugestellt ist**. Die Zustellung erfolgt entweder durch die Geschäftsstelle des Gerichts oder durch den Antragsteller selbst, der dafür den Gerichtsvollzieher zu beauftragen hat (vgl. § 829 Abs. 2 ZPO).

Wurde bereits eine Vorpfändung nach § 845 ZPO vorgenommen, ist zu beachten, dass diese nur einen Monat Gültigkeit hat. Es ist daher erforderlich, dass der Beschluss vor Ablauf der Gültigkeitsfrist zugeht. Im Antrag sollte deshalb der wegen der Vorpfändung zu beachtende letzte Zustelltag angegeben werden.

Für den Pfändungs- und Überweisungsbeschluss müssen vom Antragsteller Gebühren und Auslagen nach dem Gerichtskostengesetz entrichtet werden. Dies gilt auch für Kommunen, wenn sie privatrechtliche Forderungen geltend machen. Die Höhe der Gebühr ist abhängig vom geltend gemachten Forderungsbetrag.

C. Erläuterungen zur Informationsbeschaffung

Ein wichtiger Punkt in der Durchsetzung von offenen Forderungen ist die Informationsbeschaffung. Als Vollstreckungsbehörde sollten so viele Informationen wie nötig beschafft werden, um die effektivste Vorgehensweise in der Vollstreckung einschlagen zu können. Mit den folgenden Formularen werden Ihnen Hilfestellungen zur Informationsbeschaffung an die Hand gegeben, die neben den herkömmlichen Recherchen wie beispielsweise dem Internet zusätzliche Auswertungsmöglichkeiten über den Schuldner geben können.

Anhand der gesammelten Informationen ist es um ein Vielfaches einfacher, die nächsten Schritte in der Vollstreckung einzuleiten. Sollte eine Auswertung der zusammengetragenen Fakten ergeben, dass zum derzeitigen Zeitpunkt etwaige Vollstreckungsmaßnahmen ins Leere laufen würden oder sogar nur zusätzliche Kosten generiert werden, können diese Informationen oftmals als Grundlage für eine befristete Niederschlagung herangezogen werden.

Als Vollstreckungsbehörde können viele Auskünfte selbst oder auch im Rahmen der Amtshilfe eingeholt werden, wobei dies oftmals auch die kostengünstigere Variante der Informationsbeschaffung darstellt, als die Einholung von Informationen durch den Gerichtsvollzieher.

Für die Informationsbeschaffung beim Bundeszentralamt für Steuern sowie für die Einsichtnahme bei den Vollstreckungsgerichten ins Schuldnerverzeichnis und Abschrift eines Vermögensverzeichnisses ist eine Online-Registrierung der jeweiligen Behörden Voraussetzung, um selbst die Auskünfte einholen zu können.

Die hierfür zu Grunde liegenden gesetzlichen Vorschriften bilden § 93b Abgabenordnung (AO) für das „Automatisierte Kontenabrufverfahren", § 882b Zivilprozessordnung (ZPO) für die Einsicht in das Schuldnerverzeichnis und § 802k Abs. 2 ZPO für den Abruf des zentral gespeicherten Vermögensverzeichnisses.

Bei der Einholung von Auskünften beim Rentenversicherungsträger „Übermittlung von Sozialdaten" wird neben der schriftlichen Form mit dem auf der CD enthaltenen Formular auch auf die Möglichkeit der Online-Auskunftseinholung hingewiesen. Hierzu müssen sich die Behörden ebenfalls den Zugang entsprechend freischalten lassen.

Die Auskunftseinholung beim zuständigen Einwohnermeldeamt, Standesamt oder Gewerbeamt sind weitere nützliche Informationsquellen über neuen und alten Wohnsitz, etwaige Erben oder angemeldete Gewerbe um ein Gesamtbild über die Schuldnersituation zu erhalten. Selbstverständlich sind die Informationen unter Beachtung der Datenschutzgrundverordnung [Verordnung (EU) 2016/679, DSGVO] immer zielgerichtet zu sammeln und zu verwerten. Die Verantwortung für den rechtmäßigen und ordnungsgemäßen Gebrauch der Daten liegt im Falle der zwangsweisen Durchsetzung von Forderungen bei der Vollstreckungsbehörde.

1. Erläuterungen zum Auskunftsersuchen über gewerbliche Zuverlässigkeit nach § 35 GewO

Mit dieser Anfrage bei der zuständigen Gewerbeaufsichtsbehörde haben Sie die Möglichkeit in Erfahrung zu bringen, ob gegen das säumige Unternehmen bereits Einträge und Vormerkungen von Sozialversicherungsträgern, dem Zoll oder auch Gesundheitsamt vorhanden sind. Liegen bei den Aufsichtsbehörden schon negative Informationen vor, kommen Anfragen gleicher Art an andere betroffene Behörden. Bei entsprechender Unzuverlässigkeit folgt erfahrungsgemäß eine Gewerbeuntersagung mit der Einstellung des Betriebs, was wiederum direkte Auswirkungen auf die Handlungen und Vorgehensweise der Vollstreckungsstelle hat.

CertiFORM

Behörde:
Gemeinde Musterhausen Brunnenplatz 1 85000 Musterhausen

Ort:	Datum:
Musterhausen	14.02.2025
Sachbearbeiter(in):	Zimmer-Nr.:
V. Ollstrecker	E.09
Telefon (Durchwahl):	Telefax:
08999/152-4566	-4436
E-Mail:	
Geschäftszeichen:	Kassen-/Buchungszeichen:
210/VO	504.7389

Gemeinde Musterhausen, Brunnenplatz 1, 85000 Musterhausen

An:

Landratsamt Musterstadt
- Gewerbeaufsicht -
Stadtplatz 7
85999 Musterstadt

Auskunftsersuchen über gewerbliche Zuverlässigkeit nach § 35 GewO

Sehr geehrte Damen und Herren,

nachfolgende(r) Schuldner(in)

Vorname		Nachname
Herr/Frau		
Geburtsdatum	Geburtsort	Geburtsname
Firma		Eingetragen im HR
Hotel Überschuldig GmbH		AG Musterstadt, B7543
Anschrift		
Schnorrstr. 13 85999 Musterstadt		

hat bei der Gemeinde Musterhausen (Behörde) ein Gewerbe angemeldet.

Der Gewerbetreibende hat seit 15.10.2024 Steuerrückstände in nicht unerheblicher Höhe. Trotz **zwangsweiser Beitreibung** konnte(n) die öffentlich-rechtliche(n) Forderung(en) nicht durchgesetzt werden.

Wir bitten um Auskunft, ob aus Ihrer Sicht die gewerbliche Zuverlässigkeit nach § 35 GewO noch besteht.

Antwort:

- ☐ Es liegen keine Hinweise auf eine gewerbliche Unzuverlässigkeit nach § 35 GewO vor.
- ☐ Derzeit läuft ein Gewerbeuntersagungsverfahren nach § 35 GewO.
- ☐ Es liegen Hinweise auf weitere Gläubiger vor:
  - ☐ Finanzamt: ____
  - ☐ Sozialversicherung: ____
  - ☐ Sonstige Angaben: ____

Urschriftlich zurück an:

Gemeinde Musterhausen
- Vollstreckungsbehörde -
Brunnenplatz 1
85000 Musterhausen

____ Ort ____ Datum

____ Unterschrift

2. Erläuterungen zur Anforderung eines Grundbuchauszuges

Die Einsichtnahme im Grundbuch ist bei der dinglichen Absicherung sowie der Vollstreckung in das unbewegliche Vermögen unabdingbar. Wie eingangs unter Vierter Teil Durchführung der Vollstreckung unter III. Vollstreckung in das unbewegliche Vermögen (s. Seite 33) erwähnt, gehören Grundstücke und grundstücksgleiche Rechte zum unbeweglichen Vermögen.

Das Grundbuch ist kein öffentliches Register, bei dem jeder beliebig Einsicht nehmen kann.

Die Einsichtnahme in das Grundbuch beziehungsweise einen Auszug aus dem Grundbuch erhält nur derjenige, wer ein berechtigtes Interesse im Sinne des § 12 der Grundbuchordnung (GBO) darlegen kann.

Dies bedeutet, dass neben dem Eigentümer nur derjenige Einsicht erhält, der ein Recht an dem Grundstück hat (z.B. Miteigentümer) oder dem ein Grundstücksrecht (Gläubiger in Abt. III oder Grunddienstbarkeit in Abt. II) zusteht.

Bei Grundsteuern, Müll-, Wasser- und Abwassergebühren handelt es sich beispielsweise um öffentlich-rechtliche Abgaben und Gebühren, bei denen es sich in der Regel gemäß örtlicher Satzung in Verbindung mit dem Kommunalabgabengesetz um auf dem Grundstück lastende Forderungen handelt.

Diese offenen Forderungen werden im Falle der Zwangsversteigerung als sogenannte bevorrechtigte Forderungen gemäß § 10 Zwangsversteigerungsgesetz (ZVG) aus Rangklasse 3 bzw. 7 behandelt und bedient. Es gilt zu beachten, dass für diese Forderungen keine Zwangssicherungshypothek separat eingetragen werden muss.

Das berechtigte Interesse gemäß § 12 GBO ergibt sich somit aus den auf den Grundstück lastenden Forderungen.

Behörde:	Ort:	Datum:
Gemeinde Musterhausen Brunnenplatz 1 85000 Musterhausen	Musterhausen	14.02.2025
	Sachbearbeiter(in): V. Ollstrecker	Zimmer-Nr.: E.09
	Telefon (Durchwahl): 08999/152-4566	Telefax: -4436
	E-Mail:	

Gemeinde Musterhausen, Brunnenplatz 1, 85000 Musterhausen

An:

Amtsgericht Musterstadt
- Grundbuchamt -
Bahnhofstr. 22
85999 Musterstadt

Bankverbindung:	
Name der Bank:	
IBAN:	BIC:
Name der Bank:	
IBAN:	BIC:
Geschäftszeichen: 210/VO	Kassen-/Buchungszeichen: 507.1352

Anforderung eines Grundbuchauszuges

Sehr geehrte Damen und Herren,

zur Durchsetzung von öffentlich-rechtlichen Forderungen bitten wir um Übersendung eines

☒ unbeglaubigten ☐ beglaubigten

Grundbuchauszuges folgender Gemarkung:

Amtsgericht: Musterstadt

Grundbuch von/Gemarkung: Musterhausen

Band: - , Blatt: 3672 , Fl. Nr.: 152/2

Anschrift: Zimtweg 2
85000 Musterhausen

Eigentümer:

Nachname, Vorname: Muster, Miriam

Geburtsdatum/-name: 28.07.1982 , Muster

Anschrift: Schuldweg 2
85999 Musterstadt

Wir bestätigen hiermit, dass ein berechtigtes Interesse gemäß § 12 Grundbuchordnung (GBO) zur Einsicht vorliegt.

Mit freundlichen Grüßen

V. Ollstrecker

Unterschrift

3. Erläuterungen zur Auskunft aus dem Melderegister und Gewerbeauskunft

Zur Verfolgung vollstreckbarer Forderungen ist es oft notwendig, dass bei Wegzug des Schuldners der neue Aufenthaltsort festgestellt wird.

Dies ist z. B. der Fall, wenn bereits ein vollstreckbares Ausstandsverzeichnis oder ein vollstreckbarer Leistungsbescheid mit einer nicht mehr zutreffenden Adresse vorliegt. Die Meldeauskunft dient dann als Nachweis für die Änderung der Anschrift.

Nach § 34 des Bundesmeldegesetzes (BMG) – vgl. auch das Bayerische Gesetz zur Ausführung des Bundesmeldegesetzes (BayAGBMG) – dürfen die Meldebehörden einer anderen öffentlichen Stelle in der Bundesrepublik Deutschland aus dem Melderegister Daten übermitteln, wenn dies zur Erfüllung der in ihrer Zuständigkeit oder der Zuständigkeit des Empfängers liegenden Aufgaben erforderlich ist.

Die Auskunft beschränkt sich hauptsächlich auf

- Vor- und Familiennamen einschließlich früherer Namen und Doktorgrade,
- Anschriften,
- Tag und Ort der Geburt bzw. Sterbetag und -ort,
- Familienstand,
- Tag des Ein- und Auszugs sowie
- Geschlecht und Staatsangehörigkeiten.

Die der Vollstreckungsstelle bekannten Daten des Gesuchten sind dem angeschriebenen Einwohnermeldeamt so genau wie möglich mitzuteilen, damit die Person identifiziert werden kann.

- Um die Voraussetzungen für die Zulässigkeit der Auskunft darzulegen, wurden in den Vordruck der Zweck und die Notwendigkeit für die Datenübermittlung aufgenommen.
- Zur beschleunigten Bearbeitung kann die Anfrage vom Einwohnermeldeamt urschriftlich ausgefüllt und an die auskunftsuchende Behörde zurückgegeben werden.

Die Gebühren für Auskünfte der Meldebehörden richten sich nach der laufenden Nr. 2.II.4/ des Kostenverzeichnisses (s. den Anhang in der Verordnung über den Erlass des Kostenverzeichnisses zum Kostengesetz). Nach Nr. 1.6 sind die Auskünfte der Meldebehörden an öffentliche Stellen gebührenfrei. Schriftliche Auskünfte der Meldebehörden kosten in der Regel 10 Euro (1.2), im Einzelfall 8 Euro (1.1).

Gleiches gilt für die Gewerbeauskunft, ob beispielsweise bei einer anderen Behörde noch weitere Gewerbe eines Schuldners angemeldet waren oder sind. Gegebenenfalls hat der Schuldner eine Personenfirma mit Firmensitz außerhalb der eigenen Kommune und somit eventueller Zuständigkeit eines anderen Finanzamts.

CertiFORM

Behörde:	Ort:	Datum:
Stadt Watzberg Musterplatz 2 83491 Watzberg	Watzberg	08.01.2025
	Sachbearbeiter(in): Molis, Justus	Zimmer-Nr.: 343
	Telefon (Durchwahl): 08659/876-133	Telefax: -333
	E-Mail: justus.molis@stadt-watzberg.de	
	Buchungs-/Kassen-/Geschäftszeichen/Debitor: (Bei Zahlung bitte angeben.) 50101.890.789.0	

An:

Zutreffendes ist angekreuzt ☒ oder ausgefüllt!

Stadt Belling
- Einwohnermeldeamt -
99998 Belling

Auskunft aus dem Melderegister

Sehr geehrte Damen und Herren,

bitte ergänzen Sie die nachstehenden Angaben bzw. kreuzen Sie die zutreffende Antwort an. Bereits bekannte Angaben sind von uns eingesetzt.

Gesuchte Person	Geburtsname
Karl Pleitemann	
Geburtsdatum: 16.02.1977	Geburtsort
Bisherige Anschrift: Hatnix-Str. 35 , 99998 Belling	

Es wird versichert, dass die uns übermittelten Daten zur Durchsetzung von öffentlich-rechtlichen/privatrechtlichen/vollstreckbaren Forderungen notwendig sind und ausschließlich dafür verwendet werden

Mit freundlichen Grüßen

Unterschrift

Rückantwort

Zutreffendes ist angekreuzt!

Die gesuchte Person

- ☐ ist noch wie bisher gemeldet.
- ☐ ist und war hier nicht gemeldet. Der Aufenthalt ist hier nicht bekannt.
- ☐ ist verstorben am ____________ in ____________
- ☐ hat seit ____________ folgende neue Anschrift:
- ☐ Sonstige Angaben:

Urschriftlich zurück:

Stadt Watzberg
Molis, Justus
Musterplatz 2
83491 Watzberg

Ort

Datum

Stempel, Unterschrift

CertiFORM

Behörde:	Ort:	Datum:
Stadt Watzberg Musterplatz 2 83491 Watzberg	Watzberg	09.01.2025
	Sachbearbeiter(in): Molis, Justus	Zimmer-Nr.: 343
	Telefon (Durchwahl): 08659/876-133	Telefax: -333
	E-Mail: justus.molis@stadt-watzberg.de	
	Geschäftszeichen: 21/JM	Kassen-/Buchungszeichen: 50101.890.789.0

Stadt Watzberg, Musterplatz 2, 83491 Watzberg

An:

Stadt Belling
- Gewerbeamt -
99998 Belling

Gewerbeauskunft

Sehr geehrte Damen und Herren,

im Rahmen der Amtshilfe bitten wir zur Durchsetzung von öffentlich-rechtlichen/privatrechtlichen/vollstreckbaren Forderungen um Mitteilung nach § 14 Abs. 5 GewO, ob

Herr/Frau – Vorname		Nachname
Karl		Pleitemann
Geburtsdatum: 16.02.1977	Geburtsort	Geburtsname
Anschrift: Hatnix-Str. 35 99998 Belling		

ein Gewerbe angemeldet hat.

Rückantwort

Zutreffendes ist angekreuzt!

Antwort:

- ☐ Es ist ein Gewerbe angemeldet und wird unter der Bezeichnung ____________ unter der Anschrift ____________ geführt.
- ☐ Ein Gewerbe ist und war nicht gemeldet.
- ☐ Ein Gewerbe war gemeldet und wurde zum ____________ abgemeldet.
- ☐ Das Gewerbe wurde zum ____________ nach ____________ umgemeldet.
- ☐ Sonstige Angaben:

Urschriftlich zurück an:

Stadt Watzberg
Molis, Justus
Musterplatz 2
83491 Watzberg

Ort

Datum

Unterschrift

4. Erläuterungen zur Anfrage an das Amtsgericht wegen Erbenermittlung

Auch nach dem Tode eines Schuldners ist grundsätzlich die Beitreibung von Forderungen an den Verstorbenen mit Ausnahme von Buß- und Zwangsgeldern möglich. Die Erbfolge kann auf Grund von Testament, Vertrag, Vermächtnis oder auch kraft Gesetzes erfolgen. Um die tatsächlichen Rechtsnachfolger festzustellen, ist es notwendig, im Wege der Amtshilfe eine Erbenermittlung durchzuführen.

Die Anfrage ist an das Nachlassgericht zu stellen, in dessen Bezirk der Erblasser verstorben ist. Das Nachlassgericht befindet sich beim jeweiligen Amtsgericht mit Ausnahme von Baden-Württemberg, wo die Notariate für die Nachlasssachen und damit für die Auskunftsanfrage zuständig sind.

Bei der Anfrage anzugeben ist der Name und die bisherige Anschrift sowie das Geburts- und das Sterbedatum.

Der Grund der Anfrage ist ebenfalls mitzuteilen, da in der Regel nur Auskunft erteilt wird, wenn der Anfragende ein berechtigtes Interesse hat. Ein solches liegt immer vor, wenn öffentlich-rechtliche Forderungen durchzusetzen sind.

Zur Erleichterung für das Nachlassgericht kann die Anschrift der anfragenden Behörde von dieser gleich eingetragen werden.

Bei der Vollstreckung gegen den oder die Erben ist zu beachten:

Wurde die Vollstreckung bereits gegen den Erblasser begonnen, kann sie gegen den Rechtsnachfolger ohne Weiteres fortgesetzt werden. Verstirbt der Schuldner dagegen bereits vor Beginn der Vollstreckung (z. B. nachdem die Mahnung ausgesprochen wurde), muss gegen den Erben zuerst ein Leistungsgebot ergehen. Die Vollstreckung kann dann erfolgen, wenn die weiteren Voraussetzungen gegen den Erben vorliegen.

Für die Anfrage beim Amtsgericht ist der elektronische Übermittlungsweg zu beachten.

Behörde:	Ort:	Datum:
Stadt Watzberg Musterplatz 2 83491 Watzberg	Watzberg	12.12.2024
	Sachbearbeiter(in): Molis, Justus	Zimmer-Nr.: 343
	Telefon (Durchwahl): 08659/876-133	Telefax: -333
	E-Mail: justus.molis@stadt-watzberg.de	
	Buchungs-/Kassen-/Geschäftszeichen/Debitor: (Bei Zahlung bitte angeben.) 50101.890.789.0	

An:

Amtsgericht
– Nachlassgericht –
Watzberg
Gerichtstr. 17
83491 Watzberg

Zutreffendes bitt ankreuzen ☒ oder ausfüllen!

Anfrage wegen Erbenermittlung

Sehr geehrte Damen und Herren,

der/die nachfolgend genannte Verstorbene war Schuldner(in) von öffentlich-rechtlichen/privatrechtlichen/vollstreckbaren Forderungen.

Wir bitten Sie um Angabe des/der Erben oder des Bevollmächtigten des/der Erben und gegebenenfalls des Testamentsvollstreckers:

Zuname, Vorname	Geburtsname
Pleitemann, Karl	
Letzte Anschrift: Hatnix-Str. 35 , 83491 Watzberg	
Geburtsdatum: 16.02.1977	Todestag: 17.11.2024

Es wird versichert, dass die uns übermittelten Daten für die Vollstreckung notwendig sind und ausschließlich dafür verwendet werden.

Mit freundlichen Grüßen

Unterschrift

Rückantwort

Zutreffendes ist angekreuzt!

- ☐ Das Erbe wurde ausgeschlagen (siehe Anlage).
- ☐ Das Nachlassinsolvenzverfahren wurde eröffnet am: ____
  beim Amtsgericht: ____
- ☐ Erbschein wurde erteilt.
- ☐ Als Erben wurden benannt:

Urschriftlich zurück:

Stadt Watzberg
Molis, Justus
Musterplatz 2
83491 Watzberg

Ort

Datum

Stempel, Unterschrift

5. Erläuterungen zur Erklärung zu den persönlichen und wirtschaftlichen Verhältnissen des Zahlungspflichtigen

Es handelt sich hierbei um eine sogenannte Selbstauskunft. Der Zahlungspflichtige gibt hierbei Auskunft über seine persönlichen und wirtschaftlichen Verhältnisse, die bei Stundungs-/Ratenzahlungsanträgen sowie bei einem Vollstreckungsaufschub entscheidend sein können. Wichtig für die Entscheidungsträger ist, ob die beantragte Stundung (auch im Falle einer sogenannten „gütlichen Einigung gemäß § 802b ZPO“) vom Antragsteller bedient werden kann. Einnahmen und Ausgaben werden gegenübergestellt und auf Plausibilität geprüft. Ebenso gibt die Selbstauskunft darüber Auskunft, ob der Zahlungspflichtige weitere Verbindlichkeiten gegenüber anderen/weiteren Gläubigern hat. Zusätzlich besteht die Möglichkeit daraus zu ersehen, ob etwaige Sicherheiten vorhanden wären und ob diese gegebenenfalls zur Absicherung der Ratenzahlung abgetreten oder verpfändet werden könnten.

CertiFORM

Erklärung zu den persönlichen und wirtschaftlichen Verhältnissen des Zahlungspflichtigen

Geschäfts-/Buchungszeichen: (Bitte bei allen Zuschriften angeben!)
21/JM 50101.890.789.0

Name (ggf. Geburtsname), Vorname und Anschrift, geboren am, in
Herr Pleitemann, Karl
Hatnix-Str. 35
83491 Watzberg

Familienstand
☐ ledig ☐ verheiratet ☒ geschieden ☐ verwitwet ☐ getrennt lebend seit 04.07.2022

Güterstand
☐ keine besondere Vereinbarung ☒ Gütertrennung ☐ Gütergemeinschaft

Personen, denen Unterhalt gewährt wird (mit Altersangabe und Angabe, ob im Haushalt lebend)
Ex-Frau Carla Pleitemann, nicht im Haushalt
Kinder:
Conny 7 Jahre, nicht im Haushalt
Kurt 5 Jahre, nicht im Haushalt

An Eides statt versicherte Vermögensauskunft
abgegeben am: | beim Gerichtsvollzieher/Aktenzeichen: | zentrales Vollstreckungsgericht:

A. Einkünfte, Vermögen	Zahlungspflichtiger	EUR	Nicht getrennt lebende(r) Ehepartner(in) / eingetragene(r) Lebenspartner(in)	EUR
1. Monatliches Nettoeinkommen (Einkunftsarten: Land- und Forstwirtschaft, Gewerbebetrieb, selbstständige Tätigkeit, nichtselbstständige Arbeit [= Arbeitslohn], Rente/Ruhegeld, sonstige Einkünfte wie Sozialhilfe, BAföG usw.) – jeweils Einkunftsart und monatlichen Betrag angeben –	Lohn	4.100,00		
	Gesamtbetrag:	4.100,00	Gesamtbetrag:	
	Zahlungspflichtiger	EUR	Nicht getrennt lebende(r) Ehepartner(in) / eingetragene(r) Lebenspartner(in)	EUR
2. Sparguthaben, Bargeld (auch Bausparer, Festgelder usw.)	nichts mehr			
	Gesamtwert:		Gesamtwert:	
3. Wertpapiere, sonstiges Geldvermögen (z. B. Aktien, Pfandbriefe, Lebensversicherungen, Investmentfonds usw.)				
	Gesamtwert:		Gesamtwert:	
4. Immobilien (Grundstücke, Häuser, Eigentumswohnungen)				
	Verkehrswert:		Verkehrswert:	

Seite 1 von 2

A. Einkünfte, Vermögen	Zahlungspflichtiger	EUR	Nicht getrennt lebende(r) Ehepartner(in) / eingetragene(r) Lebenspartner(in)	EUR
5. Wertvoller Schmuck, Gold, Uhren, Kunstgegenstände und sonstige wertvolle Gegenstände – jeweiligen Wertgegenstand aufführen –				
	Gesamtwert:		Gesamtwert:	

B. Ausgaben, Belastungen	Zahlungspflichtiger	EUR	Nicht getrennt lebende(r) Ehepartner(in) / eingetragene(r) Lebenspartner(in)	EUR
1. Monatliche Miete (mit Nebenkosten)	Karl Pleitemann	1.400,00		
2. Monatliche Ausgaben für Haushalt / Lebensunterhalt		500,00		
3. Zins- und Tilgungszahlungen	alter Kredit	50,00		
4. Sonstige laufende Ausgaben (z. B. Unterhaltszahlungen, Aufwendungen für Grundstücke) – jeweils Art und monatlichen Betrag angeben –	Carla Pleitemann	800,00		
	Kind: Conny, 7 Jahre	710,00		
	Kind: Kurt, 5 Jahre	617,00		
Summe der laufenden monatlichen Aufwendungen	▶	4.077,00	▶	

Sonstige Angaben:
Aufgrund der Scheidung sind alle Vermögenswerte aufgebraucht.

Ich versichere/Wir versichern, dass die vorstehenden Angaben richtig und vollständig sind.

Ort Datum

Unterschrift des Zahlungspflichtigen Unterschrift Ehepartner(in) / eingetragene(r) Lebenspartner(in)

Seite 2 von 2

Behörde:
Stadt Watzberg Musterplatz 2 83491 Watzberg

Ort:	Datum:
Watzberg	08.01.2025
Sachbearbeiter(in):	Zimmer-Nr.:
Molis, Justus	343
Telefon (Durchwahl):	Telefax:
08659/876-133	-333
E-Mail:	
justus.molis@stadt-watzberg.de	
Buchungs-/Kassen-/Geschäftszeichen/Debitor: (Bei Zahlung bitte angeben.)	
50101.890.789.0	

Stadt Watzberg, Musterplatz 2, 83491 Watzberg

An das
Kraftfahrt-Bundesamt
Sachgebiet 223
24932 Flensburg

Zutreffendes ist angekreuzt ☒ oder ausgefüllt!

Übermittlung von Fahrzeugdaten und Halterdaten nach § 35 Straßenverkehrsgesetz (StVG)

Wir haben gegen

Herr
Karl Pleitemann
Anschrift: (Straße, Hausnummer, PLZ, Wohnort)
Hatnix-Str. 35
83491 Watzberg

vollstreckbare Forderungen geltend zu machen.

Wir bitten um Übermittlung der nach § 33 Abs. 1 StVG gespeicherten Fahrzeug- und Halterdaten.

Es wird ausdrücklich bestätigt, dass die Voraussetzungen nach

☒ § 35 Abs. 1 Nr. 17 StVG

☐ § 35 Abs. 4c StVG

vorliegen.

Vielen Dank für Ihre Mühe.

Mit freundlichen Grüßen

Unterschrift

Mitteilung durch das Kraftfahrt-Bundesamt:
Folgende Daten sind bekannt:

Urschriftlich zurück:

Stadt Watzberg
Molis, Justus
Musterplatz 2
83491 Watzberg

7. Erläuterungen zur Auskunft aus dem Ausländerzentralregister

Eine Übermittlung von Daten aus dem beim Bundesverwaltungsamt geführten Ausländerzentralregister ist an öffentliche Stellen nur zulässig, sofern die Kenntnis der Daten zur Erfüllung ihrer Aufgaben erforderlich ist (§ 10 Gesetz über das Ausländerzentralregister, AZR-Gesetz).

Suchvermerke über die entsprechende Person werden auf Grundlage des § 5 AZR-Gesetz gespeichert.

Hierzu ist es notwendig zu wissen, dass Suchanfragen und Suchvermerke nur für Personen an das Bundesverwaltungsamt gestellt werden können, wenn es sich hierbei um Nicht-EU-Bürger handelt.

Behörde: Stadt Watzberg Musterplatz 2 83491 Watzberg	

Ort:	Datum:
Watzberg	08.01.2025
Sachbearbeiter(in):	Zimmer-Nr.:
Molis, Justus	343
Telefon (Durchwahl):	Telefax:
08659/876-133	-333
E-Mail:	
justus.molis@stadt-watzberg.de	
Geschäftszeichen:	Kassen-/Buchungszeichen:
21/JM	50101.890.789.0

Stadt Watzberg, Musterplatz 2, 83491 Watzberg

Bundesverwaltungsamt
– Ausländerzentralregister –
50728 Köln

Ihr Zeichen, Ihre Nachricht vom	Mein Zeichen, meine Nachricht vom	Telefon, Name	Ort, Datum

Unser Aktenzeichen
21/JM

Auskunft aus dem Ausländerzentralregister (AZR)

Name	Vorname(n)
Pleitemann	Karl
ggf. Geburtsname	
Sengh	
Geburtsdatum	Geburtsort
16.02.1977	Jaipur
Geschlecht	Staatsangehörigkeit oder Staatsangehörigkeitsschlüssel
☒ männlich ☐ weiblich ☐	indisch
letzter Wohnort	
Hatnix-Str. 35 83491 Watzberg	
Zusätze (Alias/weitere Personalien)	

wird gesucht im Rahmen eines/einer
Zwangsvollstreckung, es sind öffentlich-rechtliche Forderungen durchzusetzen.

☒ Bitte teilen Sie mir den Aufenthaltsort mit oder benennen Sie die zuständige Ausländerbehörde.

☒ Bitte legen Sie einen Suchvermerk an; Verjährung bei Ablauf v o r zwei Jahren ____________

☐ Bitte löschen Sie meinen Suchvermerk; AZR-Nummer: ____________

Die Erforderlichkeit im Sinne von § 3 Bundesdatenschutzgesetz (BDSG) ist gegeben.

Im Auftrag

____

Urschriftlich zurück:

Stadt Watzberg
Molis, Justus
Musterplatz 2
83491 Watzberg

Mitteilung vom AZR ____________ Köln,

Mein Zeichen ____________

Urschriftlich an Absender zurück

☐ Die Person ist erfasst, siehe Anlage.

☐ Die Person ist unter den angegebenen Personalien nicht erfasst.

Im Auftrag

____

Behörde:	Ort:	Datum:
Stadt Watzberg Musterplatz 2 83491 Watzberg	Watzberg	08.01.2025
	Sachbearbeiter(in): Molis, Justus	Zimmer-Nr.: 343
	Telefon (Durchwahl): 08659/876-133	Telefax: -333
	E-Mail: justus.molis@stadt-watzberg.de	

Stadt Watzberg, Musterplatz 2, 83491 Watzberg

An:

Herr
Karl Pleitemann
Hatnix-Str. 35
83491 Watzberg

Zutreffendes ist angekreuzt ☒ oder ausgefüllt!

Bankverbindung:
Name der Bank: Stadtsparkasse Watzberg
IBAN: DE10123456780123456789 BIC:
Name der Bank: Volksbank Watzberg
IBAN: DE98765432109876543210 BIC:

Geschäfts-/Buchungszeichen/Mandatsreferenz:
50101.890.789.0

Falls Zustellung an andere Person:
Name und Anschrift des/der Pflichtigen

Forderungen, Benachrichtigung über die Durchführung eines Kontenabrufverfahrens

Sehr geehrter Herr Pleitemann

folgende Forderungen wurden von Ihnen noch nicht beglichen:

Buchungszeichen	Forderungsart	Betrag EUR
50101.890.789.0	Gewerbesteuer VZ 2024, fällig 15.01.2024	6.450,00
	Gesamtbetrag:	6.450,00

Die Forderungen sind vollstreckbar.

Wir haben Sie in der Vergangenheit bereits auf die Möglichkeit eines Kontenabrufverfahrens beim Bundeszentralamt für Steuern hingewiesen, sofern Sie die oben aufgeführten Forderungen nicht innerhalb der gesetzten Frist bezahlen.

Wir haben zwischenzeitlich das Kontenabrufverfahren durchgeführt.

Nach § 93 Abs. 9 AO sind wir verpflichtet, Sie über die Durchführung zu unterrichten, was hiermit erfolgt.

Konkret wurde ein Kontenabruf durchgeführt nach:

☐ § 93 Abs. 7 AO.

☒ § 93 Abs. 8 AO.

Wir behalten uns vor, weitere Ermittlungsmöglichkeiten zu nutzen und weitere Vollstreckungsmaßnahmen zu ergreifen, wenn die Forderungen nicht umgehend beglichen werden.

Mit freundlichen Grüßen

Unterschrift

2. Erläuterungen zur Aufrechnungserklärung

Schulden zwei Personen einander Leistungen, die ihrem Gegenstand nach gleichartig sind, so kann jeder Teil seine Forderung gegen die Forderung des anderen Teils aufrechnen, sobald er die ihm gebührende Leistung fordern und die ihm obliegende Leistung bewirken kann (§ 387 BGB).

Die Aufrechnung geschieht gemäß § 388 BGB durch Erklärung gegenüber dem Gläubiger der Gegenforderung. Sie bewirkt das Erlöschen der gegenseitigen Forderungen nach Maßgabe des § 389 BGB.

Bei der Aufrechnung wegen Kommunalabgaben, Realsteuern und Erschließungsbeiträgen ist außerdem § 226 AO zu beachten.

Erfolgt die Aufrechnung nach § 94 bzw. § 95 InsO ist die Aufrechnungserklärung gegenüber dem Insolvenzverwalter zu erklären.

Behörde:
Stadt Müllen
Yanti-Str. 1-5
99998 Müllen

Ort:	Datum:
Müllen	02.01.2025
Sachbearbeiter(in): Herr Kadi	Zimmer-Nr.: 343
Telefon (Durchwahl): 07771/650-432	Telefax: -324
E-Mail:	

Stadt Müllen, Yanti-Str. 1-5, 99998 Müllen

An:

Fa. Tiefbauamt GmbH
zu Hd. Herrn GF Pfeiffer
Steinbruchstr. 2
89891 Stetten

Zutreffendes ist angekreuzt ☒ oder ausgefüllt!

Bankverbindung:
Name der Bank: Kreissparkasse Mühlendorf
IBAN: DE10123456780123456789 BIC:
Name der Bank: Volksbank Müllen
IBAN: DE99543210001234567789 BIC:
Buchungs-/Kassen-/Geschäftszeichen/Debitor: **(Bei Zahlung bitte angeben.)**
20-5 5.1122.909004 ff

Falls Zustellung an andere Person:
Name und Anschrift des / der Pflichtigen

Aufrechnungserklärung
nach § 388 Bürgerliches Gesetzbuch (BGB)

Sehr geehrter Herr Pfeiffer ,

wir haben folgende Aufrechnung(en) vorgenommen:

▼ Unsere Forderungen:

Bezeichnung der Forderung	Buchungszeichen	fällig am	EUR
Verwaltungsgebühren	5.1122.909004	10.12.2024	4.850,00
Deponiekosten	5.2211.801111.1	27.12.2024	35.600,00
		Summe:	40.450,00

▼ Ihre Forderungen:

Rechnungsdatum	Rechnungsnummer	fällig am	EUR
18.12.2024	Abschlagszahlung für Kanalarbeiten	30.12.2024	80.000,00
		Summe:	80.000,00

Restbetrag ☒ zu Ihren Gunsten ☐ zu unseren Gunsten — EUR 39.550,00

☒ Ihr **Guthaben** wird an Sie überwiesen.

☐ Die **Restschuld** bitten wir bis ____________ auf eines der o. a. Konten zu überweisen.

☐ Die **Restschuld** wird am ____________ von Ihrem Konto abgebucht.

Mit freundlichen Grüßen

Unterschrift

Anlage(n):

CertiFORM

Behörde: Stadt Watzberg, Musterplatz 2, 83491 Watzberg	

Ort: Watzberg	Datum: 10.01.2025
Sachbearbeiter(in): Molis, Justus	Zimmer-Nr.: 343
Telefon (Durchwahl): 08659/876-133	Telefax: -333
E-Mail: justus.molis@stadt-watzberg.de	
Geschäftszeichen: 21/JM	Kassen-/Buchungszeichen: 50101.890.789.0

An:

Herr
Karl Pleitemann
Hatnix-Str. 35
83491 Watzberg

Zutreffendes ist angekreuzt ☒ oder ausgefüllt!

Falls Zustellung an andere Person:
Name und Anschrift des Pflichtigen

Verfügung über die Aussetzung der Vollziehung

Sehr geehrter Herr **Pleitemann**

auf Grund
Ihres Antrags vom 27.12.2024 und der Mitteilung des Finanzamts Watzberg vom 30.12.2024 wird gemäß

☒ § 361 Abs. 1 Satz 2 und Abs. 3 i. V. m. § 1 Abs. 2 Nr. 6 Abgabenordnung (AO)
☐ § 80 Abs. 4 Verwaltungsgerichtsordnung (VwGO)

folgende Aussetzung der Vollziehung verfügt:

Datum des/der – angefochtenen – Bescheide(s)	Forderungsart und Gesamtbetrag (ggf. Kassen-/Buchungszeichen)	Die Vollziehung wird ausgesetzt in Höhe von EUR	Beginn der Aussetzung (Datum)
17.12.2024	Gewerbesteuerbescheid 2023	23.800,00	20.01.2025

☒ Für die Aussetzung der Vollziehung ist Sicherheit zu leisten in Höhe von 23.800,00 EUR

durch **Bankbürgschaft**

☒ Die Aussetzung der Vollziehung wird erst wirksam, sobald die Sicherheitsleistung erbracht ist.

Die Aussetzung der Vollziehung endet mit Bekanntgabe der erstmaligen Entscheidung über die Anfechtung des Festsetzungs- bzw. Anforderungsbescheides, sofern diese Verfügung nicht durch eine andere Entscheidung geändert oder aufgehoben wird.

Der Widerruf dieses Bescheides sowie die nachträgliche Anordnung einer – weiteren – Sicherheitsleistung bleiben vorbehalten.

Es wird darauf hingewiesen, dass der ausgesetzte Betrag/die ausgesetzten Beträge zu verzinsen ist/sind, soweit der erhobene Rechtsbehelf endgültig keinen Erfolg hat.

Weitere Festsetzungen und Hinweise:

Mit freundlichen Grüßen

Unterschrift

Seite 1 von 2

Rechtsbehelfsbelehrung

Gegen diesen Bescheid kann **innerhalb eines Monats nach seiner Bekanntgabe** entweder Widerspruch eingelegt (siehe 1.) oder unmittelbar **Klage** erhoben (siehe 2.) werden.

1. Wenn Widerspruch eingelegt wird

ist der Widerspruch

in schriftlicher Form bei: Stadt Watzberg, Musterplatz 2, 83491 Watzberg

in elektronischer Form über:

einzulegen.

2. Wenn unmittelbar Klage erhoben wird

ist die Klage bei dem

Bayer. Verwaltungsgericht München
Postfach 20 05 43, 80005 München
Bayerstraße 30, 80335 München

zu erheben.

Hinweise zur Rechtsbehelfsbelehrung

Die Einlegung des Rechtsbehelfs ist schriftlich, zur Niederschrift oder elektronisch in einer für den Schriftformersatz zugelassenen Form möglich. Die Einlegung eines Rechtsbehelfs per einfacher E-Mail ist nicht zugelassen und entfaltet keine rechtlichen Wirkungen!

Ab 01.01.2022 muss der in § 55d VwGO genannte Personenkreis Klagen grundsätzlich elektronisch einreichen.

[Sofern kein Fall des § 188 VwGO vorliegt:] Kraft Bundesrecht wird in Prozessverfahren vor den Verwaltungsgerichten infolge der Klageerhebung eine Verfahrensgebühr fällig.

Durch die Einlegung eines Rechtsbehelfs wird die Wirksamkeit dieses Bescheides nicht gehemmt, insbesondere ist die Einziehung der angegebenen Abgabe nicht aufgehalten.

Seite 2 von 2

CertiFORM

Behörde:
Stadt Watzberg
Musterplatz 2
83491 Watzberg

Ort: Watzberg	Datum: 18.10.2024
Sachbearbeiter(in): Molis, Justus	Zimmer-Nr.: 343
Telefon (Durchwahl): 08659/876-133	Telefax: -333
E-Mail: justus.molis@stadt-watzberg.de	

Stadt Watzberg, Musterplatz 2, 83491 Watzberg

An:

Herr
Karl Pleitemann
Hatnix-Str. 35
83491 Watzberg

Zutreffendes ist angekreuzt ☒ oder ausgefüllt!

Bankverbindung: Name der Bank: Stadtsparkasse Watzberg	
IBAN: DE10123456780123456789	BIC:
Name der Bank: Volksbank Watzberg	
IBAN: DE98765432109876543210	BIC:
Geschäftszeichen: 21/JM	Kassen-/Buchungszeichen: 50101.890.789.0

Bescheid über die Festsetzung von Aussetzungszinsen für Kommunalabgaben nach Kommunalabgabengesetz

Bezeichnung der ausgesetzten öffentlich-rechtlichen Forderung (ggf. mit Erhebungszeitraum)	Festgesetzt durch Bescheid vom - Nr.
Baugenehmigung, fällige Verwaltungsgebühren	06.05.2024

1. Durch ☒ Verfügung/Bescheid ☐ Beschluss vom 18.10.2024 Nr. 50101.890.789.0

der/des Behörde/Gerichts
Stadt Watzberg

wurde bezüglich der oben genannten Forderung

☒ für den gesamten Betrag ☐ für einen Teilbetrag

☒ die Vollziehung ausgesetzt ☐ die aufschiebende Wirkung angeordnet

und zwar für die Zeit vom 07.06.2024 bis 17.10.2024

2. Der von Ihnen erhobene Rechtsbehelf hat aber

☒ zum Teil ☐ insgesamt

endgültig **keinen Erfolg** gehabt.

Daher sind folgende **Aussetzungszinsen** zu erheben:

Endgültig zu erhebender Betrag EUR	Hierauf wurden bereits entrichtet EUR	Nachzuentrichten sind (Sp. 1 abzügl. Sp. 2) EUR	abgerundet auf den nächsten durch 50 EUR teilbaren Betrag	Dauer der Aussetzung/Nichterhebung (volle Monate)	Zinssatz*	Zu zahlender Zinsbetrag (Sp. 4 x 5 x 6) EUR
1	2	3	4	5	6	7
12.615,00		12.615,00	12.600,00	3	4,27	134,51

Der festgesetzte Zinsbetrag ist bis zum 22.11.2024 zur Zahlung fällig.

Die Rechtsbehelfsbelehrung sowie die Hinweise hierzu auf Seite 2 sind Bestandteil dieses Bescheides.

Anlage(n):

Unterschrift

* Zwei Prozentpunkte über dem Basiszinssatz nach § 247 Bürgerliches Gesetzbuch (BGB), vgl. Art. 13 Abs. 1 Ziff. 5b dd Bayerisches Kommunalabgabengesetz (KAG).

Seite 1 von 2

Rechtsbehelfsbelehrung

Gegen diesen Bescheid kann **innerhalb eines Monats nach seiner Bekanntgabe** entweder Widerspruch eingelegt (siehe 1.) oder unmittelbar **Klage** erhoben (siehe 2.) werden.

1. Wenn Widerspruch eingelegt wird

ist der Widerspruch

in schriftlicher Form bei: Stadt Watzberg
Musterplatz 2
83491 Watzberg

in elektronischer Form über:

einzulegen.

2. Wenn unmittelbar Klage erhoben wird

ist die Klage bei dem

Bayer. Verwaltungsgericht München
Postfach 20 05 43, 80005 München
Bayerstraße 30, 80335 München

zu erheben.

Hinweise zur Rechtsbehelfsbelehrung

Die Einlegung des Rechtsbehelfs ist schriftlich, zur Niederschrift oder elektronisch in einer für den Schriftformersatz zugelassenen Form möglich. Die Einlegung eines Rechtsbehelfs per einfacher E-Mail ist nicht zugelassen und entfaltet keine rechtlichen Wirkungen!

Ab 01.01.2022 muss der in § 55d VwGO genannte Personenkreis Klagen grundsätzlich elektronisch einreichen.

[Sofern kein Fall des § 188 VwGO vorliegt:] Kraft Bundesrecht wird in Prozessverfahren vor den Verwaltungsgerichten infolge der Klageerhebung eine Verfahrensgebühr fällig.

Durch die Einlegung eines Rechtsbehelfs wird die Wirksamkeit dieses Bescheides nicht gehemmt, insbesondere ist die Einziehung der angegebenen Abgabe nicht aufgehalten.

Seite 2 von 2

CertiFORM

Behörde: Stadt Watzberg, Musterplatz 2, 83491 Watzberg	

Ort: Watzberg	Datum: 18.10.2024
Sachbearbeiter(in): Molis, Justus	Zimmer-Nr.: 343
Telefon (Durchwahl): 08659/876-133	Telefax: -333
E-Mail: justus.molis@stadt-watzberg.de	

Stadt Watzberg, Musterplatz 2, 83491 Watzberg

An:

Herr
Karl Pleitemann
Hatnix-Str. 35
83491 Watzberg

Zutreffendes ist angekreuzt ☒ oder ausgefüllt!

Bankverbindung:	
Name der Bank: Stadtsparkasse Watzberg	
IBAN: DE10123456780123456789	BIC:
Name der Bank: Volksbank Watzberg	
IBAN: DE98765432109876543210	BIC:
Geschäftszeichen: 21/JM	Kassen-/Buchungszeichen: 50101.890.789.0

Bescheid über die Festsetzung von Aussetzungszinsen

gemäß Abgabenordnung (AO)

Bezeichnung der ausgesetzten öffentlich-rechtlichen Forderung (ggf. mit Erhebungszeitraum)	Festgesetzt durch Bescheid vom - Nr.
Grundsteuer 2021 - 2023	06.05.2024

1. Durch ☒ Verfügung/Bescheid ☐ Beschluss vom 18.10.2024 Nr. 50101.890.789.0

der/des Behörde/Gerichts
Stadt Watzberg

wurde bezüglich der oben genannten Forderung

☒ für den gesamten Betrag ☐ für einen Teilbetrag

☒ die Vollziehung ausgesetzt ☐ die aufschiebende Wirkung angeordnet

und zwar für die Zeit vom 07.06.2024 bis 17.10.2024

2. Der von Ihnen erhobene Rechtsbehelf hat aber

☒ zum Teil ☐ insgesamt endgültig **keinen Erfolg** gehabt.

Nach den Vorschriften der §§ 237 bis 239 der Abgabenordnung (AO) sind daher folgende **Aussetzungszinsen** zu erheben:

Endgültig zu erhebender Betrag EUR	Hierauf wurden bereits entrichtet EUR	Nachzuentrichten sind (Sp. 1 abzügl. Sp. 2) EUR	abgerundet auf den nächsten durch 50 EUR teilbaren Betrag	Dauer der Aussetzung/Nichterhebung (volle Monate)	Zinssatz/ Monat	Zu zahlender Zinsbetrag (Sp. 4 x 5 x 6) EUR
1	2	3	4	5	6	7
2.615,00		2.615,00	2.600,00	3	0,50	39,00

Der festgesetzte Zinsbetrag ist bis zum 22.11.2024 zur Zahlung fällig.

Die Rechtsbehelfsbelehrung sowie die Hinweise hierzu auf Seite 2 sind Bestandteil dieses Bescheides.

Anlage(n):

Unterschrift

Seite 1 von 2

Rechtsbehelfsbelehrung

Gegen diesen Bescheid kann **innerhalb eines Monats nach seiner Bekanntgabe** entweder Widerspruch eingelegt (siehe 1.) oder unmittelbar **Klage** erhoben (siehe 2.) werden.

1. Wenn Widerspruch eingelegt wird

ist der Widerspruch

in schriftlicher Form bei: Stadt Watzberg
Musterplatz 2
83491 Watzberg

in elektronischer Form über:

einzulegen.

2. Wenn unmittelbar Klage erhoben wird

ist die Klage bei dem

Bayer. Verwaltungsgericht München
Postfach 20 05 43, 80005 München
Bayerstraße 30, 80335 München

zu erheben.

Hinweise zur Rechtsbehelfsbelehrung

Die Einlegung des Rechtsbehelfs ist schriftlich, zur Niederschrift oder elektronisch in einer für den Schriftformersatz zugelassenen Form möglich. Die Einlegung eines Rechtsbehelfs per einfacher E-Mail ist nicht zugelassen und entfaltet keine rechtlichen Wirkungen!

Ab 01.01.2022 muss der in § 55d VwGO genannte Personenkreis Klagen grundsätzlich elektronisch einreichen.

[Sofern kein Fall des § 188 VwGO vorliegt:] Kraft Bundesrecht wird in Prozessverfahren vor den Verwaltungsgerichten infolge der Klageerhebung eine Verfahrensgebühr fällig.

Durch die Einlegung eines Rechtsbehelfs wird die Wirksamkeit dieses Bescheides nicht gehemmt, insbesondere ist die Einziehung der angegebenen Abgabe nicht aufgehalten.

Seite 2 von 2

CertiFORM

Behörde:	Ort:	Datum:
Stadt Watzberg Musterplatz 2 83491 Watzberg	Watzberg	17.01.2025
	Sachbearbeiter(in): Molis, Justus	Zimmer-Nr.: 343
	Telefon (Durchwahl): 08659/876-133	Telefax: -333
	E-Mail: justus.molis@stadt-watzberg.de	
	Geschäftszeichen: 21/JM	Kassen-/Buchungszeichen: 50101.890.789.0

Stadt Watzberg, Musterplatz 2, 83491 Watzberg

An:

Herr
Karl Pleitemann
Hatnix-Str. 35
83491 Watzberg

Zutreffendes ist angekreuzt ☒ oder ausgefüllt!

Falls Zustellung an andere Person:
Name und Anschrift des Pflichtigen

Bescheid über Prozesszinsen auf Erstattungsbeträge

Art der öffentlich-rechtlichen Forderung (ggf. mit Erhebungszeitraum)	Festgesetzt durch Bescheid vom - Nr.
Vergnügungssteuer gem. Bescheid der Stadt Watzberg	16.08.2023, 119/25

Sehr geehrter Herr Pleitemann,

auf Grund der endgültigen Entscheidung über Ihren Rechtsbehelf durch das

Behörde/Gericht	vom - Geschäftsnummer
Verwaltungsgericht München	17.01.2025, Auk 0713/25

wurde der ursprünglich festgesetzte Zahlungsbetrag der oben genannten Forderung herabgesetzt.

Nach den Vorschriften der Abgabenordnung (AO) in Verbindung mit dem Bayerischen Kommunalabgabengesetz (KAG) ist ein zu erstattender Betrag zu Gunsten des Empfängers zu verzinsen.

Berechnung des Erstattungsbetrages und der zu erstattenden Prozesszinsen:

Endgültig zu entrichtender Betrag EUR	Tatsächlich gezahlter Betrag EUR	Zu erstattender Betrag EUR	Erstattungsbetrag abgerundet auf den nächsten durch 50 EUR teilbaren Betrag	Zinszeitraum (volle Monate)	Zins-satz*	Zinsbetrag (Sp. 4 x 5 x 6) EUR
1	2	3	4	5	6	7
17.619,10	1. Teilbetrag: 27.619,10	10.000,00	10.000,00	16	4,27	569,33
	2. Teilbetrag:					
	Erstattungsbetrag (gesamt):	10.000,00		**Zinsen** (gesamt):		569,33

Erstattungsbetrag und Zinsen werden

☒ auf das benannte Konto überwiesen. ☐ durch beiliegenden Verrechnungsscheck beglichen.

Widerspruch erhoben am/rechtshängig seit	Falls eine Zahlung später erfolgte: Tag der Zahlung		Tag der Auszahlung des Erstattungsbetrages	Zinszeitraum (volle Monate)	
	1. Teilbetrag am:	2. Teilbetrag am:		1. Teilbetrag:	2. Teilbetrag:
21.08.2023	22.08.2023		23.01.2025		

Mit freundlichen Grüßen

Anlage(n):

Unterschrift

* Zwei Prozentpunkte über dem Basiszinssatz nach § 247 Bürgerliches Gesetzbuch (BGB), vgl. Art. 13 Abs. 1 Ziff. 5b dd Bayerisches Kommunalabgabengesetz (KAG).

Seite 1 von 2

Rechtsbehelfsbelehrung

Gegen diesen Bescheid kann **innerhalb eines Monats nach seiner Bekanntgabe** entweder Widerspruch eingelegt (siehe 1.) oder unmittelbar **Klage** erhoben (siehe 2.) werden.

1. Wenn Widerspruch eingelegt wird

ist der Widerspruch

in schriftlicher Form bei: Stadt Watzberg
Musterplatz 2
83491 Watzberg

in elektronischer Form über:

einzulegen.

2. Wenn unmittelbar Klage erhoben wird

ist die Klage bei dem

Bayer. Verwaltungsgericht München
Postfach 20 05 43, 80005 München
Bayerstraße 30, 80335 München

zu erheben.

Hinweise zur Rechtsbehelfsbelehrung

Die Einlegung des Rechtsbehelfs ist schriftlich, zur Niederschrift oder elektronisch in einer für den Schriftformersatz zugelassenen Form möglich. Die Einlegung eines Rechtsbehelfs per einfacher E-Mail ist nicht zugelassen und entfaltet keine rechtlichen Wirkungen!

Ab 01.01.2022 muss der in § 55d VwGO genannte Personenkreis Klagen grundsätzlich elektronisch einreichen.

[Sofern kein Fall des § 188 VwGO vorliegt:] Kraft Bundesrecht wird in Prozessverfahren vor den Verwaltungsgerichten infolge der Klageerhebung eine Verfahrensgebühr fällig.

Durch die Einlegung eines Rechtsbehelfs wird die Wirksamkeit dieses Bescheides nicht gehemmt, insbesondere ist die Einziehung der angegebenen Abgabe nicht aufgehalten.

Seite 2 von 2

CertiFORM

Behörde:	Ort:	Datum:
Stadt Watzberg Musterplatz 2 83491 Watzberg	Watzberg	17.01.2025
	Sachbearbeiter(in): Molis, Justus	Zimmer-Nr.: 343
	Telefon (Durchwahl): 08659/876-133	Telefax: -333
	E-Mail: justus.molis@stadt-watzberg.de	
	Geschäftszeichen: 21/JM	Kassen-/Buchungszeichen: 50101.890.789.0

Stadt Watzberg, Musterplatz 2, 83491 Watzberg

An:

Herr
Karl Pleitemann
Hatnix-Str. 35
83491 Watzberg

Zutreffendes ist angekreuzt ☒ oder ausgefüllt!

Falls Zustellung an andere Person:
Name und Anschrift des Pflichtigen

Bescheid über Prozesszinsen auf Erstattungsbeträge

Art der öffentlich-rechtlichen Forderung (ggf. mit Erhebungszeitraum)	Festgesetzt durch Bescheid vom - Nr.
Gewerbesteuer	16.08.2023

Sehr geehrter Herr Pleitemann,

auf Grund der endgültigen Entscheidung über Ihren Rechtsbehelf durch das

Behörde/Gericht	vom - Geschäftsnummer
Verwaltungsgericht München	18.01.2025, Auk 0713/25

wurde der ursprünglich festgesetzte Zahlungsbetrag der oben genannten Forderung herabgesetzt.

Nach den Vorschriften der Abgabenordnung (AO) ist ein zu erstattender Betrag zu Gunsten des Empfängers zu verzinsen.

Berechnung des Erstattungsbetrages und der zu erstattenden Prozesszinsen:

Endgültig zu entrichtender Betrag EUR	Tatsächlich gezahlter Betrag EUR	Zu erstattender Betrag EUR	Erstattungsbetrag abgerundet auf den nächsten durch 50 EUR teilbaren Betrag	Zinszeitraum (volle Monate)	Zins-satz/ Monat	Zinsbetrag (Sp. 4 x 5 x 6) EUR
1	2	3	4	5	6	7
17.619,10	1. Teilbetrag: 27.619,10	10.000,00	10.000,00	16	0,15	240,00
	2. Teilbetrag:					
Erstattungsbetrag (gesamt):		10.000,00		**Zinsen** (gesamt):		240,00

Erstattungsbetrag und Zinsen werden

☒ auf das benannte Konto überwiesen. ☐ durch beiliegenden Verrechnungsscheck beglichen.

Widerspruch erhoben am/rechtshängig seit	Falls eine Zahlung später erfolgte: Tag der Zahlung		Tag der Auszahlung des Erstattungsbetrages	Zinszeitraum (volle Monate)	
18.08.2023	1. Teilbetrag am: 21.08.2023	2. Teilbetrag am:	23.01.2025	1. Teilbetrag:	2. Teilbetrag:

Mit freundlichen Grüßen

Unterschrift

Anlage(n):

Seite 1 von 2

Rechtsbehelfsbelehrung

Gegen diesen Bescheid kann **innerhalb eines Monats nach seiner Bekanntgabe** entweder Widerspruch eingelegt (siehe 1.) oder unmittelbar **Klage** erhoben (siehe 2.) werden.

1. Wenn Widerspruch eingelegt wird

ist der Widerspruch

in schriftlicher Form bei: Stadt Watzberg
Musterplatz 2
83491 Watzberg

in elektronischer Form über:

einzulegen.

2. Wenn unmittelbar Klage erhoben wird

ist die Klage bei dem

Bayer. Verwaltungsgericht München
Postfach 20 05 43, 80005 München
Bayerstraße 30, 80335 München

zu erheben.

Hinweise zur Rechtsbehelfsbelehrung

Die Einlegung des Rechtsbehelfs ist schriftlich, zur Niederschrift oder elektronisch in einer für den Schriftformersatz zugelassenen Form möglich. Die Einlegung eines Rechtsbehelfs per einfacher E-Mail ist nicht zugelassen und entfaltet keine rechtlichen Wirkungen!

Ab 01.01.2022 muss der in § 55d VwGO genannte Personenkreis Klagen grundsätzlich elektronisch einreichen.

[Sofern kein Fall des § 188 VwGO vorliegt:] Kraft Bundesrecht wird in Prozessverfahren vor den Verwaltungsgerichten infolge der Klageerhebung eine Verfahrensgebühr fällig.

Durch die Einlegung eines Rechtsbehelfs wird die Wirksamkeit dieses Bescheides nicht gehemmt, insbesondere ist die Einziehung der angegebenen Abgabe nicht aufgehalten.

Seite 2 von 2